池内紀
池内郁｜写真

祭りの季節

みすず書房

祭りの季節・目次

祭りの季節　ちいさな手引き　v

I

寒中みそぎ　北海道木古内　2
梵天祭　秋田県赤沼　13
鹿子踊り　山形県新庄　23
山伏神楽　宮城県丸森　33
火伏せ　宮城県中新田　42
野獣退散　福島県箱崎　50

II

神々の訪れ　茨城県小栗　62
悪疫調伏　栃木県烏山　70
天狗現わる　群馬県沼田　77
氷分け　群馬県草津　85
海のお渡り　神奈川県真鶴　93
神々の再会　千葉県一宮　101
萬民豊楽　埼玉県小鹿野　110
狐の行列　東京都北区王子　120

III

凧合戦　新潟県白根　132
鬼退治　新潟県赤泊　142

明神の申し子　富山県砺波　150
花馬の里　長野県田立　158
藤切り　山梨県勝沼　165
六日祭　岐阜県長滝　175
火と水　愛知県津島　185
悪病退散　石川県宇出津　193
王の舞　福井県三方　201

IV

天を焦がす　滋賀県近江八幡　210
鬼の舞　和歌山県九度山　220
ケンカだ　ケンカだ　兵庫県姫路　230
竜と唐子と　岡山県牛窓　238
大漁祈願　香川県庵治　248
継ぎ獅子　愛媛県今治　258
菖蒲綱引き　鳥取県岩美　265
馬のお使い　島根県隠岐　274
大国祭り　高知県伊野　281

V

和布刈神事　福岡県門司　292
夜神楽　宮崎県西米良　301

獅子退治　熊本県八代　310
大宝砂打ち　長崎県玉之浦　318

初出「遊歩人」（文源庫発行）
二〇〇六年五月より二〇〇九年四月まで連載

祭りの季節

ちいさな手引き

祭りをめぐる長い旅をした。

はじまりは一九九五年九月だった。岐阜県の山里で「掛踊《かけおどり》」といわれるものと対面した。偶然の出会いだったが、いまもまざまざと覚えている。意識して祭礼を訪ねあるくきっかけになったからだ。

地図でいうと岐阜県のほぼ中央部、「郡上《ぐじょう》おどり」で知られる郡上八幡（現・郡上市）と飛騨高山を結ぶ国道４７２号は、北の烏帽子《えぼし》岳の東かたで長大な坂本トンネルに入る。その手前に奥住、畑佐、明宝といった地名が見えるだろう。国道がこのあたりでは「せせらぎ街道」とよばれるのは、吉田川と寄りそうように走っているせいである。明宝地区の南で寒水川が注いでいて、これと寄りそって県道82号がうねうねと北西の方角へのびている。その川の水源に近い、どんづまりにあたる集落を寒水《かのみず》といって、「寒水の掛踊」は岐阜県重要無形民俗文化財、また文化庁選択民俗芸能に指定されている。

もっとも、それを知ったのは少しあとのこと、たまたま郡上八幡のホテルで手にした朝の新聞に掛踊のことが出ていて、さしあたり予定がなかったので足を運んだ。旅行中によくある、ほんの気まぐれ。だがそれが十五年に及ぶ長い旅の手引き役になった。たしかに気まぐれだが、いま思うと、祭りとともに「寒水」という地名に惹かれたのではなかったか。そのまま「カンスイ」と読み、手の切れるような冷水が湧き出ている水源を想像した。なにしろ九月初めの盆地の町八幡町は、まるでフライパンの上にいるように暑かった。

「長滝の東隣りの寒水地区（現・郡上市明宝町寒水）にある白山神社には、数百年の歴史をもつ掛踊がつたわっている」

寒水から山一つ西の長滝でいとなまれる六日祭の章で、ほんのちょっぴり掛踊について触れている。それを補うかたちで述べておくと、「八朔《さく》祭り」ともいって、明治半ばまでは旧暦八月一日に奉納されていた。新暦になってからは毎年九月八・九日の両日、役者は男子のみで総勢一三〇人あまり。

お盆をすぎると保存会が主体となって役者割りをし、毎夜のように稽古をする。祭りの迫った九月六・七日は地区総出で「花切り」とよばれる準備にかかる。

いいつたえによると宝永六年（一七〇九）、峠をへだてて南隣りの母袋《もたい》村からつたえられた。明治の末ごろまでは掛踊の日に母袋村から声自慢の者たちが峠をこえてやってきて、社前で寒水の人々と歌の掛け合いをして、ともに輪をつくり踊ったりした。「掛踊」の名は、これに由来するという。役者をこまかくあげていくと、露払《つゆはらい》（二人）、禰宜《ねぎ》、鍵取《かぎとり》、御供《おとも》、出花持《でばなもち》（二人）、神幟持《かみのぼりもち》、悪魔払、薙刀《なぎなた》振、音頭（三人）、折《おり》太鼓（三人）、鉦引《かねひき》、笛吹（十六人）、ささら摺《す》り（十六人）、田打《たうち》（十六人）、大黒舞（二人）、大奴《おおやっこ》（八人）、小奴《こやっこ》（八人）、地唄頭《がしら》、踊子（十五人）、花笠（十二人）、おかめ舞（二人）、大傘持、踊幟《おどりのぼり》持（四人）。さらにそれぞれの役に一人から四人の世話役がつく。

役者の服装や持ち物にもこまかいきまりがあって、たとえば折太鼓は白地に紺の模様のはかまをつけ、二の腕まで白い手甲、頭に蝶をかたどったかぶとをのせている。赤いたすきをかけ、太鼓は黄色の布で胸につけ、両手にばちを持つ。背中にしょった花は三メートルあまりのけずり竹を並べて、樽をかたどったおけにさしている。この花は「しない」とよばれ、紺の紙で巻いて鈴なりに白い造花をつけたあでやかなもの。

ささら摺りは幼い男の子が女の子のなりをして、ささらとすり棒を持っている。田打は中学生がつとめ、紺のはんてんに白のももひき、紺のきゃはんに紺たび、わらじをはいている。花笠十二人は男子小学生がつとめ、これも女装のなりで花笠をかぶっている。十二人が一年十二ヵ月をあらわし、花笠にも十二の月をあらわす造花がついている。一月まつ、二月うめ、三月さくら、四月ふじ……。

いずれもあとで調べ、人にたずねてわかったことで、実際は川沿いの道に突っ立ち、世にも不思議な行列を、ただもう目を丸くしてながめていた。おりしも「バブル景気」といわれた時期の終わりのころで、人みな浮き足だち、億のつくマンションや千万単位の外車が広告チラシにおどっていた。そんな世の中をいっさい黙殺するようにして、赤鬼の悪魔払が槍を持ち、青鬼の薙刀振が薙刀と軍配をかかげて進んでいく。あとにつづくのは大黒ずきんにたっつけばかま、こづちを握った大黒舞、顔にすみをぬり、ひげをつけた奴たち。長々と一列にのびた行列のところどころに白い幟《のぼり》がひるがえり、斜面をかすめて川へ吹き下ろす風にハタハタ音を立てていた。

行列の出発を「打ち出し」といって、衣装をつけた役者が集落の「お頭家《とうや》」に集まり、笛がヒョウと鳴るのを合図に家をひとめぐりするそうだ。音頭取りが歌い出し、地唄が受けて返すかたちで歌い、唱和するなかで全員が二歩前進、一歩後退しつつ手拍子をとり、順次つぎの歌にうつる。最後にしずめ歌があって、やおら行列が動き出す。

県道は公民館の前で二手に分かれ、一方は本光寺、もう一方は寒水白山神社へ通じている。その手前に県道とはべつの旧道が弓なりにのびていて、行列はこちらから社前へ向かう。そのせいだろう、旧道は「神様道」とよばれていた。

神社の境内には見物人やアマチュア・カメラマンがいたが、旧道を行く間は、ひとっこひとりいなかった。繁り合った杉林が暗いほどの影をつくったなかに、異様な装束の列が通っていく。笛の音《ね》だけが鈴の糸を引くようにしてつづいていた。

歌の掛け合いや踊りよりも、古式そのままの祭りごとに強烈な印象を受けた。そのときおぼろげだが考えたことがある。峠の向こうからつたわってきたというが、これほどのきまりごとが、ただ教えられただけでできたはずはないだろうし、色彩ゆたかな衣装や持ち物が、一朝一夕にととのえられたわけでもあるまい。永い歳月のあいだに創意工夫され、洗練され、華やぎを加える一方でムダがそぎ落とされた。そのような祭りの情熱を支えたものは何だろう？

掛踊の伝授にあたっては十一面観音がともにもたらされ、白山神社の奥宮に安置されたという。それが祭礼のとき神社から里宮にお出ましになる。現在は白山神社と本光寺に分かれているが、こうなったのは明治の廃仏毀釈以後のことで、その前はカミとホトケがとどこおりなく共存していた。

「カミとホトケがいっしょになったぐあいだが、当地の全域にわたってそのとおりで……」

「六日祭」の舞台となる長滝のくだりで述べているが、白山長滝神社はもともと白山本地中宮長滝寺と称していた。長滝や寒水にかぎらず、近くの集落に必ずといっていいほど白山神社があるが、元来はいずれも神仏習合だったにちがいない。

若いころドイツ暮らしをしていたとき、日本人の信仰といったことで問われて、いつも答えに窮した。一つの胸に神と仏をこともなく共有するとはどういうことか。わが身に照らしても、そのとおり。カミさまにお参りをして、その足でホトケさまに詣でてお祈りをする。

「神仏習合という観念は、おそらく世界のなかでも稀有《けう》なもので、他民族に理解を求めるのはむつかしい」

（神崎宣武『「まつり」の食文化』）

だからこそ近代国家をめざした明治政府は、強圧的なまでに神仏分離政策をとったのだろう。とすると祭りを追っていけば、いわばうしろ向きに近よるかたちで日本的信仰の成り立ちを、究明とまではいかなくても、それなりに体得できるのではあるまいか？

むろん、そのときそんな大層なことを思ったわけではない。要するに若いころからの気がかりを思い出し、ついてはなるたけ各地の祭礼に日取りを合わせて旅行をしようと考えたまでのこと。ちょうど私は五十五歳を迎える前で、三十年の教師生活にケリをつけ、べつの生き方を心に決めていた。したいことの一つが、「北から南までの好きな山に登る」といった、いたってあやふやなプランだった。ブラブラして過ごしたいのを言い換えたわけだが、幸いにもセミプロの登山家の友人がいて、大きな山にはガイド役を申し出てくれた。郡上八幡に立ち寄ったのも、休暇を利用して飛驒の山に登り、帰りに友人と別れたあとのブラブラ旅だった。

翌春、勤め先の大学に辞表を出して、晴れて自由の身になった。飛び立つ思いで出かけたいのを我慢して、しばらくはせっせと図書館へ通い、自分用の資料をつくった。それまでは学生用の下調べをしぶしぶながらやってきたので、自分用の準備がいかに愉しいものか気がついた。そして遅々としてはかどらない講義ノートとは大ちがいで、こちらは一つまた一つと興味の対象が加わり、関心が風船玉のようにふくらんでいくことを思い知った。気がつくと「日本の祭り」とメモをつけた、ボッテリと厚いファイルが五冊ばかりできていた。

さらに遠くさかのぼって最初のお祭り、いわば祭りの原体験といったものがある。昭和二十年代の半ば、戦前からのムラの慣習やしきたりが、まだほとんど変わらずのこっていたころである。夏休みに入ると、獅子舞の練習が始まった。神社を中心にして北と南の地区を、夜ごとにかわるがわるめぐっていく。当番の家の庭にはむしろが敷かれ、百ワットの裸電球が点々とともされていた。幼い者には日ごろ見なれない百ワットが、不思議の国の明かりのように眩しかった。

小太鼓二人に笛方が三人。子供衆《し》がサルやキツネの面をかぶって演技をする。ふだんは大酒飲みでだらしのない人が太鼓の前にすわると、別人のような威厳があった。笛吹き方はときおり、ひしゃくで竹の笛に水を通した。ひしゃくの水がいかに微妙に音色をかえるか、子供同士でひそひそと語り合った。

子役の踊りのあいまに、急テンポの笛に合わせて獅子が激しくはねまわり、継ぎ獅子をして夜空高くにのび上がった。しめくくりが獅子退治で、羽織はかま、腰に刀を指した少年武者が出てきて口上を述べる。

「どこぞここらに獅子が一匹おりそうなもんじゃが、なんでもそいつを退治して遊びたい」

口上が終わると、ピーと笛が鳴って太鼓がドンと鳴り、寝そべった獅子のまわりを少年武者が歩き出す。二歩進んで一歩後退する悠長な歩き方で一巡する。

トリの一番の子役は村の旧家の子供にかぎられていた。そのころわが家は祖父、祖母、父がつぎつぎに病死して、もはや旧家の体面も保てなくなっていたが、これまでのなりゆきから、お情けで選ばれたのだろう。口うつしのようにして口上を覚えさせられた。子供心に「なんでもそいつを退治して遊びたい」とはヘンな言い方だとは思ったが、顔を上げ、胸を張り、「天にとどく」大声で叫ぶべし。

宵宮の日は朝からそわそわしていた。ドーンとにぶく大太鼓の音が聞こえると、夕食もそこそこにとび出した。いつもは黒ずんで陰気な建物である拝殿が、すっかりたたずまいをかえていた。張りめぐらされた金糸銀糸の飾り幕に竜の縫い取りがあって、ガラスの目玉がついていた。竜の爪は本物の象牙だというのが、子供たちの自慢のタネだった。

舞い演技のあいまに青年団の面々が花道を出てきて、歌うように朗々と「クダサリモノ」を披露した。まだ食べ物にも不自由していた当時のことで、「お酒三本」とか「みかん一箱」といった現物が多かった。独特の節廻しをもった朗唱を、私はいまなお耳の奥にとどめている。披露のたびごとに全員で「アリガトー」と唱和した。

出番が近づくと、神社に近い旧家の座敷で身支度をした。ランニングシャツと霜ふりの半ズボンから羽織はかまの少年武者に変身する。顔におしろい、唇に紅、額に黒いチョボがつけられた。自分が刻々と変化して、およそ見知らぬ姿に変わっていく。

明るい境内の外には、まっ黒な闇があった。この「今」がずっとつづけばいいと思ったが、やがて祭りが終わり、人がゾロゾロと帰っていく。つかのまの少年武者はランニングと半ズボンにもどり、同じく帰っていかなくてはならない。暗い夜道の角ごとに高張り提灯がともされていた。その下を通るとき、よく知っているはずの近所まわりなのに、まるで見知らぬ土地に迷いこんだような気がした。息を切らしてわが家の玄関に駆けこんだとたん、全身の力が抜けた。

祭りの季節を追っていたあいだ、数えきれないほど立ちもどった記憶である。「ムラ」と言ったが、行政的には市の一部だった。しかし大人たちは自分たちの地域をムラと言ったし、家並みがとぎれ、しかし歩いてたかだか十五分ばかりのところを「あちらのムラ」と言ってはっきりと区別した。あきらかに行政的な村ではなく、地縁社会にもとづくムラであって、その地縁性を維持し、確認するための祭りごとだった。およそ十年後、「所得倍増」をスローガンに、日本経済が第一次高度成長に走り出したとき、旧来の地縁社会は急速にくずれていって、故里の獅子舞も演じ手がいなくなった。わずかにかつての少年武者の記憶のなかに、幻景のようにしみついている。

もう一つ、同じく幻景のようにして目にのこっている祭りのこと。

昭和三十二年（一九五七）、高校二年の夏、周遊券をポケットにリュックをかついで郷里の町を出た。山陰から北陸、東北を日本海沿いに北上して、青森駅にたどりついた。朝一番の十和田湖行の国鉄バスまで夜明かしするつもりで駅前通りを歩き出した。

かなりの人出だった。ズラリと夜店が出ていた。そのうち鉦と太鼓の音が聞こえてきて、金魚型をしたのや、扇型をしたのや、人形をかたどったのやら、造りものがつぎつぎとやってきた。太い眉の武者絵の背中が、あでやかな美人像なのが奇妙だった。大きなものでもオート三輪やリヤカーに乗る程度がせいぜいで、子供がかついでいくような小さいのが多かった。中の明かりが消えたまま、しずしずと進んでいくのもあった。武者絵の前と後で、そろいの浴衣の人が黙々と踊っていた。

戦後の最初の高度成長期に入る以前のねぶた祭りである。少なくとも私の記憶にあるのは、このような祭礼だった。
現在の青森のねぶた祭りは東北きっての大祭であって、八月初めのまる一週間、何十万もの観光客で賑わう。いや、総計すると百万単位で数える人出かもしれない。木と竹と紙でつくるおなじみの武者絵が途方もなく大きくなっていったのと並行して、祭りもまた肥大した。もはやそれは町の祭りとはいえないだろう。観光と宣伝と交通と消費、マス・メディアを動員して「現代」が生み出した巨大イベントであって、手厚くコマーシャリズムに支援され、町の辻よりもテレビの画面に似合いの華やかさで演出されている。
俳句では「祭・まつり」を夏の季語にしている。

大雨に獅子を振り込む祭かな　　村上鬼城

この雨はやにわに落ちてきて、ひとしきり大地をたたいたあと、再び青空がひろがると、ウソのように消え失せる夏の雨である。

祭笛吹くとき男佳《よ》かりける　　橋本多佳子

幼いころの小太鼓おじさんや笛吹きじいさんに照らしても、祭りの到来とともに「男佳かりける」季節がきた。

祭りが夏の季語とされているのは、かつては「まつり」というと京都・賀茂神社の葵《あおい》祭をさしていたことによるようだ。その後、葵祭が独立した季語になってからも、祭りはやはり夏の季語とされている。神社の祭事が並外れて多く夏に行なわれるせいであって、夜にお出ましとされる神にとっても、天地とも開放的な夏は都合がいい。宵宮、お旅所、揃いの祭衣と浴衣。なるほど、祭礼の舞台は夏の風土に合っている。

その一方で祭りは俳句と同じように、色濃く季節感と寄りそっている。この島国が春・夏・秋・冬の四季をきちんともつからで、実のところ世界には、これほど季節を明快に感じさせる国はそう多くはないのだ。夏のむし暑さしか知らない国、一年の大半が秋と冬で、夏はほんの二、三週間の国。ヨーロッパも四季はあるが、春が遅いところ、夏がいやに長いところ、秋が名ばかりのところなどと、国ごとにけっこういびつである。応じて季節感が大ざっぱで、「ハルサメ」とよばれる春の雨が、「アキサメ」とよばれる秋の雨とはちがっているなどのことは、よほどデリケートな変わり者でないかぎり口にしないし考えない。

日本の祭りの特色は、つねに季節感の立体篇といったおもむきがあることだろう。春は花祭り。夏は川祭り、雨祭り、海祭り。疫病のはやる季節なので厄神払いの祭り。季語では秋になっているお盆の行事も、実際には夏祭りであって、先祖を迎え、祖霊をなぐさめる。祖霊といっしょにヘンな霊も出るころであれば、お化け屋敷やホラー物は夏のシーズンときまっていた。

秋はとり入れの季節であって、収穫感謝、あらためてつぎなる豊作祈願の祭り。冬の夜長は、夜っぴいて舞い狂う神楽でカミさまをよろこばせる。

日本の祭りのもう一つの特色は、稲作りと密接にむすびついていることである。当然であって、日本人は二千年も前から、ひたすら稲を作ってきた。それは領主の権力の大小をいうのに、コメの収穫高をスケールにするまでに大きな意味をもっていた。日本社会に対して、ふつう教科書などは農村、漁村、山村といった分け方をするが、漁村の生活者は少なからず半漁半農であり、山村といわれ住居は山里でも、暮らしの実態は農村だった。

祭りもおのずと稲穂のはじまりから収穫までを追っていく。正月の餅や餅花、門松、また榊や松の小枝は稲に見立てたものだろう。厳冬の夜に各地で催される「田遊び」は豊作の前祝いである。

蛙皆《みな》うたう水口まつりかな　　正岡子規

苗代に水をひいて種をまくのが農事のはじまり。水を導く水口に、ツツジやウツギ、フジの小花をさして御幣《ごへい》を立てる。そうやって田のカミさまを歓迎する。

田植えどきは忙しいので祭りは少ないが、にぎやかな田植え唄が各地につたわっているところよりして、田植えそのものを祭礼に仕立てたふしがある。

夏は稲穂に虫がつく。鳥や獣が出没する。虫送り、火祭り、また鬼の舞いで退散させる。

秋は待ちに待った稲刈りの季節。取り入れが終わると、必ず感謝の儀式をした。国家や宮中の言葉では、十月に神嘗祭《かんなめ》、十一月に新嘗祭《にいなめ》。「嘗」はなめる、舌にのせ味見をする。どちらも新米に関係している。

冬の夜神楽には、鬼をはじめとする異形の者がよくあらわれるが、全身をわらでつつんだ稲の精霊とみなしていいだろう。疫を払うとともに、来る季節の順調なることを約束にくる。

世の中が、また社会が大きく変化した。人の暮らし方、生活環境、そして生活感覚がちがってしまった。柳田國男監修・民俗学研究所編の『年中行事図説』には、小正月のドンド、雛祭り、端午の節供、夏越しの節供などおよそ一二〇の季節の行事があげてある。ひと昔前まで、ごくふつうに家や里でいとなまれ、季節の色どりになっていた。その多くがあとかたもなくなり、もはや年輩組の語り草にちかくなってきた。祭礼の基盤であったもの、伝統行事を支えてきたものが失われたり、かけ離れてくれば、当然のことながら祭りも変化し、変質する、ところによっては存続すらあやしくなってくる。民俗学では「根枯れ」といった言い方をするようだ。年中行事といったことにかぎらず民俗的な事象のすべて、古くからの文化を養ってきた根が枯れる。

雛祭りや端午の節供などのイエの祭りに対して、幼い少年武者が活躍したような獅子退治はムラの祭りである。先に述べたとおり、行政の単位ではなく、地縁的・血縁的社会をあらわすムラ。差別的な意味などなしにブラク（部落）といわれたもので、つねに祭りの中核になってきた。そのムラが崩れ、縮小し、消えていく。

祭りごとの形骸化といったことは、いつの時代にも言われてきた。いまあげた『年中行事図説』は昭和三〇年（一九五五）の刊行だが、民俗学研究所が図説まで作ったのは、監修者の柳田國男が序に述べているとおり、「都会中心の文化におしまくられて、古い家々のしきたりを軽くみる風潮がおこり、年中行事は急速に失なわれかけている」と見たからである。同じ年に柳田國男は『年中行事覚書』を著しているが、もはや誰もが「気をつけて見ておこうとせぬ」なかで、消えてなくなる行事がつぎつぎに出てきたことを憂えている。

同じ民俗学の宮本常一は「くろんぼ先生」とよばれるほどまっ黒になって日本全国すみずみまでも探訪した。学究肌の折口信夫が足を運んだ地をあげていくと、いかに深い山間に分け入ったものかと驚くだろう。あきらかにそこには柳田國男と同じ思いがあった。変化や移動の少ない僻陬《へきすう》の地にこそ、民間行事が損なわれずにのこっており、そこに基礎をおいて比較するなかで、共通する特性を考えていく。そのころすでに伝統的文化とされるものに「根枯れ」現象を見ていたからに相違ない。

だが当時、日本人の大半はそれまでどおり、稲作りに従事していた。会社、工場、役所、学校……たとえ勤め先をもち、毎日勤めに出ていても、正確には半農半商、半農半工、半農半公、半農半教というもので、昼の休みには種まきの手順や実りぐあいが同僚との話題になったし、秋の収穫時の休暇願に人事部長は躊躇なくハンコを捺した。リチギ者は新米を手土産に「半農」をもたぬ気の毒な上司に礼を述べた。

それもまた、もはや昔語りの部類に入る。「所得倍増」以後、数次にわたる経済の高度成長のなかで、日本人の暮らしが激変した。生活と文化を伝承させるはずの社会基盤が、これほど激変した文明国も珍しいのではあるまいか。食べ物一つとっても、どれほど食べ物があふれ返っていようとも、父が食べ、父の父が常食にしていたものばかりは見つからない。しかもその変化は新しいメディアの登場に加速され、日々たえまなく進展している。教科書で日本社会を支える三部門とされた農村・漁村・山村は過疎化、高齢化の一途をたどり、しかも、もはや一切の歯どめがきかない。

五十五歳でもう一つの生き方を考えたとき、私は山、旅に加えて祭りをあてた。少年武者の原体験とともに、当の自分が、地方から大都市への人の流れが加速した時期にその一人となり、無数の故郷離散者ないし故郷喪失者の誕生に立ち会い、またみずからもその一人となったのを自覚していたからである。大量の故郷喪失者の発生の一方で、皮肉にも年ごとに「ふるさと祭り」がにぎやかになっていくのに立ち会った。

ここでは三十六の祭りをとりあげている。祭りというと、たいていの人が思い浮かべる東京の神田祭、三社祭、京都の祇園祭、葵祭、大阪の天神祭、博多ドンタク、長崎のオクンチといった都市型の祭りは扱わなかった。また近年、観光イベント性を強めて急速に肥大化したのも見送った。くり返しファイルから削除していって、のこった中から祭りの性格の多様さ、地域のひろがりを考えて訪ねていった。

下調べをしていてわかったが、祭りについての本はどんなにあっても、おおかたがガイドブックか、ガイド的説明に終始していた。祭りのプログラム、とりわけ民俗学の分野に入ると思われる事柄について教えを乞おうとしても、なかなかいい本が見つからない。その一方で同じ地方のイエやムラや暮らしにつたわる事象については、実に丹念な調査や考察がなされている。それを一歩すすめて土地の祭礼に及ぶと、どんなにかゆたかな成果が得られるだろうと思うのに、その一歩を慎重に避けたぐあいなのだ。おもうに祭礼が神社や寺にかかわり、神仏や宗教色がからむので手控えた、といったことが多いのではあるまいか。

だが、祭りをめぐっていくと誰もが思うはずなのだ。それは神社の宮司や寺の僧侶がはじめたわけではなく、イエの行事やならわしの延長としてムラの行事や催しになったものが、神社や仏寺にうつされた。しばしばそのように考えられる。あるいは神社や寺側が信仰をひろげるために積極的にとりいれた。カミやホトケの布教者には、現在でいうマス・メディアの天才型が多く出たが、民衆をつかむ上でもっとも有効な祭礼というメディアを、彼らが利用しなかったはずはないだろう。現に寺はきっと山号をもち、山門に大きくそれを掲げているし、神社は平地であれ参道に並木を育て、鎮守の杜を背に負っている。古来、山を聖地としてきた日本人の心性に応じてのことだろう。その種の方便を一切とらなかったキリスト教の発展のなさとくらべると、なおのことはっきりするのではあるまいか。

それにたとえ神社や寺を舞台にしても、祭りの主催者は氏子や檀家であって、宮司や僧侶はお飾り、よくて後見役である。宗教色を楯に避けたがるのは、民俗学徒の怠慢のような気がしてならない。

祭りめぐりは第二の人生の、そして社会的必要性のない人間に打ってつけのテーマと思ったが、はじめたとたんに気がついた。行きたい祭りには、なかなか行き着けないのである。遠方や不便さはいとわなくても、その祭りの前後に、なぜかきまって用向きが生じてくる。たわいない人生の瑣事であって無視できなくもないが、しかし、人生の瑣事こそ第二の人生の本質であって、無視しだすと自分の存在さえ無視することになりかねない。

「今年は一応見送りにして――」

翌年、また翌年と同様の事態になって五年がかりで、やっと行き着いたところもある。

どことい わずバス便が極端に少なく、タクシーもないことがあった。祭りの舞台まで歩くしかなく、歩く人はいなかった。昔はみなが歩いたはずの道ながら、暮らしの匂いが少しもしなくて、車だけがすっとばしてくる。そんな車すらチラホラなのに、なぜかおそろしく立派な道をテクテク歩いた。

それはまあ、我慢すればいいことだが、べつの困ったことが生じた。わが祭り紀行の歳月は「平成の大合併」のはじまりと進行と終結とにかさなっている。いたるところで地方交付金、人件費削減、行政の効率化、地域活性化、町づくり、村おこしといったコトバを聞かされた。「ふるさと創生」「ふるさとフェスタ」など、イベント会社のような言い方と出くわした。強引な合併の結果、文化を継承してきた基盤がたち切られたところもある。つまるところはイベント会社方式で、いいとこ取り、イベントが終わると用ずみ。

「地図をひらくと、べつのこともわかる。地理がなんともへんなぐあいになってしまったことである」

先にあげた「掛踊」のくだりでも述べている、見慣れない、とっ拍子もない新市があらわれ、地名のつたえていた関連性が見えなくなった。

メモによって数えていくと、六十にちかい祭礼を訪ねていた。何百年もつづいてきた祭りもあれば、一時すたれていたのが保存会がつくられて復活したケースもあった。とりあげるにあたり、自分なりの選択をした。厳密なものではないが、およそつぎのようなポイントを考えてのことだった。

一、歴史や由来、風土性をそなえている。

二、古式をよくのこしている。

三、地元の人の手になり、老幼男女がまんべんなく加わっている。

おおよその基準にしたが、むろん、例外もある。芸能性をたのしんだのもあれば、果敢に新味をとりこんであるのに感心した場合もある。過疎化のまっただ中で、老幼男女の「幼」のない祭りを片隅からじっとながめていたこともある。それとなく自分が求め、出会いたいと念じていた祭りには規模と関係なく、おおらかな風格といったものと、独特のおかしみがあることに気がついた。三十六を選ぶにあたり、そんな曖昧であれ、しかし大切と考える要素を重んじた。

ドイツを中心にヨーロッパから多くを学んだ私は、日本人を宗教から解放された民族と考えていた。だが、祭りをめぐる長い旅をやってみて、いまは微妙に考えが変化している。山・川・海の多様な自然を背景にして、一つの胸にカミとホトケを共存させる「日本教」といったものが、日本人の心の底にはあるのではあるまいか。そこに立ち入るまではしなかったが、祭りのかたちと性格が、まさしくその信仰の心から生い出たと思ったケースは、その伝承的意味と風土との関連性を書きとめるようにつとめた。

土地の人に聞いたところは資料でたしかめた。ネット情報といわれるものは宣伝チラシと見なして、書くときには自分の目と足を信頼した。

長い時間をかけたぶん、その後、縮小されたり、変化した祭りがある。記述のなかに祭りの日を明記していないところがあるのは、年ごとに変わっていくからで、とりわけ大合併のあとは「ふるさとフェスタ」といったワク組のもとに、都会に出た人が帰りやすい日にうつされる。そのためお盆のころは、どことい わず祭りの目白おし。三年がかり、五年がかりになったのは、そんな事情もあった。取材は十数年にわたるが、書くのはテーマを目標にして三十六篇をつづけて書いた。写真は最新のものが欲しかったので、若いカメラマンの池内郁《かおる》氏にたのんで新しく祭りを訪ねて撮り下ろしてもらい、三千枚にちかい中から選ばせてもらった。

発表の場をつくってくれた文源庫の石井紀男さん、辛抱づよく原稿を待っていただいたみすず書房の辻井忠男さん。みなさん、どうもありがとう。

文中に引用した以外で、たえず参照した本はつぎのとおり。
『日本の民俗』（全47巻）第一法規
『月ごとの祭』橋浦泰雄、岩崎書店
『民間信仰』櫻井徳太郎、塙書房
『民間暦』宮本常一、未來社
『日本庶民生活史料集成』（全22巻）三一書房
文化庁編『日本民俗地図年中行事1・2』国土地理協会

I

寒中みそぎ

北海道木古内

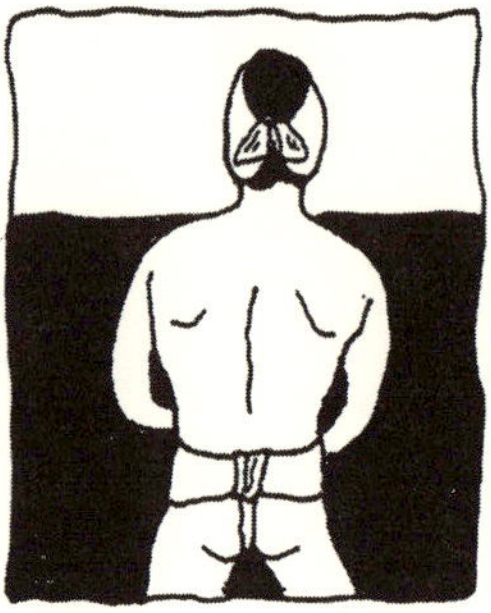

函館から西に津軽海峡線が走っている。四十分ばかりで木古内駅に着く。以前は漁業の町だったが、近年は牧畜が盛んで、牛肉やバター、チーズの生産で知られている。東隣りの上磯町は合併して北斗市と名がかわったが、木古内は昔のままだ。

東北から北海道にかけて、おしりに「内」のつく地名が多い。木古内の西隣りが知内町で、そこには重内という駅もあった。「内」はアイヌ語で川を意味するそうだ。キコナイはアイヌ語の「リロナイ」に由来し、「潮の差し入る川」だという。アイヌ人は土地ごとに生活感覚によるみごとな命名をしているが、きっと木古内川がまさしくそうだったのだろう。川と海の合わさるところであって、川魚、海魚がゆたかにとれる。

町には縄文遺跡がちらばっており、その一つの蛇内遺跡から幼児の歯型とつめ跡のある土器が見つかった。大釜谷遺跡で発見された「彩文籃胎漆器《さいもんらんたいしっき》」は全国的にも珍しい漆の器である。古くから人の住んできたことがみてとれる。

木古内の寒中みそぎ祭りは毎年一月十三・十四・十五日の三日間。身を浄める「みそぎ」の儀式は全国に数多くあるが、そのなかでも、もっとも厳しい行事の一つではあるまいか。しかも神官や神社の関係者ではなく、ごくふつうの町の若者が厳冬の北海に入ってみそぎをする。

伝わるところによると天保二年（一八三一）、当地の佐女川神社の神社守りが夢枕に、「御神体を潔めよ」とのお告げを聞いた。おりしも一月十五日、すぐ下手の佐女川は凍結していた。厚い氷を打ち砕いて身を浄め、御神体を抱いて海に臨むと、河口に「大いなる鮫」があらわれ、その背に白衣の女が立っていた。

直ちに御神体とともに海水で沐浴、とたんに女がかき消えて、大鮫は川をさかのぼり、上流の小さな沼に姿を消した。以来、沼は佐女沼とよばれ、豊漁豊作がつづいて村が栄えた――。なんとも不思議な話だが、「寒中みそぎ事始め」として伝承されている。佐女川神社は松前藩の河野加賀守景広の勧請により、寛永二年（一六二五）、佐女川のほとりにつくられ、玉依姫の命《みこと》を祀っている。祭りは一月十三日の夜の参籠祭が皮きりで、翌十四日夕刻からみそぎ行列が始まり、みそぎ太鼓、みそぎ囃子が演じられ、みそぎ口上につづいて水ごりに入る。

十月十五日朝が出御祭。昼近くに浜でみそぎ太鼓が打ち鳴らされ、大漁旗をかかげた船が見守るなかに海中みそぎが奉じられる。午後おそく神社で神楽が奏上されて幕。

みそぎをおこなうのは「行修者」とよばれ、「穢れなき若者」とされている。四人組の構成で、それぞれ別当、稲荷、山の神、弁財天の四体をささげもつ。参籠祭から寒中みそぎに入るあいだ、たえず太鼓が鳴っていて、これを「オマニシグギダ」という。呪文のような言葉だが、もともとは「大澗《オオマ》の浜にニシンが群来《クキ》」の意味、豊漁を祈念する太鼓だそうだ。

ＪＲ木古内駅は津軽海峡線と江差線の分岐駅であって、函館発の特急列車はここで南に転じ、一路海底トンネルへと走り込む。海の下はコンピュータをいただく最新技術、海の上ではフシギなお告げに始まるみそぎの儀式。およそ異質の二つがこともなげに同居しており、そのあたりが日本の祭礼のおもしろいところではなかろうか。

町はゆるやかな斜面にひろがっている。地理学でいう「海岸段丘」であって、津軽海峡に面した町に共通しており、江差の町とよく似ている。いまでは海峡線によって目が南に向いているが、かつて江差と木古内は、とりわけニシン漁によって兄弟のように結ばれていた。

ニシンの分布域は朝鮮半島南部から日本列島、カムチャツカ、アラスカを経てカリフォルニアに至る北太平洋、及びその周辺海域とされている。季節に応じて南北を回遊しており、夏は北上して豊富なプランクトンを食べ、冬は南下して越冬する。

北海道から見てのコースでいうと、夏は東岸沖からオホーツク海へ北上し、時計と逆回りのかたちで回遊する。そこまではよくわかっているのだが、ニシンの群れとなると、これがさっぱりつかめない。ニシン魚団の年齢構成や、海域の資源の量、海流の状態で大きく違うからだ。

ニシンきたかと
カモメにとえば
わたしゃたつ鳥
波にきけ　チョイ

おなじみのソーラン節は、安政年間に日本海側に突き出た積丹《しゃこたん》半島でニシンの水揚げのときに歌われたのが始まりといわれている。未曾有の豊漁でわき返っていたころで、陽気な節まわしからも浜の賑わいぶりが伝わってくる。海面を埋めつくしてニシン軍団がやってくるのだもの、わざわざカモメに問うまでもなかっただろう。

江差から木古内にかけて「ニシン御殿」とよばれる建物が点々とあった。松前藩出入りの豪商だったり、廻船問屋として重きをなしたり、海産物の仲買をしたり、蓄財の形はさまざまだったが、その豊かな富で総ヒノキ、切妻造りの豪壮な屋敷をつくった。江差の横山家のように現存し、有形民俗文化財に指定されているものもあるが、大半が「御殿跡」として敷石や庭だけが残されている。木古内の栗原家もその一つで、港の山ぎわに庭園がひろがり、樹齢一七〇年といわれる大椿は記念保護樹木になっている。

ニシンの大豊漁は安政以前にも何度となくあった。「江差屛風」といって宝暦三年（一七五三）の年号をもつ風俗画に、町の繁栄が描かれている。海沿いに船問屋が軒をつらね、土蔵が二つ、三つとつづき、小屋が浜手にせり出している。「羽根出し」とよばれ、小舟で直接漁に出ていける。たしかに当時あったスタイルだという。

松前と結ぶ街道沿いには茶店や食べもの屋が並び、旅人や藩役人が行き来している。寺の裏手は源太夫町、いわゆる「花街」で、妓楼、料亭あわせて二百軒、「江戸両国につぐ賑わい」といわれた。

これは江差のケースだが、木古内も同じような繁栄ぶりをみせていただろう。港の山側には現在も昌源寺、洞泉寺、大泉寺、西野神社、古泉神社、塩釜神社などが並んでいて、そのいくつかには円空仏といわれるものが伝わっている。

寒中みそぎ事始めにいう夢のお告げは天保年間のこととなっている。大豊漁のつづいた宝暦と安政のちょうど中間であって、ニシンの不漁に悩まされていたころだったのではなかろうか。どこに去ったのか、さっぱり姿を見せない。人々は神仏に祈って待ちつづけた。責任をいっさい担わされたぐあいの神社守りが、身を浄め、みそぎのなかでもとびきり厳しい寒中の水ごり、海の沐浴を敢行したところ、やがてニシンがもどってきた。

信心深い人々は報恩のしるしに寒中みそぎを考えた。町の神社には円空作と伝わる御神体があり、次代をになう若者が、これを捧げて厳寒の海に入るのはどうだろう——かどうか、たしかなことはわからない。おおかたはこちらの想像である。真偽はともかくとして、奇妙なお告げの大鮫や、

「オマニシグギダ」の太鼓がニシンの群来にかかわっていることはたしかである。海に向かい、すがる思いで太鼓を打ち鳴らすうちに、しだいに「事始め」の伝承がととのっていったのではあるまいか。佐女川神社の背後の山を薬師山というが、その山深いところに一つの沼があって、神秘的な水をたたえている。それが一役買って、ニシンの化身のような大鮫が沼めざしてのぼっていった。

「それは、天保二年に始まった
　厳寒の海に
　いのち燃ゆる若者たちの祈り」

木古内観光協会・木古内商工会のキャッチフレーズが高らかにうたっている、駅から海にのびる道路は「みそぎロード」として三日間は車しめ出し。

「家族みんなで寒中みそぎ祭りを楽しもう!!」

「神社はおみき、温かいお飲み物やおソバを用意!!」

「郷土の自然が育んだ産品や加工品とホカホカいっぱいのグルメ料理を用意!!」

「みそぎ福袋をご用意!!」

「観て、食べて、遊んで、北の故郷大発見!!」

チラシ、案内、看板には、おしりにきっと!!がついている。寒中みそぎフェスティバル実行委員会の手になったもので、委員会が祈るようにして求めているものがよくわかる。ニシンの群来ではなく、町を出た人たちの帰郷である。伝統の行事を機会に木古内へ戻っておいで。家族が待っている。懐かしい食べ物が待っている。故郷をもう一度見つけておくれ、こちらで福をつかんでみないか!!

「気高き行修者の若者」

たいてい十代終わりから二十代初めの若者がつとめるが、若ければできるというものではない。とりわけ二日目の「行修者水ごり」が苛酷で、雪の積もった神社の垢離場で、「みそぎ口上」を聞いたあと、水しぶきをあびて身を浄める。頭に白布を巻き、白ふんどし一つ。白い小さな布を嚙みしめて寒さに耐える。

みんないい体をしている。都会のモヤシ型ではなく、骨太、肉厚、きかん気のタイプで、腕組みして水ごりをとっている姿は威風堂々というふぜいだ。

年寄りは羽織はかま、白たびに下駄、頭に平べったい笠をのせている。おおかたが元行修者ではなかろうか。口を真一文字にむすび、キッと目を据えて、さながら古武士集団のような風格がある。

みそぎロードの西寄りがみそぎ広場、海岸がみそぎ浜、通行止の国道がみそぎ観覧場所。

「アイスキャンドルとかがり火の彩る道

みそぎ行列に参加を!!」

まっ白な雪道を、行修者は白頭布、白装束、白手袋、白足袋のいで立ちで口に白い布を嚙み、白布につつまれた御神体を抱いていく。純潔無垢であるとともに死装束を思わせる。浜手の本部に温

度が掲示してあった。

9時30分現在　気温−4℃　海水温+7℃
11時現在　気温−3℃　海水温+7℃

日が昇っても暖かくならず、風が出て逆に寒くなった。そのなかで白衣をぬぎ、白ふんどしで海に入る。御神体を海中で捧げもち、そのあとが沐浴。水しぶきを立ててあばれる。遠くからだとふざけっこをしているようにも、魚が跳ねまわっているようにも見える。大漁旗をつけた漁船がゆっくりと通るなか、みそぎ太鼓が打ち鳴らされ、つづいてよさこいソーラン競演会——。

幕末の一時期を最盛期にして、ニシンの漁獲量はしだいに落ちていった。それでも明治三十年代までは年間五十万トンを維持していたが、その後は急カーブで減りつづけ、戦後は二万トン前後、昭和六十一年（一九八六）に八万トンを記録し、ニシン復活の期待がふくらんだが、翌年からはまた二万トンどまりにもどった。

ニシンはもはや望まないとしても人の回遊のほうはどうなのだろう？「北の故郷大発見!!」Uターンしてくる人は出てきたか。

よそ者がぶしつけに問うのは、はばかられる。人ごみのなかで聴き耳を立てていた。祭礼三日目ともなると、あちこちで帰りのスケジュールが口にされていた。目は浜を見ていても、耳はケータイにとられている。車に分乗の人は落ち合う場所と時間の確保。

寒中みそぎ

「それじゃヨッさんによろしくネ」

親元には知人への伝言。心の半分はすでに故郷を離れている。

「木古内の特産品をお届けします！　ふるさと木古内会会員募集」

「自然あふれる北海道に移住をお考えの方！　木古内町ふるさと体験事業参加者募集」

「ふるさとの輪をひろげよう！　東京・札幌木古内会会員募集」

木古内町役場まちづくり政策室の案内には一つ一つ！がついている。フェスティバル実行委員会のように派手なビックリマークは控えてあるが、やはり祈るような気持ちがこめられていることが、痛いほどよくわかる。伝統的な町の祭りがもっぱら、その町を出ていった人、町を出ていかざるをえなかった人々への発信になっている。何がそのように変質させたのか、つい考えてしまうのだ。

物産フェアの売店で知ったのだが、アイヌの人はニシンを「カド」といった。カドの子がカドノコ、それが訛って「カズノコ」。

「ナールホド、そうだったのか」

わけもなく感心していると、売り場のおばさんが実物を手に「これがアタマ、これがオナカ、これがオッポ」と説明してくれる。子供に説明しなれているのか、幼児口調がまじってくる。

「オナカとオセナカを二つにして干物にしたので、二つの身とかいてニシン、わかるかナ」

呑み屋で食べなれた身には、その先は聞かずともすぐわかった。背のほうの干物は腹の身を欠くから「身欠きニシン」。

木古内は坂の多い町であって、冬の風が強い。日本海から吹きつける北西の風を漁師たちは「タバ風」とよんできた、岬から「束になって」吹きつけるからだ。その風から守るため家ごとに囲いをした。丸太の柱を立て、イタドリやカヤでしっかりした風除けをつくる。新建材の家になってからは風除けがいらない。家がすっかり明るくなった。

「天国みたいなんヨ」

おばさんが実感をこめて言った。そういえばこの夜、店でいただいた「ふるさと新鮮グルメ」は絶品だった。「みそぎ鍋」を食べ、純米手づくり清酒「みそぎの舞」を入念にお代わりして、生涯のみそぎをすませたぐあいである。

梵　天　祭

秋田県赤沼

秋田市の東北に大きな山並みがひろがり、峰の一つが尖っている。太平《たいへい》山地であって、最高峰の白子森は海抜一一七一メートル。標高はさほどでもないが、山容が大きくて形がいい。

こういう山は昔から霊峰として信仰の対象になってきた。太平山は白鳳年間というから七世紀半ばに役《えんの》小角《おづの》が開山したといわれ、三吉《みよし》神社総本宮が置かれている。山頂に奥宮、秋田市の東の郊外赤沼に里宮があって、一月の梵天祭で知られている。山岳行者が神社の例祭にお山に登り、「梵天」を奉納したのが始まりという。梵天は帝釈《たいしゃく》天とともに仏のそばにいる守護神であって、いわばホトケさまのボディーガードだ。それが転じて祭礼などに用いる人形《ひとがた》の御幣を指すようになった。

三吉神社の場合、人形ではなく円筒の竹カゴを色とりどりの布で飾りつける。以前は町内ごとに派手なのを作り、ホラ貝を吹き鳴らして勇壮にかつぎこんだ。先陣争いがこうじてぶつかり合いになり、「けんか梵天」とよばれたそうだ。近年は大人よりも子供たちが主体で、団体やグループごとに創意工夫して、手づくりのたのしい梵天を奉納する。三吉霊神（みよしのおおかみ）とよばれている祭神さまも、ほほえんでいるにちがいない。

実物を見て考えたが、笠（傘）鉾が変形したのではあるまいか。京都の祇園祭には三十あまりの山鉾が出る。高く突き出た傘状の先端に、いろんな飾りがついている。長崎の「おくんち」とよばれる祭礼でも、華やかな垂れ幕をめぐらした傘鉾が先頭に立ち、いせいよく振り廻しながら進んでいく。

形は多少ともちがっても、傘のように突き出している点は共通している。神が降臨するときの目じるしになる「依代《よりしろ》」とされていて、神霊をよび寄せるためのサインを送っているわけだ。

もとをたどっていくと、おそらく「山」になるのだろう。神が地上に降りるとき、まず山を目標にする。三吉さまの奥宮のある太平山が第一ステーションとすると、里宮が第二の降臨場。そういえば三吉神社里宮の屋根は太平山を模した流れ造になっており、お山の縮小形というものだ。とするともう一段、縮小すれば傘になるだろう。伝統的な舞いや踊りの小道具にしばしば傘が使われるが、元来は神を招く所作事がもとになってできたのではなかろうか。

どうして赤沼地区に里宮が祀られたのか？　それについては、ハッピ姿のじいさんにおそわった。太平山はこの辺りからながめると、「もっとも形よう見える」そうだ。それで何代目かの秋田藩主が雪見御殿を建てた。お山は女人禁制で女はお参りができない。それに山容が大きくて道が遠い。

御殿が廃されたのち、同じ赤沼に社殿がつくられた。ここなら女も足弱の者も参拝できる。そこに依代を運び込めば、神さまの方からお出でくださるというものだ。

雪の中で足踏みしながら、あれこれ考えていると、ガヤガヤと人声がして、梵天がゆっくり近づいてきた。

「奉納　太平山三吉神社　大巻子供会　一月十七日」

ま新しい板に三行分かちで書かれ、長い棒がついている。ハッピに鉢巻の少年が、棒をにぎって先導してくる。甲子園の高校野球の開会式でチームが入場してくるときとよく似ている。白いユニフォームにあたるのが、所属を染め抜いた色とりどりのハッピである。

若葉子供会
柳田子供会
忍会少年部
必勝　秋田県立秋田南高等学校硬式野球部親の会
レスリング　北志館道場
エコクラブ
…………

赤、白、緑、紫、濃いブルー。まわりがまっ白な雪なので、なおのこと色が鮮やかだ。梵天の足

奉納
ボーイスカウト
秋田第五十七団
奉納
太平山三吉神社

はひときわ長く、全体は大人の背丈の二倍ほどになる。その腹にゼッケンをつけたぐあいに奉納チームが書いてある。

べつにグループでなくてもよくて、「奉納　原田ウタ　利一　利正　利雄」とあるのは、原田家のお出ましで、子や孫たちがかついでいる。ただ「がんばろう」「交通安全」と書いただけのものもあって、要するに願いごとを託して、どのようにつくってもいいらしい。古くは一年の五穀豊穣、家内安全、商売繁昌の願かけをしたのだろうが、五穀以上に交通が心配だし、家内安全はもとよりだが、硬式野球部のわが子に必勝を祈ってやるのが親心というものだ。

色どりはさまざまだが、梵天のつくりにはおおよそのスタイルがあって、なんとなく頭・首・胴・足の構成をとっている。頭にあたる先端に十字結びに巻きつけたのが鉢巻にもツノにも見える。胴は単色あるいは極彩色の一枚布で、それに布切れ、紙細工、より紐などを縫いつけたり、垂らしたり、巻きつけたり、この点でも自由に作っていいのだろう。

「秋田から届け地球へ　エコクラブ」

苦心のコピーを小旗にしてつけた。商売繁昌よりも社会性をおびていて、まずは梵天さまに届けたい。

毛糸の帽子に、マフラー、厚手のジャケットに防寒ズボン、ゴム長あるいはトレッキングシューズ。女の子、男の子、ヨチヨチ歩き、大人びた少年。子供の大群である。地から湧くようにして、ゾロゾロとやってくる。少子化がいわれるが、これだけどっさりいれば日本も当分は安心なのではあるまいか。

三吉神社里宮は、杉の大木の並ぶ下にひっそりと祀られている。三十年あまり前に改築されたそうだが、小ぶりの社殿前に雪よけの囲いがあって、シメ縄がめぐらしてある。正面右手に建築現場のような鉄パイプが組み立てられ、ジャンパー姿の大人たちがかきのぼっている。梵天の勢揃いする場であって、届いた順に上の段から縄でくくりつけていく。味けない鉄パイプのヤグラが、みるまに色あざやかな梵天山に変わっていった。

ズラリと並んだのをながめていると、考えがちがってきた。梵天は笠（傘）鉾の変形ではなく、むしろ逆であって、竹かごに布を巻きつけた素朴なものが、しだいに意匠化されて華麗な笠鉾が生まれたのではなかろうか。

京都にかぎらず祇園祭の流れをくむ祭りが各地にあって、町内ごとに笠鉾が立てられ、お練りをして、神社に勢揃いをする。笠鉾ごとにちがう依代《よりしろ》をいただいていて、その美しさを競うところがある。

信州・須坂で見た祇園会は、十数基の笠鉾が居並ぶ豪華なもので、その美しさに目を丸くした覚えがある。町ごとに、あるいは町が大きいときは区に分かれていて、それぞれが上組、下組、勘右衛門組、源之丞組といった組名のもとに笠鉾を立てる。ある町の依代は「おひめさん」とよばれる姫人形、べつの組は陣羽織をつけた猿が扇を手に三番叟を演じている。あるいは千成ビョウタン、太鼓に鶏のとまったもの、金紙と白紙を組み合わせた御幣……。古いものは江戸時代にさかのぼり、それが連綿と伝えられてきた。

笠を支える棒を「かんざし」、まわりにめぐらした布を「もこう（帽額）」という、かんざしとはおもしろい言い方である。「もこう」を辞書でひくと「御帳や御簾《みす》のかけぎわを飾る布、または儀礼の際に正面や舞台の側面に引きまわすかくし」とある。それが笠鉾に採用された。

豪華な笠鉾も、はじまりはずっと簡素なものだったにちがいない。三吉神社の「竹かごに布」式に似たスタイルで、それが町内ごとのライバル意識のなかで姿を変え、いつしか華やかな飾り依代が誕生した。信州・須坂は繭で栄えた町だったから、豊かな富が原動力になったと思われる。

「梵天」の名で古い形をとどめているのが秋田県に多いのは、どうしてだろう？　三吉神社の世話役の人から聞いたのだが、県内の大河である雄物川近辺では、「ぼんでん」といって、梵天に川渡りをさせる行事があるそうだ。毎年二月、ぼんでんを先頭にして地区を練り歩いてから、渡し場で川舟に乗せ、対岸の神社へと渡す。

「オトナの五倍からありますなァ」

子供会の梵天よりずっと大きく、それ自体が一つの「山」をかたどるらしい。

「三つがワンセットです」

一体ではなくて三体の梵天だということ。冬の川面を色あざやかな三つの山が、雪景色を背景にしずしずと進んでいく。幻を見るように美しい。

「三つでワンセット」で思い出したが、私の故里の城下町に「三つ山」「一つ山」の祭礼がある。

どちらも豊臣秀吉の治世にさかのぼる古いもので、三つ山は二十年ごと、一つ山は六十年ごとに催される。おそろしくイキの長い周期であって、よほどの幸運がないかぎり、一つ山には生涯に一度しか立ち会えない。

おぼろげな記憶では、五階建てのビルに相当するほど大きな「山」で、それにいろんな飾りがとりつけてあった。出来上がる過程をビデオで見たが、竹を編んで巨大なカゴをつくり、それに長い布を巻きつけていく。子供梵天の大がかりなもので、つくりの骨法は同じと考えていい。

さらに世話役によると、昔は祭りの供え物に特別の食べ物があって、おやき、赤飯、かぼちゃ、煮しめを食べたという。梵天を納めると、年中風邪をひかず、大人は「達者になる」そうだ。子供は、はやり病いにかからず頭がよくなる。

「頭にも効きますか?」

「効きます効きます」

どういう根拠があってか、世話役は力づよく断言した。

その点はともかく、幼い者たちにとっては印象深い体験になるはずだ。めいめいが布切れを持ち寄って飾りつける。グループで運び出し、お練りをして、神社に向かう。古い行事に加わって、意味はわからなくても「マツリ」の神聖さは全身で感じとる。とても大切なことにちがいない。

祭りの語源にはいくつか説があって、その一つによると「マツラウ」からきている。お側にいてお仕えする。神の降臨のお側にいるわけだ。

べつの説によれば「奉る」に由来して、神が祭場に出てきたときに召し上がり物を供える。そして神のお下がりをいただいて、神力を分けてもらう。

さらにべつの説によると、「待つ」から出たもので、「日待ち、月待ち」をして迎える。すると遠くから神がやってくる。

いくつもの説があるのは、つまるところよくわからないせいだろう。人間が――人間だけが――もっているフシギな心性にもとづき、カミという存在を、いつもひそかに待ちつづけている。

国道7号と13号は、部分的に昔の羽州街道とかさなっている。新庄から北上して院内峠（雄勝峠）から秋田領に入り、大曲から雄物川に寄りそうようにして久保田（秋田）城下へとつづいていた。三吉神社里宮のある赤沼は、お城下に入る手前にあって、近くに梵字川が流れ、旧街道沿いには太平山碑が立てられている。現在はビルや人家にへだてられているが、かつてはこの辺りにくると、遠くに太平山地の山並みが望めたのだろう。

秋田藩佐竹氏は、もとは水戸を本拠にして常陸五十四万石の太守だったが、関ヶ原で豊臣方についたばかりに、出羽秋田二十万石に減知転封された。その後は時勢をよく見ていたようで、大坂の陣では東軍に加わって軍勲を立て、幕末の動乱には奥羽同盟に加わらず、官軍に属して無駄な争乱はやりすごした。

日本人はこういった家系よりも、武士の意地を貫いて悲劇をみた藩主や一族を好むようだが、むろん為政者としては佐竹氏の行き方が正しい。おかげで秋田城下は会津若松や長岡のように、城のみか町まで焼き払われる惨状をみずにすんだ。

佐竹曙山は殿さまにして画家でもあって、藩士小田野直武に洋画の技法を学び、なかなかの絵をのこしている。幕末ちかくには佐竹義和《よしまさ》といった聡明な人物が殖産興業につとめるかたわら、身分にかまわず才ある若手をどんどん登用、傾きかけていた財政を立て直した。よけいなことながら、NHKの大河ドラマはあきもせず劇画的人物を主人公にしたがるが、たまには本当の政治《まつりごと》にすぐれていた人をとりあげてみてはどうなのだろう?

秋田市中の旧鍛冶町に「金神社」が祀られている。細い参道で、やわらかな冬の陽をあびていると、関西弁の中年二人づれがやってきた。

「おカネの神サンにおねがいしとこ」

この種の手合いに注意を喚起するためだろう、説明板に鍛冶の神を祀るとあって「かながみやしろ」と太字でルビが振ってあった。

鹿子踊り　山形県新庄

「鹿《しし》踊り」について、宮澤賢治が詩を書いている。物語にもした。

故郷花巻の一帯を稗貫《ひえぬき》郡といったが、郡内の調査に歩いていたときなど集落の祭礼にいきあわせ、鹿踊りに興じている人々を見かけたのではあるまいか。「高原」という全五行の詩は土地言葉でつづられている。

鹿子踊り

海だべがど　おら　おもたれば
やっぱり光る山だたぢゃい
ホウ
髪毛《かみけ》　風吹けば

鹿踊りだぢゃい

盛岡高等農林の学生のころ、クラス仲間としばしば植物採集や地質調査に出かけた。種山高原が実習地の一つで、詩「高原」はその間の体験ではあるまいか。現在の地名でいうと奥州市（旧江刺市など五町村）の東のはしで遠野市と接するあたり、米里《よねさと》とよばれるところ。時は盛夏。じりじりと照りつける太陽の下、山波が眩しく光っている。仲間の一人がおもわず言ったのではなかろうか。

「海だべがどおもたれば、やっぱり光る山だたぢゃい」

海かと思ったが、やはり山が光っているだけだ——。山風が吹きよせて髪がなびく。それが髪をなびかせて踊る鹿踊りを思い出させた。

踊りに使われる鹿のお面はいろいろあるようだが、共通して長い髪がついている。獅子舞のように布をかぶり、面をかかげて踊るとき、髪が風に煽られたようになびくものだ。同じ「シシ」といっても、東北地方では獅子よりも鹿《しし》の場合が多いのはどうしてか？　たしかに鹿踊りだが、そのお面自体は鹿とあまり似ていない。丸いダンゴ鼻にギョロ目、大きく口が裂け、鹿よりも獅子にちかい。ただ通常の獅子のように黒い顔と金の歯ではなく、白面にまっ赤な鼻づら、頭に鳥の羽根をつけている。異獣、あるいは幻獣というのにちかい。

賢治は「鹿踊りのはじまり」と題した物語で、踊りの起源をメルヘン仕立てで考察している。野原を夕陽が赤く染め、すすきが風にゆれているなか、疲れて眠ってしまった。

「……ざあざあ吹いていた風が、だんだん人のことばにきこえ、やがてそれは、いま北方の山の方や、野原に行なわれている鹿踊りの、ほんとうの精神を語りました」

きっかけは嘉十《かじゅう》じいさんが野原に忘れていった手拭《てぬぐい》と、食べのこした栃の団子だった。

「こいづは鹿《しか》さ呉《け》でやべか。それ、鹿、来て喰《け》」

手拭をとりにもどってくると、鹿が五、六疋《ぴき》先まわりしていた。白い手拭のまわりに環をつくり、ぐるぐる廻っている。嘉十じいさんに「鹿のことば」が聞こえてきた。

「じゃ、おれ行って見で来《こ》べが」

「うんにゃ、危ないじゃ。も少し見でべ」

そのうち決心のついたのが、環のまん中へ出かけていく。そろりそろり近づき、へっぴり腰で鼻をさしのべ、ついでひとっ跳びして逃げもどる。

「なじょだた。なにだた。あの白い長いやづあ」

一疋ごとに報告するのだが、やはりよくわからない。ヘンな番兵のようでもある、ナメクジの干からびたようでもある。とどのつまり鹿たちは、歌をうたいながら手拭のまわりを踊りだした。

のはらのまん中の　めっけもの
すっこんこんの　栃だんご

…………

「鹿はそれからみんな、みじかく笛のように鳴いてはねあがり、はげしくはげしくまわりました」

これが鹿踊りのはじまりであって、作者はこの一件を「すきとおった秋の風」から聞いたそうだ。

山形県新庄では「鹿子」と書いてシシと読む。祭りごとには珍しく、はじまりの年や由来、目的などがはっきりわかっている。宝暦六年（一七五六）、新庄藩五代藩主戸沢正諶《まさのぶ》が五穀豊穣を祈願してはじめた。やがてしだいに形がととのえられていったのだろう。現在は「新庄まつり」として八月末の三日間、市内で神輿渡御、山車《だし》行列などがくりひろげられ、三日目に西の郊外の神社で鹿子踊りが奉納される。

新庄市を中心として三方に最上郡の町村がとり巻いている。総称して最上地方、それがピッタリ旧新庄藩六万石に相当する。一国一城的構造が現代にもそのまま残っており、そのせいか霞ヶ関幕府がやっきになって「平成の大合併」をすすめたにもかかわらず、最上エリアは受け流しただけ。おかげで真室川町、舟形町、鮭川村といったいい名前が今も健在だ。

地形的にもはっきりしたまとまりをもっている。新庄盆地をまん中にして、まわりを神室連峰や最上山系がとり巻き、南から流れてきた最上川が北西に転じて酒田港へと向かう。流れが大きく転じるところを本合海《もとあいかい》といって、船運の盛んだったころは、酒田からの物資がここで荷上げされ、横手や湯沢、仙台へと運ばれた。「奥の細道」の芭蕉は本合海で舟に乗り、最上川を下っていった。

まわりの山々から澄んだ水が送られてくる。盆地には水路のようにして小川が走り、ゆたかな米がとれる。新庄市の北の金山《かねやま》町は「金山杉」の産地として知られている。秋田杉よりも、さらに良質で高値で売れた。南の舟形町は、その名のとおり川船の基地だった。真室川町、鮭川村はともに川の名にちなみ、川魚が豊富にとれる。最上一国は誇り高い独立国というものだった。

昔の城跡が公園になっていて、本丸跡に戸沢神社、天満宮、護国神社が祀られている。鹿子踊りは戸沢神社を手始めとして、順に三社をまわっていく。参道奥が「楽屋」という役まわりで、お面や衣裳、小太鼓、編笠などが並べてあった。竹を大きな楕円のワッカに折り曲げたのがある。準備を見ていてわかったが、ワッカのまん中に小太鼓をくくりつけて首からつるし、その上から布をかぶる。胴のふくらみを出すとともに踊るときの「支柱」のような働きをするらしい。

面はわりと扁平で頭のてっぺんに木の皿があり、そこに無数の黒い鳥の羽根がついている。舞い手は白いシャツに黒の腹がけ、白の股引に黒の脚絆、白足袋にワラジばき。

上からかぶる衣裳によって二組にわかれ、一方は赤、濃紺、ブルーの三色の布つきで腰に紋の入ったハカマをつけ、ワラジの上にあざやかな朱の紐を巻きつける。もう一方はハカマがなく、足元も地味だが、お面にハデな赤と黒のホロがつき、華麗な花模様の布をかぶる。背の旗竿に「仁田山」「萩野村」と染めぬいてあって、踊りを伝承する地域のなかで、それぞれ衣裳が工夫されていったのだろう。夏のさなかに鹿面と布をかぶり、首からつるした小太鼓をたたいて踊るのだからタ

鹿子踊

イヘンだ。二十代の若者が主体だが、三十をすぎたオジさん風の人もいて、この人が計七人の組のリーダーのようだ。

立会い人にあたる人が二人。明るいブルーの着流しに黒い帯、白いヴェールのようなホロつきの編笠をかぶり、手に半割りの竹と丸竹をもっている。支度ができて、一同が参道の石畳に勢揃いした。リーダーをまん中にして左右に三人ずつ、うしろに二人の立会い人が控えている。

掛け声とともに踊りがはじまった。立会い人が竹を打って拍子をとり、鹿がいっせいに片脚立ち。布のなかの楕円のワッカのせいで、腹が異様にふくらんで異獣が七疋、拝殿に向かってトントコ・トントコと小太鼓を叩きながら舞いをする。しだいに動きが烈しくなって、跳んだり、はねたり、回ったり、しゃがんだり。布がひるがえると竹のワッカがむき出しになるが、それが異獣の骨のようにも見える。二疋が対になって睨み合い、噛みついたり、とびすさったり。それをリーダーの鹿と立会い人が凝然と見つめている。

境内にズラリと「奉祝例大祭家内安全祈願」と赤地に白ぬきの旗が林立している。それぞれに奉納した人の名前と町名が書き入れてある。その前に関係者と、その家族らしい人々がかたまっている。野球帽に半ズボンの少年が目を丸くしてながめていた。「新庄まつり」のあいだ、市中は人出でごった返すが、郊外の神社までくる人は少なく、奉祝旗がハタハタとはためき、竹と小太鼓のリズムがのんびりとひびいていた。

昼間の催しであって、いかにも奉納用に美しく様式化されている。それでも白塗りの顔に紅をおいた鹿面が目の前に近づくと、ドキッとするような迫力がある。もしこれが夜の野原で、月光をあびながら演じられたら、呪術的なシーンを生み出したのではあるまいか。そして宮澤賢治の詩「原《はら》体剣舞連《たいけんばいれん》」によると、かつて村々の踊りはたいてい、夜のかがり火とともに演じられていたらしいのだ。

こんや異装のげん月のした
鶏《とり》の黒尾を頭巾にかざり
片刃の太刀をひらめかす
原体村の舞手《おどりこ》たちよ

猛々しい黒鳥が胸をふくらませて雄壮に跳びはねる。「蛇紋山地に篝《かがり》をかかげ／ひのきの髪をうちゆすり／……／さらにも強く鼓《つづみ》を鳴らし／うす月の雲をどよませ」。烈しいリズムを賢治はローマ字で表記している。dah-dah-dah-dah-dah-sko-dah-dah あいまに Ho! Ho! Ho! の声がはさまる。あきらかにべつの舞いだが、基本的には同じ土俗性をもっており、鹿子踊りも本来は、呪文めいた声とリズムと息づかいにいろどられていたのではなかろうか。

北の郊外に「瑞雲院」といって、新庄藩主戸沢家の墓所があると聞いたので出かけていった。秋田の角館から出て戦国大名として名を馳せた。元和八年（一六二二）、羽州最上の地に入り、廃藩置県まで十一代を数えた。

当地では「おたまや（御霊屋）」とよばれているそうだが、全国に数ある大名の墓のなかで、歴代の藩主とその正室、子ども、側室、さらに殉死者を同じ廟屋に葬っているのは、きわめて稀だろう。建立された順に一号棟、二号棟とつづき計七棟。どれも総ケヤキの単層宝形造り。石の土台を据えて丸柱を建て、厚板をはめこんで壁にした。屋根は茅ぶき、扉は観音開き、床は石畳。

杉の古木が立ち並ぶなかに簡素な廟が古武士のように粛然と居並んでいる。初代政盛のかたわらには正室ではなく側室のみ。外に殉死者が三名。その後、殉死が禁じられたのだろう。この手の墓はなくなる。総数二十七基。そのうち藩主十一名、正室六名、側室一名、その他九名、その他の四名までが九代正胤《まさつぐ》の子どもたちなのは、何かワケがあったのだろうか。一棟に一基のケースもあるが、八基がひしめいているのもある。代が下るにつれ、新棟をつくらず、あいたところに入れたようだ。藩主もまた経費節約をこころがけたとみえる。

市中にもどってくると、宴のあとの翌日ということで町は静まり返っていた。駅前からつづく商店街はほとんどシャッターが下りたまま、宴のあとというだけではないようで、何軒かおきに「貸店舗」「テナント募集」の貼り紙がしてある。地方の中核都市の疲弊ぶりはさんざ見てきたが、新庄市もその例にもれないのだろう。

気がめいるのを励ましながら商店街を抜け、町外れの万場町へとやってきた。小さな店の並び、そこに古風な「製造販売」の看板がまじっている。わきに小さく「ランドセル・学生カバン卒業まで無料修理」。

荘司カバン店といって、「山屋」といわれる人によく知られている。登山用リュック、山菜ザックを手造りでつくっている。ご主人荘司安次さんは八十をこえて、いまなお現役だ。もとは農耕用の馬具をつくっていたが、馬が田畑から消えてからはカバン、リュック造りに転じた。知る人ぞ知るこの道の名人であって、何をかくそう、わが山用のリュック、並びに腰のバンドは何年か前に名人からさずかった。

「やあやあ、おひさしぶり」

「これはこれは、どうも」

店の奥が仕事場兼帳場兼応接室で、客は板間のはしにお尻をのせ、はすかいに主人と向き合うかたち。

「バンドのぐあいはどうですか？」

名人は記憶力がバツグンだ。ベルトといわないところが、これまたうれしい。金具が大きく、革幅が太く、腰をキリリと締めて、体にシンが通ったぐあい。さっそく両手を腰にあてがって検分に供した。名人はわが子と久しぶりに対面するように、じっと見つめている。

そのお顔が何かと似ていた。威厳と愛嬌を煮つめたぐあいで、鹿子踊りのお面のようでもある。プーンと革のいい匂い。とたんに鼻の奥がムズがゆくなって、なぜか目に涙がにじんできた。

山伏神楽

宮城県丸森

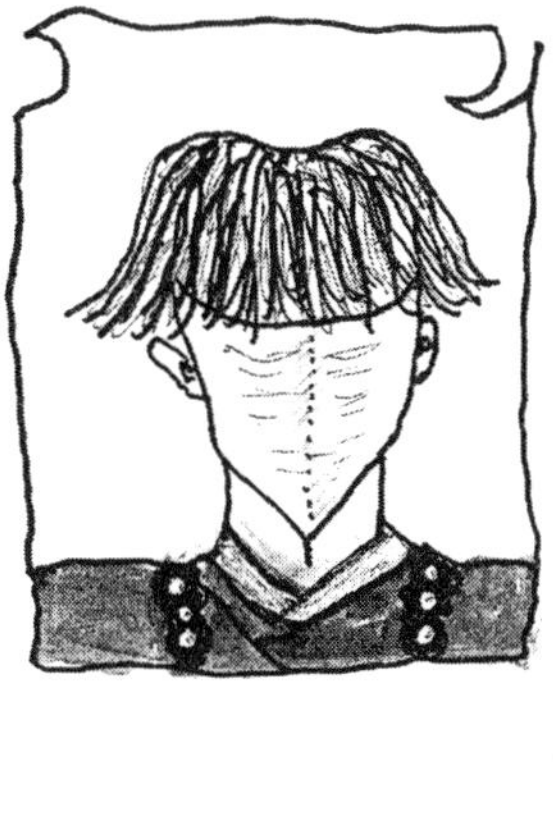

阿武隈川《あぶくまがわ》は福島県南部の那須火山帯から出て東に流れ、白河を過ぎたあたりで北東に転じる。ついで宮城県南部を北上、白石川と合流したあとは南進して太平洋にそそぐ。流域面積五、三九〇平方キロ。東北第三の大河である。

川幅が広く、水流がゆったりしている。そのため江戸のころは水運が盛んで、石巻からの船が福島のご城下までのぼってきた。

その中流域に丸森という町がある。宮城県の最南部で、山一つ越えると福島県相馬市だ。丸森町の近辺で阿武隈川が九十度の角度で屈折している。ちょうど平地から阿武隈高地にうつるところで、流れが大きく変わる。そういった土地は水運の要地であって、船着き場が置かれ、物流の拠点になったものだが、丸森もそんな一つ。町には齋理《さいり》屋敷といって、昔の豪商の家屋敷が残っている。

「齋理」は屋号で、呉服、養蚕、醸造、金融など手広く商った。現在でいう総合商社であって、豪壮な蔵が七つも数えたというから繁栄ぶりがしのばれる。

川のほかにも利点があった。「相馬道」とよばれた脇街道が丸森を通って仙台と結んでいた。現代の国道一一三号線である。水陸にわたり総合商社の生まれる条件であったわけだ。

阿武隈高地は日本列島のなかでも、かなり特異な地質ではあるまいか、地理学では「隆起準平原」などともいうようだが、平均高度五〇〇メートルクラスの山地がうねうねとつづいている。雨で浸食されるうちに硬い岩がむき出しになって、あちこちに突兀《とっこつ》と岩山がそびえている。

丸森町観光物産協会発行のガイドマップには、軽登山・ハイキングにおすすめの山として、夫婦岩、鹿狼山《かろうさん》、岩岳、立石などがあげてあって、それぞれに「岩陵・断崖の続く山」「ロッククライミングで有名」「巨石で有名」と説明がついている。岩山であれば滝も多く、その一つを清滝といって、かつては山伏の修行地だった。

その清滝の近く、鹿狼山の山裾にひろがるところが大内地区で、以前は独立した村だった。古くから山伏の里として知られ、四月末には修験道の寺院松沢山光明院で火まつりが催される。赤々ともえさかる炎が阿武隈高地に、やや遅めの春の到来をつげる。

新幹線で福島駅。ついで第三セクターの阿武隈急行に乗り換えた。福島市外に出ると、モモ畑、リンゴ畑がひろがっている。桑折といった町があるとおり、果樹園になる前は一面の桑畑だったのだろう。養蚕の衰退をみてとって、いち早く果物に切り換えた。時代を見るに敏な人がいたにちがいない。

丸森までは、たえず川に沿っていく。阿武隈高地に入っていくにつれて、風景が大きく変わった。川は山地の窪みを縫っていくので、せわしなく川幅がひろがったり狭まったりする。両岸が削いだように高く、うしろから山の背がかぶさってきた。ひとうねりした対岸は河床が干上がって、流木がからまり合っている。

「阿武隈ライン舟下り」

どうして看板のまん中に「ライン」が入っているのか、しばらく首をひねっていた。川のライン（線）に沿って舟下りをするのだろうか。いや、そうではなかった。このラインはドイツのライン川のこと。阿武隈川をライン川に見立てた舟下り。

ライン川の伝説によると、岩の上で水の精ローレライが髪を梳いているのに見とれて、舟人が舵を誤り、激流にのまれたそうだが、阿武隈のライン川には、そんなつやっぽい言い伝えはない。江戸のころは藩の御用米や生糸、木材を運んだが、小さな百石舟は扱いが難しい。川沿いに白衣観音や地蔵様が祀られている。びょうぶ岩、弘法の噴水、夫婦岩など、きっと船頭たちが目じるしに命名したのだろう。

町役場に近い元豪商の屋敷が郷土館になっている。「齋理」といった珍しい屋号をもつ一族は質屋を手始めに、生糸取引、酒造り、呉服業と、しだいに商売をひろげていった。大正のころの当主はモダン紳士であったらしく、裏手にレンガ造りの洋館をつくった。ナマコ壁の蔵と赤レンガの新館とが、コントラストを描いて栄華の姿をとどめている。

大内地区に向かう途中に「台町古墳群」とよばれる史跡がある。古墳時代後期のもので、総計二三〇基に及ぶそうだ。ずいぶん昔から人が住んでいたところなのだ。バスは山裾に沿っていく。金山城跡といって、伊達藩の家老が居城を築いた跡だという。峠をへだてた相馬藩を警戒してのことらしい。

光明院は黒々とした杜《もり》を背にしている。そこからのんびりと笛と太鼓の音色が流れてきた。境内の一角が神楽殿のつくりになっていて、白い上敷きの中央に獅子頭が据えてあった。わきに御幣と膳に盛った白米、それに大きな斧が横たえてある。三方を囲った幕に二種の大きな紋が染め出され、その前に山伏姿の三人が刀を握って踊っていた。

頭は河童のような皿つきのザンバラ髪、顔を覆った白いマスク、黄色の行者服にまっ白な手甲脚絆と白い足袋。白い布でタスキ掛けにして、胸と背中に深緑の玉を下げている。山伏のいでたちを初めてじっくりとながめたが、デザインといい色の取り合わせといい、みごとに洗練されている。全体が軽く身をつつんで体の動きを保障しており、山野での機能性の点でも申し分ないだろう。山伏は奈良時代の呪術者役小角《えんのおづの》に始まるというが、長い歴史のなかで修験のマニュアルとともに、いでたちにも工夫がこらされてきたのだろう。

笛方が三人に大太鼓と小太鼓が各一人。こちらは頭を白布でつつみ、はしを長く右方に垂らしている。胸元に真紅のタスキ。踊り手の白いタスキとあざやかな対比をつくって、その巧みさに舌を巻いた。

舞いのプログラムがいくつかあって、その一つでは三人が向き合って刀を掲げ、ゆっくりと足踏みしていたのが、やおら左手の刀を突き上げ、虚空をにらんで右手の小さな錫杖を打ち振った。つづいて、二人が向き合って刀を合わせると、うしろで一人が大きく跳びはねる。覆面と刀とザンバラ髪は、あきらかに威嚇する役割をおびている。悪疫調伏、あるいは畑を荒らす野獣退散をあらわすものではなかろうか。

お神楽にはきまって途中に狂言風のものがはさみこまれるが、ヒョットコ面が二人出てきて、寝そべった獅子にいたずらをしかける。紐でからめとるつもりが獅子がモゾモゾと動き出し、やがてすっくと立ち上がった。イタズラ・ヒョットコは大あわてで退散する。

そのあと山伏チームがあらわれ、いろいろなしぐさのあってのちに獅子退治。

歌舞伎と同じように、最後はやさしく、おめでたいのでしめくくる。ヒゲをはやした恵比寿さまが弓をもって登場。舞いの一つ一つが実りや狩りのさまをあらわすらしい。東西南北に五穀豊穣、山野の恵みのゆたかなることを念じてまわる。

山伏神楽は昼の部であって、夜のまつりが本番なのだろう。たまにチラホラと人がやってくるだけ。「一金壱万円也　坂本神楽会様」、「のし　一金参千円也　亀山〇〇様」おハナもほんのちょっぴり、いさいかまわず粛々と世にも玄妙な舞いの舞台がくりひろげられた。

獻

大内地区をとり囲む岩山には、いまも点々と行者堂があるそうだ。フシギなお堂であって、寺とも神社ともつかない。神と仏がまぜ合わさったぐあいで、行者堂というと、何かしら恐ろしげな雰囲気がある。何を願ってか、しとみ格子に切髪の束や紙人形がぶら下げてあったりして、なおのこと気味が悪い。

堂守りは、ふだん植木屋だが祭礼になると山伏にかわる、といった人が多いものだ。立派な白衣を着て、まるで人がちがうみたいだ。同じ姿の多くの同輩を引きつれ、お堂の前で護摩をたく。山伏たちが両側に並び、ホラ貝を吹いたり、錫杖を振ったり、呪文を合唱したり――。

日常のなかに突如あらわれる宗教集団であって、山や滝の修験と結びついている。同じ祈りでも荒らぶる神を背負っていて、そのせいか伝奇小説などでは山伏集団がしばしば、秘密結社のように使われる。この世とはべつの秩序のもとに生きる人々だ。

おおかたが想像力の産物であって、実際は丸森の山伏神楽にみるように、長い歳月にわたりやしなわれてきた文化遺産というものだ。大内地区には岩山のほかにモミやブナの原生林がある。「大内青葉の老杉」は樹齢何百年かの巨木である。さらに清滝のほかにも地蔵滝、不動滝。猪や鹿など獣たちにとって、ことのほか棲みよいところなのだ。

そのなかで人間が生きていくには、深い知恵が要る。岩や樹や獣と共存していく知恵であって、どれが一人勝ちしてもいけない。微妙なバランスを保っているかぎり、ゆたかな実りがもたらされる。

山伏は「山臥」とも書いたようだが、自然信仰の産物である。天台や真言の宗派がとり入れ、修法を複雑化していった。ときには政治と結びついて軍師的活動をしたが、それはほんのひとつまみの例外であって、たいていは山里の一風変わった守り役だった。ふだんは忘れられた存在だが、春や秋の祭りになると、華やかな衣裳姿のフシギ集団として主役になる。

伝統の火まつりは、さすがにおごそかで力強いものだった。護摩の火がめらめらと夜空にのぼり、ホラ貝が吹き鳴らされた。あいまに錫杖が腹にひびく音をたてる。先達が呪文を唱えながら火のついた棒を振りまわすと、夜闇に炎の文字が瞬時にあらわれては消えていく。炎の前に居並んだ山伏が経文を唱えつづける。ときおり呪文とも気合いともつかぬ声がリフレーンのようにくり返された。ギリシア悲劇の合唱隊と似ていて、歌のような朗唱が人間の運命をひそかに予告しているかのようだ。

見物の人によると、以前は熾《おき》になった火の上を、まず先達が渡りぞめをして、それから山伏たちが一人ひとり火渡りをした。子供たちも新しい草履をはいて熾のなかを歩いて渡った。誰ひとり着物を焦がしたり、やけどしたりしなかった。一心に祈りながら渡ると火も熱くない。

「こう子供がスケのうては……」

過疎のなかで勇ましい火渡りが見送りになったようだ。

「ふるさと大内鹿狼山いちば」というのを教えられたので、翌朝出かけていった。しそ巻きらっきょう、しその葉千枚漬、天然凍み豆腐、干し柿、いちじく甘煮、あけび細工……。山野の恵みが色どりよく山積みされていた。家のまわりに柿林をつくり、その柿でワインをつくった人もいる。柿のかおりと口あたりが大評判とのこと。特産のゆずを工夫したのが「ゆずぽん酢しょうゆ」、品のいい香りが絶品である。

ワゴン車で荷を運んできた人に見覚えがある。たしか昨日の神楽で太鼓をたたいていた。ターバンのような白い頭布が、まっ黒に日やけした顔に映えて格好がよかった。バチに赤い布飾りがついていて、それが太鼓の星型模様とよく似合っていた。

ガラリ変わって作業服に長いゴム靴、首にタオルを巻きつけている。これまたなかなか格好がいい。人が山伏になり、山伏から人にもどる。俗・聖界を往復した。ヨッコラショと荷を降ろすと、店番の人に声をかけ、ワゴン車にもどっていった。

旧の相馬道は二つのコースがあって、一つは大沢峠、もう一つは旗巻峠を越えていく。幕末の戊辰戦争のとき、仙台藩の有志が反薩長を掲げて蜂起した。少なからぬ軍勢が大内村を通り、旗巻峠へと向かった。

のどかな山里を、血相かえた面々が通っていった。峠で官軍とぶつかり、斬り合いをして多くの死者が出た。情にあつい里の人は、打ち捨てられた遺骸を葬り、そのあとに供養碑を立てた。もうすっかり縁者が絶えて、お参りにくる人もなくなったということだ。

火伏せ　宮城県中新田

「中新田」はナカニイダとよむ。近隣と合併するまでは宮城県加美郡中新田町だった。当時の人口が一万四千あまり。西隣りの小野田町、宮崎町と一つになって加美町誕生。人口二万八千。人口では二倍、面積では約八倍になった。およその数字からも過疎の町二つが東隣りの町にくっついたことがみてとれる。そのせいか中新田町役場がそのまま新しい町の役場にあてられ、地図の上では町域の右はし、こぼれ落ちそうなところにある。

つまり現在は宮城県加美郡加美町である。「中新田」の名が行政上は消えてしまった。そのため中新田町が他の町とくらべて、なぜ過疎にあわなかったのかがみえなくなった。「中」の一字からもわかるとおり、これは「上《かみ》新田」と「下《しも》新田」とのあいだの中新田であって、街道がまん中で交叉し、交易の中心として繁昌してきた。そんな町には由緒ある祭りがあるもので、中新田の「火伏せの虎舞《とらまい》」は、文和三年（一三五四）に始まったといわれている。以来、六五〇年あまり受け継がれてきた。

東北新幹線・仙台駅のつぎが古川駅。ここは陸羽東線の乗り換え駅であって、西進して西古川。ついで九十度北へ転じて温泉で有名な鳴子へ向かう。西古川のすぐ西が中新田である。川沿いの道をさらに西に進んで峠を越えると尾花沢に至る。これと交叉するかたちで中新田には南北の道が走っていて、北は鳴子、南は仙台へと通じている。なぜ陸羽東線が途中で急に北へ転じ中新田駅とならなかったのかは知らないが、もしかすると、誇り高い宿場町の人々が鉄道の乗り入れに反対したのかもしれない。

単なる推測であるが、まんざらあてずっぽうの話でもないだろう。蒸気機関車は火花を散らしながら走る。その火花が沿道の藁屋根に落ちて火事を起こすことがあった。少なくとも全国各地で鉄道設営反対運動が起きたとき、「火事の恐れ」が声高に叫ばれた。宿駅中新田では、大いに効きめがあったのではあるまいか。火事を恐れて中世の昔から火伏せの祭りをつづけてきた。とすると火花をまき散らしてつっ走る乗り物など、まっぴらごめんというものである。

江戸末期の水戸藩に小宮山楓軒という人がいた。側用人をつとめたのち隠居して自由の身になると、さっそく鳴子温泉へ湯治に出かけた。筆まめだったとみえて、『浴陸奥温泉記』と題した旅日記をのこしている。

水戸を発って仙台に至り、古川経由で鳴子。帰りは同じ道はつまらないと思ったのだろう。

「コレヨリ過日ノ古川エハ出ズ、上新田ニ行ントオモイシニ……」

現在は地名として見あたらないが、鳴子道に沿って上・中・下とあったようだ。中心は中新田であって、日記ではここを目じるしに里程をしるしている。

「中新田　岩手ヨリ大道二里半」

そのころ当地には「小野小町ノ墓」があるといわれていたらしく、さっそくたずねてまわった。

「索《モト》ムレドモ得ズ」

少し残念そうに書いている。町を抜け、松並木の道を下新田より隣り村の色麻《しかま》へと向かった。頃は旧暦六月、火伏せの祭礼とはズレていたので日記には出てこない。もし運よく出会っていたら、リタイヤおじさんは目を輝かして見物し、くわしく書き残していたのではなかろうか。

「虎舞」とあるように、虎が雄壮な舞いを演じる。中国の易の文献に、「雲は龍に従い、風は虎に従う」の故事があって、そこから思いついた。火事は風によってひろがる。されば虎によって風を制すれば火の災厄を防ぐことができるはず――。

中新田から西の尾花沢に行くには、きびしい峠越えをするとおり、途中に奥羽山脈がつらなっている。鳴子方面の西北部には山がなく、そこが風の通り道になっている。とりわけ春から初夏にかけて西北の風が吹き荒れ、たびたび大火にみまわれた。

中世の早いころ、斯波家兼が三河から奥州管領として当地に赴任してきた。中新田に城を築き、氏神として八幡神社と稲荷明神を城内に祀った。気候温暖な三河からやってきて、家兼公は奥州の強風に驚いたにちがいない。風禍を防ぎ火難を逃れるにはどうすればいい？　知恵者がいて中国の故事をヒントに、たのしい祭りを考え出した。火消組が山車《だし》で城下を廻るだけではつまらない。稲荷明神の初午祭に虎の踊りを奉納するとしよう。火難防止かつ城下繁栄にぴったりのイベントというものだ。

町名が変わってしまったので運営方の名称がややこしい。主催は加美町・中新田火伏せの虎舞保存会、ならびに加美商工会・中新田「春まつり」露店運営協議会。これに加美警察署と中新田消防署が協力する。新旧入り乱れているのは、行政と歴史と双方のカオを立てたせいのようだ。どうして警察が新名で消防署が旧名なのか不明だが、やはりしかるべき理由があってのことと思われる。

早朝七時、威勢よく花火が打ち上げられた。旧鳴子道（現・国道４５７号線）と町役場とのあいだのエリアが会場で、その名も「寅や」が祭典の会場。はやくも虎が躍り出てきた。獅子舞のように二人一組が黄色に黒筋入りの虎にもぐりこみ、腰から下も黄色に黒筋入り。白タビにワラ草履を白の紐でキリリと結んで勇ましい。

獅子頭《がしら》ならぬ虎頭だが、何をモデルに作ったのだろう、大きな目玉と太い鼻、パクリと口をあけると、まっ赤な舌が見える。猛獣のようでもあれば、横丁のご隠居さんのようにも見える。「火伏せの虎舞」自体はきまった時刻に「寅や」の屋根で演じられ、それ以外は自由に跳びはねている。

二人組が往来で予行演習をしている。あと役が両手を差しのべると虎が腰を高々と上げたぐあいで、ダンダラ模様のシッポがピンと立つ。何匹かの群舞もあるようで、前役とイキを合わせ、伏せたり、身構えたり、跳んだりして忙しい。屈強な若者か、ベテランのおやじが舞っているとばかり思っていたが、ひと休みであらわれたのは十代とおぼしい女の子。少し長めの髪が汗で光っている。胸元に巻きつけた玉しぼりの手拭いがアダっぽい。

虎の口にはさんでもらうと赤ん坊は病気をしない、ということになっていて、赤ちゃんを抱いた人がつぎつぎにやってくる。ご隠居さん顔の虎なので、赤ん坊も気安いらしく、ニコニコして虎の口にはさまれている。アダっぽい姉さん虎であれば、これらも口中に呑まれたいぐあいのものなのだ。

「寅や」は祭礼の舞台でもあって、平屋根が二層づくり。午前の部は三十分おきに四回、午後は三十分おきに七回、屋根の上で虎たちが群舞をする。いつのころかにプログラムができたのだろう。山車が町内をねり歩くのが序幕にあたり、これは「通り」とよばれている。虎の舞いは二部仕立てで、笛の調べによって、前半を「本調子」、後半を「岡崎」という。

祭典本部に舞い方、音楽係が待機していた。火伏せ、つまりは消防人の祭典とあって、笛吹き方は古風な消防服と帽子。そのいで立ちからして明治期にいまのようなスタイルに定まったのではあるまいか。虎の舞い手は白鉢巻に白シャツ、腰から下は虎。いずれも十代半ばの少年たちで、あどけない顔立ちばかり。獅子頭は木製で重く、屈強なオトナでないと無理だが、虎頭は張り子式なので軽い。まだ幼い者たちが主役を演じられる。なかなかシャレた演出ではないか。

洗練されたクリアな味、辛口
アサヒスーパード

虎舞は終わりちかくがいいと聞いたので、その間、町内をひと廻りした。二台の山車が要所ごとに笛と太鼓の奏楽をする。屋根に虎の首。これはリアルにできていて、カッと口をあけ、牙をむき出している。山車はまわりいちめんに桃色の花飾りをもち、これは「花バレン」とよばれている。のどかな花畑から本物そっくりの虎が首を出しているわけで、風流というか奇態というか。その前で消防服のおじさんがピーヒャラ・ドン・ドンとのどかな音色をひびかせている。

「寅や」の少し南からバッハ通りがのびている。何かのまちがいではなく、たしかにドイツの作曲家ヨハーン・セバスティアン・バッハにちなんでいる。昭和五十六年（一九八一）、パイプオルガンつきの立派なホールが当町につくられた。室内楽が中心で、パイプオルガンもあるところから、「バッハホール」と命名。ドイツ・ライプツィヒのゲバントハウス管弦楽団やチェコのスメタナ弦楽四重奏団など、世に知られたメンバーがやってきて、音響効果のすばらしさは超一流との太鼓判をおした。そんなホールを実現させたのも、旧宿場町中新田の底力にちがいない。

バッハ通りの下手では加美警察署と中新田消防署とが向き合っている。「平成の大合併」は、おもわぬところで名称の不協和音を生み出した。

中新田は「菜切谷廃寺跡」という遺跡があって、奥州多賀城廃寺跡の屋根瓦と同じものが出土したという。それほど古くからひらけたところだった。上・中・下の新田の歴史のつらなりが、加美町誕生とともにあっけなく断ち切られた。部局の名称はいずれ折り合いがつけられるだろうが、目に見えない歴史の喪失は取り返しがつかない。

虎舞演舞の最終は夕陽をおびた高屋根が舞台で、花バレンの飾られたなか、虎群団の勢ぞろいだ。太鼓のテンポが速くなって笛の音が哀調をおびて高まり、虎がのび上がり、身を低め、ななめにミエを切り、最後は歌舞伎の口上のときのようにいっせいに這いつくばった。歌舞伎だとチョーンと拍子木が入って、幕がスルスルと閉じていく。高屋根の舞台では夕陽のかげりが祭りのフィナーレを告げ、虎たちが頭を取って、凜々しい若者にもどって幕。そういえば久しぶりに「凜々しい」なんて言葉を思い出した。

野獣退散

福島県箱崎

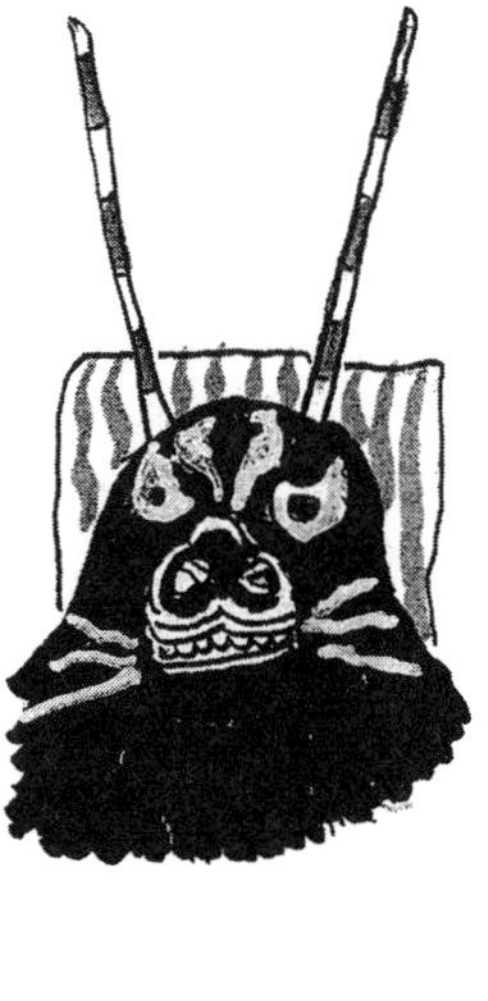

ふつう獅子舞の獅子は赤っつらだが、これは黒い。うるしのようにまっ黒。実際また入念なうるし塗りのつくりで、両目と前の上歯が金、鼻の穴と下歯が赤。まっ黒なたて髪に紅白だんだら模様のツノが二本つき出ている。

東北本線福島駅から北に二つ目が伊達駅。すぐ東かたを阿武隈川が流れ、東岸にある形のいい山が当地の名山愛宕山だ。山頂に箱崎愛宕神社が祀られている。あたまに「箱崎」がつくのは、山の北面を箱崎といって、ここの氏神さまであるからだ。春の祭礼に氏子たちの奉納するのが箱崎の獅子舞で、三匹のまっ黒な獅子が舞いおどる。五百年ちかく前からつづいており、春の到来を告げるように古式どおりに行なわれている。

見たところ、どれも同じ黒獅子だが、三匹それぞれに「先《さき》獅子」「中《なか》獅子」「雌《め》獅子」と役割がきまっている。白地の行衣《ぎょうい》を着て、下は竜のうろこを形どった袴。黒の胴着に白足袋、わらじばき。下腹にまっ赤な飾り布つきの小太鼓をくくりつけている。黒・白・赤の取り合わせが絶妙で、なんとも格好がいい。

これに翁《おきな》とヒョットコが相手をする。翁は緋の陣羽織に大太鼓、ヒョットコは鳴海絞りのひとえに赤い帯。こちらも色彩のコンビネーションがあざやかだ。長いあいだに工夫されて改良されて、いま見るようなスタイルになったのだろう。

なぜまっ黒な獅子なのか？　その点はよくわからない。箱崎の里は土地が肥えていて、作物がよくみのる。人間だけでなく野の獣たちにも棲みよいところで、しきりに出没して農作物を荒らしていく。里の人は野獣対策に頭を悩ましていた。

土地の若衆にヒョットコづらの男がいた。芸ごとが好きで踊りがうまい。ササラをすって獣を追い払うときも、踊っていたりする。ある夜、夢に白髪の翁があらわれ、愛宕大権現に獅子舞を奉納すれば、神のご加護により野獣が退散するとのお告げがあった。お告げにしたがい若衆は踊りの研鑽につとめ、ためしに神前で踊ってみたところ、野獣の害がぴたりとおさまった。舞を怠ると、倉の獅子頭が激しく歯ぎしりをして、厄難疫病が続出した――。

愛宕神社奉賛会発行のパンフレットにしるされている由来記である。舞の奉納から獅子舞に移る点が省かれている。また翁とヒョットコの登場はわかるが、通常の赤獅子ではなく、どうして黒獅子になったのかも不明である。夜闇に出没する野の獣のイメージと、それを追い払う強い獣とが合体して、いつしか黒獅子ができ上がったのではなかろうか。

獅子を演じるのは青年で、翁とヒョットコは年配者、これを長老たちが差配し、監督をする。おのずと年々、古式がきちんと受け継がれていくわけだ。

福島県の北東部は伊達郡といって、東は全山が岩の特異な山容で知られる霊山《りょうぜん》、西は吾妻山系、ほぼまん中を阿武隈川が流れている。川沿いを除き大半は山裾につづく台地状をしていて水に乏しい。水田ではなく畑、とりわけ養蚕が盛んだった。

「伊達」の郡名から東北の名家伊達氏を思い出すが、そのとおりである。土地の豪族が源頼朝の奥州征伐に軍功を立て、陸奥伊達郡を与えられてより伊達氏を名のった。愛宕山の少し南に「高子ヵ岡館跡」という史跡があるが、伊達氏初代朝宗が城館をかまえたところ。伊達郡保原《ほばら》町高子、現在は伊達市保原町高子が伊達氏発祥の地ということになる。

以来三百六十年あまり、伊達氏は米沢、ついで仙台へと移り、独眼竜政宗をはじめ、東北一の大名として覇をとなえたわけだが、しかし箱崎の獅子舞は、さらにそれより百五十年ちかく前から始まっている。獅子舞はふつう水田地帯の秋祭りに多いが、旧伊達郡は一面が台地であって、畑の作物が暮らしを支えていた。同じ獅子舞奉納でも願いのすじがまるきりちがう。豊作祈願や豊作祝いではなく、野の獣への威嚇と共生のよびかけである。三匹の獅子と翁、ヒョットコの演じる所伝の舞は十三種あるとのことだが、願いの向きをかたどってつくられたにちがいない。

愛宕神社の境内から参道にかけて何本ものノボリが立てられていて、獅子舞巡行の道しるべとい

うものだ。ノボリには寄贈者の名前がしるしてあって、「昭和十年度箱崎小学校卒業生一同」などとある。ハッピに白髪頭の人が、まだあどけない顔の踊り子に獅子頭をかぶせていた。背の高さがまるきりちがう。獅子役がしゃがむようにして、やっと長老の顔と並んだ。ツノは長い羽根でできていて、それをきちんと取り付けるのが難しい。

笛方が到着。横笛を水でしめらせ、「ピー」とカン高くひと吹き。つづいてのんびりとした音色が大空にのぼっていく。花笠をもつ人、弓矢をもつ人、先導など、揃いのハッピ姿が動き出した。拝殿前で舞を捧げたあと、ゆっくりと参道を下っていく、獅子舞の三人が小さなバチで小太鼓を打ち鳴らす。十三ある所作の最初が道行。ついで六拍子、先獅子が弓とたわむれ、「前ざし」というのがあって最初のしめ。

むかしは唄方がついていて、掛け合いやきり唄をまじえたというが、現在は笛だけ。メロディーはわからないにせよ、いくつか歌詞が残されている。

一、ひとつ谷から出たれども
　　此処でめじしをかくされた
一、ささらでさらりとすりぬけた
一、国からかえれと文がきた
　　さあおいとまもうします

道行をしながら、見物衆と掛け合いをしたのだろうか。小さなエピソードをはさみこみ、即席の芝居のようなつくりだったのがうかがえる。

里の巡行は一日がかりで、あちこちに「廻り舞奉行所」が設けられている。旧来の地図のセンターにあたるところで、現在は山岸公民館、中部公民館、原公民館といったぐあいだ。行政上は公民館だが、町の人は「ビシャモンさま」「ヤクシさん」「おイナリさん」「フクガン寺」といった言い方をする。神さまの行事であれ、ホトケのお堂も順ぐりに廻っていく。獅子頭そのものも、ふだんは福厳寺に納めてある。神仏混淆時代にあみ出されたのだろう。

残されているきり唄には、町の有力者にあてたと思われるのがある。

一、これの旦那の見申せば
　前のやぐらにひるねして
　銭をまくらに金の手遊び

こんなに景気のいい唄をふるまわれたとなると、旦那はむろん、ご祝儀をはずまないではいられない。

一、これのやからを見申せば
　地内に蔵を建てならべ

四方の金はまいこんで　お家繁昌
　これのお祝い

わざわざ遠廻りしても、新築の家や蔵を建てた家を巡って、火除けとお家繁昌を祈願した。「町のお祭り」本来の形をよく伝えている。

翁は白手拭いで頬かむりした上に、黒い小さな帽子のようなものをくくりつけている。膝までとどく緋の陣羽織をひるがえしながら、腹につけた大太鼓をトントコ、トントコ打ち鳴らし、腰をかがめたり、跳び上がったり、手のバチで指図したり、なかなか忙しい。実際には翁とはいわず「半兵衛」といって、これを略して「半兵《はんぴょう》」、舞い全体の演出係の役まわり。

まっ赤な手拭いで頬かむりしたヒョットコの帯が風変わりだ。手拭いと同じく火のような赤、それが相撲の横綱の化粧まわしのようにねじ合わされ、結び目を前の下腹につけ、一方のはしを長く突き出している。

一、いかなる人はささらのすりはじめ
　ささらが出る年　世の中がよい

「ささら」というと先端が細く割れたのを想像するが、ヒョットコ役のささらは団子状をした棒で、先っぽは大きく、手元にくるほど団子が小さくなる。これを左手の丸棒により合わせる。唄の告げるとおり、こちらは福の招き役をつとめている。

町中に入ってからの所作が、そぞろき、鍋のつる、掛け合い、きり唄、やま、かぞえ歌。途中に何度も休憩をはさみながら朝八時から夕刻の六時までつづく。阿武隈川からひんやりとした川風が吹いてくる。家並みが切れると一面の桃畑で、そこにも「愛宕神社御祭禮」のノボリが見えるのは、廻り舞奉行所の一つなのだろう。豊かなみのりは米だけにかぎらない。愛宕山から見はるかす一帯は「信達平野」とよばれ、果実栽培で知られている。文字どおりモモ色の桃の花の咲きならぶ中へ、風流な笛の音《ね》が流れていく。

伊達市の北隣り桑折《こおり》町に旧伊達郡役所がある。もともと保原町につくられたのが、明治十六年（一八八三）、桑折に移すにあたり新設されたという。木造二階建て、正面に突き出しのバルコニー、三階に小さな塔屋がついている。あちこちに残されている明治期の洋風建築のなかでも、とりわけ美しい一つだろう。バルコニーに雲状のデザインがほどこしてあって、塔屋にはステンドグラス、なんともシャレている。

桑折は旧名を「桑島」といったというが、昔はまわり一面が桑畑で、まさしく桑の中の島だったと思われる。美しい郡役所の建物が示すとおり、伊達郡は養蚕で栄えた。南北を結ぶのが奥州街道。東西にのび、やがて二手に分かれて仙台、相馬を結ぶのが相馬道。ここを生糸商人が往きかいしていた。さらに阿武隈川の船便をそなえていた。

二つの旧道沿いに東北本線と阿武隈急行が走っている。全国に鉄道網がひろがっていたころ、城下町の多くは鉄道の乗り入れを拒んだが、街道沿いの宿場町は拒否したりしなかった。生糸商人とともに情報も往きかっていたわけで、いずれ船を押しのけて鉄道が主役になることをよく知っていた。時代の風向きを正確にかぎとった。それかあらぬか、伊達郡でも箱崎地区が、もっとも早く果樹栽培を始めたそうだ。明治十五年（一八八二）、梨を植えた。明治二十八年（一八九五）、りんごと桃を植えた。りんごの無袋栽培でもさきがけで、すでに昭和十年（一九三五）ごろに実施。さらにぶどう、さくらんぼを始めた。

養蚕の衰退を見てとって、いち早くから桑から果樹にきりかえた。勇気のいることだったろうに、目のいい先覚者がいたとみえる。保守的な城下町ではなく、商人と情報の通り道だった伝統があずかってのことにちがいない。

ことのついでに福厳寺の獅子舞宝庫に立ち寄ってみた。獅子頭や翁、ヒョットコのお面をはじめとして、祭礼の衣裳や小道具が納めてある。唐破風の木造正面の奥が、大谷石づくりの蔵という珍しい取り合わせ。木と石とがフシギに調和し合って、威厳すらただよっている。

すぐ前を阿武隈川の支流が流れていて、小野平次郎翁顕彰碑というのがあった。土地の先覚者のひとりのようだ。

一、朝草に　ききようかるかや刈りまぜて

これの馬屋に夕日かがやく

「きり唄」とよばれる一つ。唄方はあみ笠、羽織袴に白扇をひらいて廻っていったという。品のいいおじいさんが孫と手をつないで、門口に佇んでいた。福々しい垂れ頬に長寿眉。都会ではもうめったに目にしない美しい老人の顔である。

笛の音がゆっくりと近づいてきた。頬をモグモグさせて、おじいさんが口ずさむように唇をうごかしている。かつて美声をきかせた唄方のひとりだったのではなかろうか。

Ⅱ

神々の訪れ　茨城県小栗

茨城県の西かた、すぐ隣りは栃木県というところに筑西市がある。聞きなれない名前なのは、一市三町が合併して新市をつくったからで、旧町の一つを協和町といった。その協和町小栗のお祭り。協和町の名は消えたが、小栗は消すわけにいかない。そんなことをすると小栗判官伝説のルーツがわからなくなる。説経節に唄われてきた。浄瑠璃や歌舞伎にもなった。おなじみの小栗判官と照手姫の物語。

「一引きひけば千僧供養、二引きひけば万僧供養」

藤沢のお上人が、土車を引く人をつのるために考えた文句だというが、ボランティア募集の大傑作というものだ。そんなキャッチコピーとともに小栗判官は有名になった。

たしかに旧協和町小栗の産だが、おおかたはフィクションである。事実と思われるのは、中世戦国時代に小栗ナニガシという豪族がいて、小栗の地に山城を構えていたが、やがて亡ぼされ、城も跡かたなくなったこと。悲運の死をみた者には、鎮魂を兼ねて、のちにものものしい伝説ができたりするが、小栗判官もその一つだろう。

これに対して「太々神楽《だいだい》」は、みごとなホンモノである。毎年四月と十一月、小栗の神楽師たちが古式どおりに演じている。舞いと奏楽、面と衣装、すべてにわたって、伝わるままにつづけてきた。ふだんはごくふつうのおとうさんたちが、祭礼の日には神さまになる。神子《みこ》や白狐やひょっとこになる。二五〇年以上にわたり一度も欠かさなかった。奉納神楽といわれるもので、これほど形を崩さず、いっさい観光めいた色合いをおびず、まさしく自分たちの祭りごととしてつづけられてきたケースも珍しいのではなかろうか。

足の便でいうと、JR水戸線新治《にいはり》駅の北約四キロのところ。そこに小栗内外《ないげ》大神宮がある。東西に並ぶ二棟が内宮と外宮。常陸国唯一の伊勢神宮の御厨《みくりや》であって、領内鎮守の役をつとめてきた。本殿が応永年間（一三九四—一四二八）に火災にあった記録があるから、創建はそれ以前にさかのぼる。御厨は神領であって、それだけ小栗は特別の地とみなされてきたのだろう。小栗神楽がきちんとつづいてきたのは、地区の人々が責任と誇りをもって受け継いできたせいにちがいない。

正確には「小栗内外大神宮太々神楽」といって、寛延四年（一七五一）、山城国愛宕《おたぎ》郡三嶋神宮の宮司らによって、そのときの内外大神宮の宮司に伝授されたのが始まりだそうだ。おそらく小栗の宮司の求めに応じて京都から神楽師たちがやってきて、舞い方、舞いの道具、進め方いっさいをコーチしたのだろう。

演目は「十二神楽三十六座」といって、十二のシーンによる十二の舞いに、三十六の神々が登場する。神楽ひとつにしても、大太鼓、大つづみ、横笛などが必要だし、衣装は狩衣、姫衣装、袴、烏帽子、しゃぐま、頭巾などをそろえる。神楽面が計二十二面。そうとうな物入りだったと思われるが、それだけ小栗の地が豊かだった証しでもある。

神楽師全員が神前で行なう儀式が始まりで、オペラでいえば前奏にあたる。プロローグは「初座」といって、面をつけず御幣を捧げて舞う。二座は神子舞、鎮魂の作法が舞いになったという。三座から七座は群舞であって、五人が出てくる五行神楽である。神話の木の神や水の神や火の神であって、木・火・土・金・水の順。水の神がしんがりなのは、もっとも大切なシメの神ではあるまいか。八座と九座は陰陽神楽で、男また陽をあらわす神と、女にして陰をあらわす神とのツーショット。十座に幣舞《しでまい》がはさまって、十一座は勇壮である。天狗とそっくりのまっ赤なお面が舞い踊る。天狗ではなく、猿田彦命だそうだ。薙ぎ払うようなしぐさから、邪鬼や災難を払う役まわりが見てとれる。

再び幣舞のあと、十一座は竜君《りゅうくん》神楽。海の神の舞い。京から伝えられたうち、これはのちに省かれた。海から遠い小栗には不要との考えからだろう。もう一つ、死者の魂を呼びもどす巫女乱舞も上演されない。伝授されたところに、地元の意向が加わって改変されたことがうかがえる。

新しく生まれた町を「筑西市」にしたのは、筑波山の西という意味だろうが、新市はどう見ても北にあたる。少しは西にかぶっていて、せいぜいが北北西。筑北市では音が悪いというので強引に西にしたのかもしれない。

それはともかく、小栗の位置するところは筑波山の山裾が北にひろがったところだ。古社をつつんで、こんもりとした杜がある。集落が点々とちらばり、それぞれが筑波下ろしの風除けの林帯をもっている。小栗神楽の中ほどを稲生《いなり》神楽といって、天狐《てんこ》が鍬で耕し、白狐が種をまく。常陸国の狐たちが穀物の神をたたえて、豊作を祈る。南に大きな峯を仰ぐところには、よく似合っている。

二十五座と二十六座は鬼祓《きふつ》神楽といって、姫の面で始まったのが、途中で鬼女の面になる。舞いも静から動に転じて、鬼女の乱舞は荒々しい。物語にちなんでのことのようだが、静から動の転換は、神々の踊りの見せどころだ。

終わりに近づいた一つが主福神楽。恵比寿、大黒の登場で、どちらもいかにも福々しい。鼻ペチャと豊頬は、神楽面であると同時に日本人の顔の原形を思わせる。当今の細おもてと細い鼻になる以前、わが国の町や村でよく見かけた顔である。

終幕は天照大神の岩戸隠れと岩戸開き、国づくりの神話が三十六座をしめくくる。そのはずだが小栗神楽には、もう一つある。スサノオノミコトが八岐《やまた》の大蛇《おろち》を退治した顚末を舞いで演じる。その始まりとともに、ひょっとこが登場して、滑稽なしぐさで笑わせた。大蛇がひょっとこに酒をすすめられ、ついうっかり飲んだばかりに酩酊して、スサノオノミコトにしてやられる。無言劇のつくりで、大笑いのしめくくり。三十六座の番外なのは、小栗の神楽師たちが考案した楽しいエピローグではあるまいか。

「筑西広域市町村事務組合」発行の「つくば周辺伝統行事カレンダー」には、「小栗判官まつり」のことが大きく出ている。パレードや商工祭などスケジュールが目白押しで、先だってはガッツ石松が小栗判官をつとめた。

8：20　開会
8：50　小栗太々神楽
9：10　知行八木節
9：00　ゴーゴーファイブショー
10：00　仮装行列
……
14：30　武者行列凱旋式、閉会式

小栗神楽は観光ショー的イベントの刺身のツマにされている。まあ、それはそれでかまわない。商工会などがのり出すと、本来の祭りごとがふっとんで、テレビスターが神さまになる。いっぽう、太々神楽では、のんびりした名乗りとともにあらわれた。

「オー　われこそは、中を司る、色黄色にして土の親、ハニヤスヒコノ命《ミコト》にて候」

名乗りをあげたのが次には問い役になって、「いかなる神にて候や」と声をかけ、東・南・西・北と順に登場。水の神は北の方を受けもっていて、色が黒い。当人のいうところによると、ミズハノメノ命。

集落ごとに世話役がいて、紋つき袴でかいがいしく立ち働いている。楽器や面や衣装の管理はご苦労だと思うのだが、まるで新品のようにととのっている。ひょっとこというのが、「火男」のことだと、やっとわかった。口をつき出し、目玉をむいている、農具をつくる鍛冶の神が、おどけ役を買って出たのかもしれない。

子供たちが、遊び仲間や兄弟や姉と妹というぐあいに連れだってやってきて、神楽殿のまわりで神々の登場をながめていた。あきらかに商工ショーとはちがうのだ。それが子供の本能でよくわかる。よく見知っているおじさんたちが、にわかに変身した。紋つき袴や異様のお面が、ただのお祭りでないことを告げている。自分たちにはわからない何か。遊びごとではすまない何か。決してガッツ石松にはまかせられないお役目。どこか自分たちの幸せとかかわっている祭りごと。

主福神楽の大黒さまが大人気だった。打出の小槌で福徳を振り出し、子供たちに配ってくれる。紙袋の中身は、きっとたあいのないものだろうが、フシギのお面の人物からいただいたものは、単なる景品ではないのである。それが子供ごころにちゃんとわかる。

ひょっとこは唇を横にひんまげて、頬ぺたをふくらましている。しめくくりの大一番のあと、すっとぶようにして奥に消えた。それからしばらくして、大黒さまと連れ立ってあらわれた。お面を外すとイキのいい青年で、鼻の頭に汗をかいていた。大黒さまは中年おじさんで、これも鼻の頭に汗をかいている。顔立ちがそっくりなのは、親子か、叔父・甥といった仲かもしれない。大汗かいたあとのせいか、無言で社務所に向かうすがら、大黒さまが大きなクサメをした。

悪疫調伏

栃木県烏山

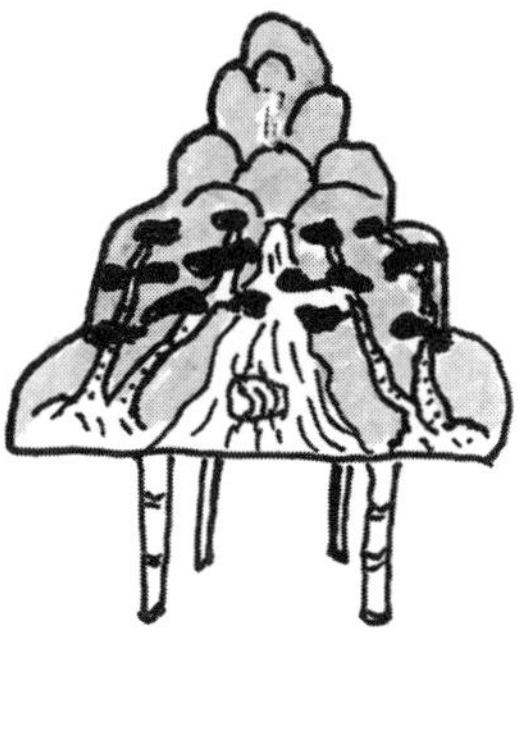

栃木県の烏山は、物静かな町である。旧烏山藩三万石。那珂《なか》川の中流にあって、昔は三十万石船が往きかいしていた。水がゆたかで、米がよく実り、酒づくりにいい。良質の紙を産してきた。

ＪＲ烏山駅を出ると、右手にこんもりとした山が見える。歴代藩主の居城のあったところで、山は八溝山、牛が寝ている姿に似ているところから別名臥牛山、言い伝えによると、はじめは那珂川東岸に城を築くはずだったが、一羽のカラスが幣束《ぬさ》をくわえ、この山の頂へ飛んだのを瑞祥として変更したという。そこから烏山城の名がついた。たぶん、家老あたりに知恵者がいて、計画変更を権威づける工夫をしたのだろう。たしかに山による方が川ぎわよりも安全である。山の背のあちこちに、いまも石垣や土塁が残っている。

東の山麓に八雲神社が祀られている。これを守り神にして町づくりが進められたのだろう。鍛冶町、仲町、泉町、金井町、日野町、元田町。いずれも街道沿いにひらけていった。現在の国道二九四号線であって、北は白河、東に向かうと水戸。烏山は舟運と道路とをそなえていた。

中央通りには、あちこちに豪壮な蔵がある。黒い塀と白壁と重厚な瓦屋根。大谷石の山地に近いので、石造りの蔵や、壁面をそっくり石で覆った商家もある。ひとけない通りに粛然と黒っぽい建物がそびえている。かつての町衆の財力のあかしにちがいない。

七月になると、町の雰囲気が微妙に変わってくる。冬眠から目覚めたぐあいで、こころなしか人の足どりに活気が出てきた。一日の「お注連《しめ》立式」が皮きり、やがて「お仮屋」が建てられるころ、町は日ごとに華やぎをましていく。

伝わるところによると、永禄三年（一五六〇）、当地に疫病が流行した。ときの烏山城主は那須資《すけ》胤《たね》といったが、疫病調伏のために、牛頭《ごず》天王を八雲神社にお祀りしたところ、災厄が収まった。その祭礼にあたり、相撲や神楽、獅子舞が余興として奉納された。

それが常磐津の所作をとりこんだ「山あげ」に発展したらしい。神社の祭礼に、いろんな飾りをつけた「山」をつくるのは、よく見かけるが、その山を背景に、豪華な舞いを主役とした野外歌舞伎を演じるのは珍しい。六町内が輪番であたり、まる三日間、祭りごとに明け暮れる。

八雲神社の大鳥居から東にのびるのが八雲通り。国道と交叉して北に向かうと正面が金刀毘羅神社。ここで山あげ祭奉納余興が演じられる。

「山」は所作狂言の背景になるもので、道路約百メートルの間に、舞台からいって、波、橋、館、大滝、前山、大山と据えられる。板と竹と角材と縄でつくられた山であって、左右に動いたり、セリ上がったりする。遠近法のなかに配置をされた舞台背景というもの。空間の広がり、スケールの雄大さの点で、天下の歌舞伎座だって、とてもかなわない。

主な出し物は「将門《まさかど》」「戻り橋」「宗清」「吉野山」「梅川」「忠信」など、常磐津の三味線にのって娘たちが所作舞いを披露する。若衆は裏方で、山ごとにチームを組み、レパートリーの進行に応じて山を動かしていく。

当番町によって、出し物がきまってくる。宵祭りの夕刻、世話役らしい人が、しきりに上空を見上げていた。お天気模様が怪しい。お化粧をすませた少女たちが待ちかまえている。笠揃いのころ、ポツリポツリと落ちてきた。三番叟を踊るにもビニールの雨具をかぶってのこと。白い浴衣姿の若衆が、うしろから傘をさしかける。見ようによると、それ自体が「傘揃い」といったぐあいで、新様式の踊りになっている。永い歴史のなかで雨にみまわれることもよくあった。そんななかで、急場の工夫が、いつしかスタイルを定めたのではなかろうか。

明けて本祭りの初日の早朝、八雲神社から神輿が御仮殿へと担ぎ出される。いうところの「出《しゅつ》御《ぎょ》」である。二日目が各町内をまわる「渡御《とぎょ》」、もみ歩きをしながら最終日にもどるのが「還御《かんぎょ》」。もとよりこれが本来の祭祀であって、ほかはすべて奉納の余興なのだが、人々のたのしみは、むろん、何よりも余興である。

「将門」は歌舞伎では「忍夜恋曲者《しのびよるこいはくせもの》」で知られている。大詰の舞踊が通称「将門」。平将門の娘滝夜叉が島原の傾城如月《きさらぎ》となって現われ、大宅光圀《おおやのみつくに》を色じかけで味方にしようとする。歌舞伎では滝夜叉姫がガマの妖術を使うところから、呪文を唱えると縫いぐるみのガマが現われ、それが引っこむときに屋台崩しとなる。

「吉野山」は、ごぞんじ「義経千本桜」四段目の「道行初音旅《みちゆきはつねのたび》」。義経の愛妾静御前との別れにあたり、初音《はつね》鼓《のつづみ》が形見として預けられる。静御前の供《とも》を命じられた佐藤忠信は、実は鼓の皮にされた狐夫婦の子供が化けたもの、すなわち狐の忠信――。

いつのころ、誰の発案かは不明だが、うまい選択だ。ガマやキツネといった造り物を舞台に出すことができる。昔の人はストーリーなら、おおよそ知っていた。あとは造り物に、いかなる趣向がこらしてあるかであって、当番町にとっても、それが苦心のしどころだ。

烏山のガマはラクダがうずくまったように大きく、まっ赤な目玉に、まっ赤な口。その背に滝夜叉姫が立っている。大滝の「山」から何十本ものビニールの帯が垂れていて、さながら滝のように揺れ動く。背後から「前山」の雲がせり上がり、さらに大きく「大山」がかぶさってくる。木頭《きがしら》の拍子木を合図に、めまぐるしく「山」が動いて、美しい娘の踊りを盛り上げる。

舞台が各町を巡っていくので、一日六興行になる。仲町、元田町、鍛冶町、日野町……濃紺のハッピに淡い朱色の帯、白いパンツに白の足袋、拍子木を合図に「山」をたたみ、かつぎ上げ、つぎなるところへ一同が粛々と移っていく。一糸乱れず、ぴったりイキが合っている。木頭はいかにもリーダーらしく、赤白ダンダラの鉢巻に、同じくふさのついた赤白の太い飾り紐を首にかけている。風格と威厳あたりを払うけはいだ。祭りの美学は、傑出した演出法をねり上げるものである。

烏山の山あげ祭に、とりわけたのしいのは「ブンヌキ」とよばれるイベントだろう。二日目と最終日の午後五時半。各町内の屋台が一堂に会して、笛、鉦、太鼓の打ち合いをする。音量と音響、アンサンブルを競うわけだ。先に金刀毘羅宮、シメが八雲神社の大鳥居前。

コンピラ信仰が盛んになるのは江戸中期のころであって、とりわけ船人にひろまった。那珂川舟運が運んできたものにちがいない。それと町々のライバル意識があずかって、勇壮なコンクールに発展したのではあるまいか。町の名を染め抜いたハッピと提灯が何重もの輪になって取り囲むなか、祭礼がクライマックスを迎える。

どうして「ブンヌキ」などというのか、諸説があって、よくわからない。意味は不明だが、夕暮れの空に地鳴りのような響きが巻き上がり、あいまに勝どきに似た歓声が上がる。おりからの小雨のなか、よそ者は駐車場わきの小屋根の下で聞いていたが、「ブンヌキ」の音の感じそのままといった世界だった。

翌朝はカラリとした青空。城跡にのぼると那珂川がよく見える。那須連峯を源流とする大きな川であって、水量がゆたかである。町の東かたで九十度ちかくうねってから、少し下流で江川、荒川といった支流が網の目のように流れこんでくる。

烏山城は何度か敵に攻められたが、相手に一度も足を踏み入れさせたことがないそうだ。山麓に一つの沼があり、沼の主の大亀が霧を吐いて城をもち上げてしまうので、敵が方角を失うという。もとよりつくり話だろうが、那珂川から立ちのぼる川霧を述べたものだとすると、理にかなっている。

八雲通りから少し入ったところに立派な烏山和紙会館があって、紙すき場を見学できる。両手に簀桁《すげた》をかかえて、紙をすく光景は写真で見たことがあるが、実際はここにいたるまでがタイヘンだ。「コウゾ刈り」といって、原料になるコウゾ（楮）集めにはじまり、大釜で蒸して皮を剥ぎ、天日干しにしてから水につけ、軟らかくしたのちに、薄皮を削って日にさらし、水にさらし、つづいて再び釜で煮てトロロ状にする——これでようやく工程の半分なのだ。

山あげ祭の「山」も造り物も、すべて烏山和紙づくりだそうだ。入念に貼り合わせてあって、激しいせり上がりや移動にも決して破れない。雨にあっても強靭で、乾けばもとどおりになる。それでハタと気がついたが、「将門」の大ガマが、ただならぬ妖気をはらんでいた。つまるところ古来の紙の精霊であったからだ。

天狗現わる

群馬県沼田

天狗はグンと突き出た鼻と、真っ赤な顔でおなじみだ。カッとひらいた眼に白いひげ。いつごろこんな容貌に定まったのか。そもそも天狗とは何ものか。

ふだんは山にいるが、里に出現することもある。昔の人は、「天狗にさらわれる」と言った。日ごろからボンヤリしていたのが不意にいなくなる。十日ほどするとふらりと戻ってきた。そんなケースに使ったようだ。いなくなったきり、なかなか戻らないときは「神隠し」と言った。神とくらべて天狗はわりと寛容である。

「天狗の飛び損い」「天狗の投算《なげざん》」「天狗の木登り」といったことわざもあって、日本人の想像力にしっかりと根づいてきた。川のカッパとともに山の天狗は、庶民の暮らしの友達だった。恐いことは恐いが、おどけたところもあって、おりおり間抜けなヘマをやらかす点でも両者は瓜二つ。

お面などになった天狗は、たいてい頭に武芸者のようなかぶりものをつけている。山の修行者とイメージがかさねられたせいだろう。山に入り厳しい修行をつんで、余人には及びもつかぬ能力を身につけた人。深山の神秘や恐怖と、山の超人とが結びついて、異形の顔ができあがったのではあるまいか。修行者はしばしば護摩をたくが、炎に照らされた顔は赤い天狗のお面とそっくりである。

「天狗のお山」で知られる寺は全国にいくつかあるが、群馬県の迦葉《かしょう》山《ざん》弥勒《みろく》寺はとりわけ有名だ。創建は嘉祥元年（八四八）というから、とびきり古い。比叡山の高僧慈覚大師が招かれて開いた。正確には龍華院彌勒護国禅寺という。

「迦葉佛鶏足山に出現し、不生不滅を示し、彌勒下生龍華院と期す……」

お経の一節にちなんでいる。そんなありがたいお寺が、どうして「天狗のお山」になったのか？

迦葉山龍華院発行のパンフレットに、「お天狗さまの由来」がしるしてある。慈覚大師の天台宗ではじまった寺が、のちに曹洞宗に改宗、ときの禅師の高弟に「中峰尊者」という人がいた。伽藍造りから布教伝道と八面六臂の活躍をして寺を盛り立てた。岩山であれ、飛ぶように登っていく。

師の隠遁に際して高弟の言うには、「自分は迦葉尊者の化身であって、衆生済度のため、かりの姿でこの世に現われた。なすべきことを終えたので、これにて昇天」。姿がかき消えたあとに、天狗の面が残されていた。

「……それ以来、時がたつとともにそのご利益は益々高く、開運守護の天狗さまとして知られ……善男善女その数を増し『天狗のお山』として賑わっています」

室町末期のこととされている。世にいう「戦国時代」であって、由緒ある寺といえども安閑としていられない。改宗という大変革に際し、知恵袋になった人がいたのだろう。宗派にこもっていてはダメだ、世人にまみえなくてはならない。善男善女を引き寄せるには、どうすればいいか。寺は武尊山系につらなる深山にあり、夏には霊鳥「仏法僧」がやってくる。そこから天狗伝説が誕生した。実際に並外れた修行者がいて、それがモデルになったのではなかろうか。

迦葉山弥勒寺は沼田市街の北、約十六キロのところ。年に一度、この道を二体の天狗さまがやってくる。

〽蚕がすんだら沼田の祭り
　つれていくから辛抱おしよ

現在は「沼田まつり」となっているが、もともとは市中須賀神社の祇園祭だった。天正十八年(一五九〇)、領主真田信幸が京都から牛頭天王を勧請して城下町の守り神にした。その守り神のために本町通りの上之町、中町、下之町の氏子が祭りをしたのがはじまりという。やがて藩主が代わって土岐氏となり、こちらは榛名神社を祭主とした。夏は須賀様の祇園祭り、秋は榛名さまの秋祭り。

ところが当地は養蚕が盛んで、春と秋は目の回るほど忙しい。明治十四年(一八八一)、おりからの大々的おカイコ景気にあって秋を外し、二つの祭りを一つにした。以来、それが伝統となった。唄にある「蚕がすんだら」は春カイコのこと。春はとりわけ良質の糸を生み出す。

駅に降りると穏やかなお囃子が聞こえてきた――となるところだが、沼田はちがう。駅前ロータリーに少し店があるだけで、目の前にヌッと台地が立ちはだかっている。沼田市観光協会発行の「市街地マップ」が申し訳なさそうに言うには、坂を登りつめてから道のわきの階段をあがってほしい。

「とても急な坂なのでゆっくりと登ってください」

息を切らして町に入る。いまの急坂がウソのように平らな地面で、とっかかりが下之町、つづいて中町、上之町。須賀神社は中町筋の奥まったところにあって、樹齢数百年の大ケヤキが目じるし。利根川がつくった河岸段丘のいたずらであって、上越線は下の段、町並みは上の段にある。戦国武将たちには願ってもない地形だった。崖ぎわに城をつくれば天然の要害になる。沼田氏のあと、上杉、武田、北条がうばい合った。とどのつまり真田氏が入封して五層の天守閣つきの城をつくった。

中心地中町の須賀神社に対して、榛名神社は城のあったところの西にあたり、いかにも後からできたことがわかる。三日間の祭礼の初日の朝が「宮出し」で、氏子たちが神輿をかつぎ出す。市中のお旅所につくまで威勢よく揉み合うので、別名「暴れ神輿」。いつも榛名の方が激しいといわれるのは、後発組の特性だろう。

〽サンテコ、サンテコ、テケテットン

町内ごとの山車が十台。前にハッピ、ハチ巻の太鼓方が居並び、うしろから笛衆が身をのり出している。中学生ぐらいの幼い者たちが多いのは、親から子へとワザを継いでいくのだろう。二十歳前後の女性群となると、太鼓の音までイロっぽい。響かせ方に「吉原カンラ」「籠まわし」といった独特のリズムがあって、変化しながら打ちわけるそうだ。日が暮れると「夜神楽」で、いっそう響きが高くなる。

町内の山車は「まんどう」と呼ばれ、全身に飾りを付けたぐあいで、上に等身大の人形がのっている。いずれも身振りをとっているのは、歌舞伎の名場面や歴史上のヒーローをかたどっているのではあるまいか。男どもが引っぱり役で、女子供が晴れの主役をつとめている。

見物衆がセキを切ったように動き出した。大天狗さまの到来である。迦葉山弥勒寺の拝殿は天狗の元祖・中峰尊者にあやかって中峯堂と呼ばれているが、そこに巨大な天狗がいる。一体は昭和十四年（一九三九）、出征軍人の武運を祈り、五万人の祈願札を貼り合わせたというお面で、顔の丈六・五メートル、鼻の高さ二・八メートル。もう一つは昭和四十六年（一九七一）、交通事故撲滅を願ってつくられたもので、顔の丈五・五メートル、鼻の高さ二・七メートル。願いのむきはまるでちがうが、理不尽きわまることで命を落とす経由は同じである。

中峰尊者の身代わりであって、これがお山から下りてくる。ほかにも観光用につくられたのが、「天狗プラザ」に安置されていて、鼻の高さは二・九メートル。いずれも女性がかつぐ。誰の発案か、うまい取り合わせである。ニョッキリと突き出た天狗の鼻は、多少とも——いや、大いに——男根と似ている。祭礼が疫病払いとともに五穀豊穣を願うものならば、男・女のめあわせが欠かせない。

揃いのハッピはフランス語にいうカラメル色、白いパンツに白いズック靴。ハチ巻も白。百人にあまるソプラノのかけ声が聞こえてくると、男どもがわっと移動して、なかには混雑を利用してかつぎ手にまじりこむのがいる。オッパイずくめにもみくちゃになるのは、さぞいいここちだろう。こころなしか天狗さまのお鼻が、なおのことそそり立ったぐあいである。

千人踊り、子供神輿、祇園囃子競演、祭囃子競演、神輿競演、連合曳合——賑わいからこぼれ出て裏手にまわると、夜の闇がなおのこと深い。

須賀神社の裏手一帯には妙光寺、了源寺、長寿院など、大きな寺々が甍《いらか》をつらねている。その一つの舒林寺に真田又八郎信守の墓がある。四代城主信政の次男で、正保二年（一六四五）のこと、城内で弟を斬り殺し、ついで自刃した。

兄弟の殺人沙汰が起こるようでは、名家真田氏もタガがゆるんでいたのだろう。五代信利のときだが、延宝八年（一六八〇）、「耕作実りのいたるものなし」と記録されたほどの凶作にみまわれ、民が飢餓にくるしんでいるというのに、江戸の商人の事業に一役かんで、領民に夫役を課した。これに対して領内月夜野の庄屋茂左衛門が一七七ヵ村の惣代として幕府に直訴した。聞きとどけられて真田氏は改易、領地は没収、城は取り壊された。訴人は「越訴ノ罪免レズ」として処刑。その茂左衛門をまつる千日堂が月夜野にあると聞いて、翌日、寄り道をした。いまもお参りの人がたえないらしく、参道に線香の煙がもうもうと流れていた。

途中の道すじに「状橋地蔵」が祀られていた。茂左衛門は磔《はりつけ》の刑を申し渡されたが、これは幕府の体面のためで、実は赦免状が用意されており、使者がすぐにあとを追ったが処刑にまにあわず、この地で切腹したという。

事実かどうかわからない。大いに作り話くさいのだが、やはりこの種のフィクションがないと、世の中はつまらない。きっと迦葉山の大天狗も大うちわをかざして、うなずいている。

氷分け

群馬県草津

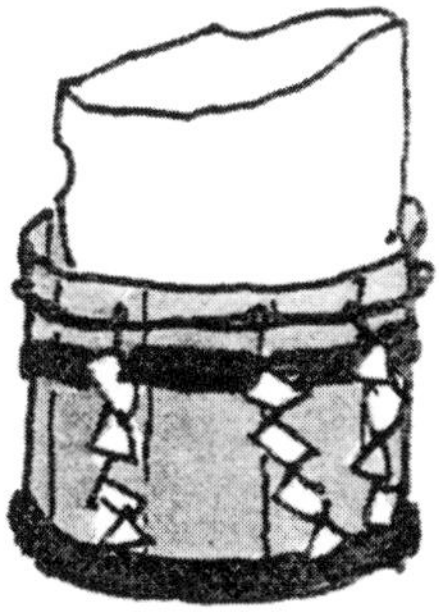

草津にくると、すぐにわかる。わが国に温泉はどっさりあるが、草津は特別だ。あきらかに「別格」である。まず、湯量が並外れている。湧出量は標準時一分間三万五千リットル。湧出個所二十七ヵ所。共同浴場十七。そのものすごさは、熱湯があふれ返った湯畑のたたずまいが如実に示している。

古来、温泉には十五通りの入浴法がいわれ、たいていの場合、二つ、三つを兼ねているのがせいぜいである。五通りもあると目を丸くする。それが草津温泉では十二通りの入浴法をそなえている。ちなみにあげると、つぎのとおり。

打たせ湯、うすめ湯、目洗い湯、飲み湯、あわせ湯、かっけの湯、熱湯、温湯、浅湯、深湯、

蒸し湯、時間湯

草津にないのは、長湯、砂湯、地蒸しの三つだけ。

そういったこと以上に、もっと根源的な何かがちがう。いわば「温泉力」といったもので、草津には暴力的なまでの迫力がある。はじめて訪れた人でも「格別」の思いがするのは、そのせいだ。湯そのものが一心不乱に、わき目もふらず湧き出しているような気がしてならない。

草津はとりわけ時間湯で知られてきた。時間差を利用した入浴法であって、むかしは一日に五回の時間を決め、それぞれ三分間ずつ三度あて、集団で入った。一番湯、二番湯、三番湯といって、2度ぐらいずつ湯の温度がちがう。一番湯がとびきり熱く、入浴の前に湯もみをした。大きな板でかきまわす。そうやって少しでも熱をさますわけだが、それでも熱い。『大言海』の著者大槻文彦は明治十二年（一八七九）、草津を訪れ、時間湯に肝をつぶした。そのときの「上毛温泉遊記」で述べているが、当時の湯温は華氏百二十五度（摂氏五十一度）。

「余かつて東京市中銭湯の熱湯を試みし事ありしに、かの侠勇と呼べる鳶の者らのなお熱を忍びて入るものは百十五六度なり」

勇み肌の連中でも悲鳴をあげてとび出すだろう。赤ゆでになって出てきた姿は、毛をむしられた因幡《いなば》の白うさぎとそっくり。そんなまでに難行苦行して諸病を治した。そのころはとくに、ほかで癒しようがないとされていた梅毒の根治を図った。病いと熱さをてんびんにかけて、熱湯のほうを選んだわけだ。

時間湯はラッパで告げられていたようで、昭和のはじめごろ草津に滞在していた高村光太郎は、毎朝ラッパの音で目を覚ました。一番ラッパは午前六時。

朝霧ははれても湯けむりははれない
湯ばたけの硫気がさっとなびけば
草津の町はただ一心に脱衣する

高らかにラッパが鳴りわたり、あちらこちらの湯宿から三々五々、浴客がやってくる。湯もみの板の音がひびきはじめる。

草津温泉「氷室の節句」は、初夏を待って氷分けの儀式をする。冬にできた氷を室《むろ》に夏まで貯えておいて、それを朝廷や将軍、藩主に献上したケースはよくあるが、一般の人々に氷分けをして無病息災を祈るというのは珍しい。

ご当地は、上信国境に近い高地であって、冬は実に寒い。標高二千メートルをこえる草津白根山の東面にあたり、溶岩流がつくった谷や洞穴がある。そこに雪を積み上げておくと氷の岩になる。

いつのころか、湯宿の主人が万年氷に目をつけ、これに石楠花を添えて湯治客の食膳に供した。それがいつしか、夏を迎える習わしになった。

ひところとだえていたのが復活して、すでに三十年ちかくになる。温泉町の西にスキー場があるが、その奥を氷谷といって、溶岩流が黒い岩屋のように盛り上がっている。しめ縄で飾られた根かたが洞穴で、ここに万年氷が貯えてある。

古式にのっとり、「白丁」とよばれる若者が四人、白い衣服に白袴、頭に黒い烏帽子、足は黒足袋にワラジばき。洞穴から氷を切り出して新しい桶に入れ、二人で担ぎ、前後に二人と世話人が控えをとって山道を運んでくる。世話人は宿の長がつとめ、これは上下とも黒ずくめで、頭にはすげ笠。

天狗山とよばれるスキー場のレストハウス前が会場で、赤白のまん幕が張りめぐらされ、おごそかないで立ちの神主と助祭、それに黒い烏帽子に金色のかみしも姿の雅楽隊が立ちかまえている。当世風のレストハウスと古式ゆかしき神事のチームと、とり合わせのアンバランスがほほえましい。彩色あざやかな大太鼓がドンと鳴って、笛の音が流れ、神主が祝詞をとなえる。大根、カブ、キャベツ、リンゴなどと並べて氷の桶が供えてある。無病息災とともに五穀豊穣を祈ってのことだろう。

つづいて琴の演奏、謡曲、仕舞。温泉宿の主人や番頭さんには芸達者が多いのだ。昨日はハッピを着てペコペコしていた人が、今日は晴れ姿で、謡曲「氷室」をおごそかに舞い納めた。

かたわらで、野点が催されていて、こちらは若女将やきれいどころが、日ごろの研鑽を披露する。湯宿の女将たちは、さすが着物を着なれていて、姿勢、腰つき、手の置きどころ、足さばきがピタ

りと決まっている。あらためて女房に惚れ直したご主人も多いのではなかろうか。

天狗山と並行して湯畑前の広場では、「厄除けあずき氷」がふるまわれていた。湯けむりの立つ湯畑と、勢いよく湯気をふき上げる饅頭蒸しのセイロの横で、万年氷のかけらをいただくのは、なかなかオツなものなのだ。


表通りは大阪屋、奈良屋といった老舗旅館が軒をつらねているが、裏通りには小さな湯治宿が寄りそうように並んでいる。「せがい出し張り」といわれるつくり。軒に腕木を出して小天井を張り、二階を「出し梁《はり》」にして縁をめぐらせる。どのようなルーツによるか不明だが、京都の町屋を思わせる。小天井が舟の「せがい」に似ているので、「せがい出し」の名がついた。

昔ながらの湯治場のようだが、少し歩くと風景がガラリと変わる。遊歩道がのびていて、あちこちに彫刻が飾ってある。ヨーロッパの保養地にきたかのようだ。実際、ドイツの名湯バーデン・バーデンのクアハウスにそっくりの温泉館があって、湯と運動とが結びつけてある。しかも草津のクアハウスには、ちゃんと時間湯がとりこんであって、何でも西洋式というのではない。

一巡してもどってくると、湯畑はヨーロッパの町の広場といったところで、「せがい出し張り」は、ドイツ・バイエルン地方の農家に見かける建て方とそっくりである。大胆なデザインで屋号をしるしたところなども瓜二つ。高度や温度の点でもよく似ている。そのせいかドイツ人医師エルヴィン・ベルツは草津へやってきて、小躍りしたらしい。「この恵まれた造化の賜物」などと、最大級の言葉でほめたたえている。これだけの温泉は世界のどこにもなく、神が気まぐれに、この島国にくだしおかれたとしか思えないというのだ。

そういえば天狗山に近いベルツ温泉センター前に記念碑があって、「つねに第二の郷里のごとく草津に親しみ、町民また慈父のごとく敬慕し――」といった意味のことが雄大な石に刻まれていた。町の温泉資料館で知ったのだが、ベルツのほかにも、建築家ブルーノ・タウトがしばしば草津を訪れた。タウトは昭和八年（一九三三）、ナチス・ドイツを逃れ、シベリア経由でやって来た。日本にいたあいだ、主に高崎に住んでいた。上州の山並みは南ドイツと似ており、極東の湯の里は大いに孤独な亡命者を慰めたことだろう。

これも資料館で知ったのだが、スウェーデン人のアドルフ・ノルデンショルト男爵が明治十二年（一八七九）に訪れている。「冒険家」といわれるタイプで、「ヴェガ号」を指揮して北極海を押しわたり東方にきた。当時、前人未到だったグリーンランドを横断した。『アジア・ヨーロッパ船中横断』などの著書がある。アジアの砂漠横断で有名なスウェーデン人、スヴェン・ヘディンの先輩であり、ヘディンは海を先にこされたので、砂漠をめざしたらしいのだ。

それにしても世界で名だたる人物が、どうしてわざわざ草津へやって来たのだろう。現在はともかく、そのころの草津は、いたって草深い田舎であって、『ベルツの日記』にみるとおり、馬を乗り継ぎ、数日かかってたどり着いた。湯畑のまわりを板葺きの湯宿がとり巻いているだけ。青い目の冒険家は何を求めて、はるばると地上のシミの一点のようなところに来たものか。

首をひねりながら足の向くまま歩いていると、高台の小公園にひっそりと一つの碑があった。横文字の説明を読み解くと、明治・大正にかけて草津郊外にハンセン氏病のための施設をひらき、そこで生涯を終えたアメリカ人女性である。またひとり、はるばると海外からやってきて、ここに第二の郷里を見出した人がいた。草津はフシギな国際性をそなえており、夏の国際音楽祭がしっかり根づいたのも、ひそかな土地の力があずかってのことではなかろうか。

もどりの道すがら、旅館組合でいただいた「湯めぐり手形」をもって老舗の宿を訪れた。これさえあれば、どこの湯にも入れる。欲ばって三つ入って、茹でダコになり、万年氷を口に頬ばりたくなった。

海のお渡り

神奈川県真鶴

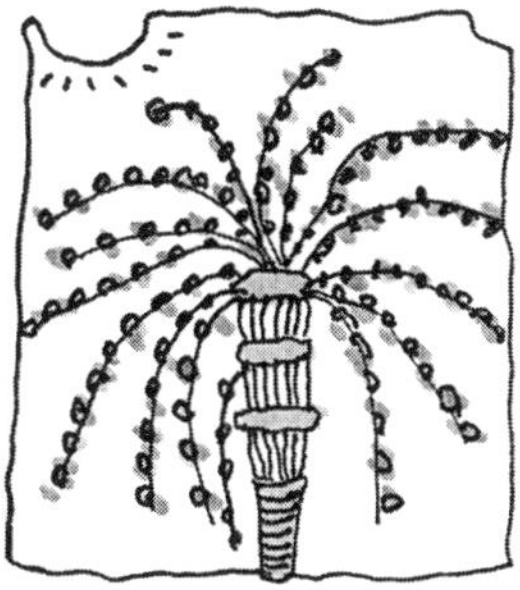

小田原と熱海の間、右さがりの三角に突き出ているのが真鶴半島である。先端の岬を首にみたてると、海岸が翼をひろげた鶴に似ているために「真鶴」の名がついたとか。べつの説によると、アイヌ語の「マッツイル」が語源だそうだ。崩れやすい崖の多い土地の意味。

大まかな地図だと小さな三角の出っぱりにすぎないが、実際はおそろしく複雑な形をしている。岬の先っぽからクラゲの脚のような細長い台地がのび、まわりに無数の岩礁が顔を出している。

箱根火山がやらかしたいたずらであって、溶岩台地がせり出し、そのあと風と波とが浸食した。赤壁、戎崎、亀ヶ崎、黒崎といった名のついているところは、どこも先が細く長く突き出ている。地質学でいう「海食崖」、火と水と大気が長い歳月をかけて、この入り組んだ地形をつくった。

半島自体が先端と同様で、クラゲのようにひろがったり、狭まったり。海岸部に近づくと大きく切れ込んで入江をつくり、東側が真鶴港、西側が福浦である。ついでながら福浦漁港の北の入江を尻掛といって、現在はひとけない海岸だが、かつては大いに賑わった。紀州の漁師で与治兵衛という者が、ここでボラ網を始めたといわれている。関東における網漁の始まりでもある。

約三百二十年ばかり前のこと。おそらくそのころ、この半島の利用法に気づいたのだろう。相模湾に向いた複雑な地形は天然の良港というものだ。そして港としてなら西側よりも東側がずっと江戸に近い。船奉行が尻掛から半島を横断して東に移され、真鶴港が小田原藩の台所をあずかる港になった。

真鶴の貴船《きぶね》祭りがいつはじまったのか。正確なことはわからない。港の南端にあたる高台に貴船神社がある。創建は古くて九世紀末とか。江戸のころは貴宮《きのみや》大明神とよばれていた。たぶん、もとの明神さまの神事が港の繁栄とともに形を変え、華やかになっていったのだろう。祭礼は七月末の二日間、一日目は海上渡御、二日目が町内渡御。つまり船まつりと港まつり。これに鹿島踊りがついている。

相模湾西岸は現在も石材産出にかかわっている。「小松石」といって、墓石や記念碑などに使われる。ＪＲ真鶴駅の北の山が小松山だ。江戸城の築城にあたり、黒田長政は用石を求めて輩下を四方に走らせた。その一人の小河織部正良《おがわおりべまさつら》が半島の根かたで良石を発見。石丁場を開くにあたり、小松山の地名から小松石と命名した。

いまも石材業が盛んである。石の仕事は危険が多い。安全祈願の神事に踊りが加わり、それが洗練されていったのではあるまいか。真鶴の鹿島踊りは浴衣に三色の色帯を巻いて、揃いの手甲をつける。なんともイロっぽい。踊り手にいわせると、貴船まつりは鹿島踊りに始まって鹿島踊りに終わるそうだ。

とはいえ主役はやはり船であって、朝の「東西舳《へさき》乗迎《のりむか》え」を皮きりに、東西の小早船の先ぶれ。そのあとお假殿に献幣使を迎え、船がしずしずと港を出発する。魚市場、また魚座のあるところを「宮前」といって、宮前到着がお昼ごろ。鹿島踊りの奉納があって、神輿の登場になる。船と神輿が海のお渡りをして、もどってくるのが夕方のことで、そのとき花山車《はなだし》が現われ假殿で待機している。これが海上渡御のしめくくり。

花山車は重さ六十キロに及び、もともと石船にかかわる人々が「力比べ」にかついでまわったらしい。鹿島踊りもまた石材産出に関係していた人たちが、地域の二十二社の神事に披露していた踊りである。豊漁祈願の祭礼に、地元産業のもう一つの柱である石材業の祭りが合体したのではなかろうか。

かりに二つを分けると、貴船の祭りが海のお渡りの古型をよく残していることが見てとれる。神輿が海を渡って村里にお出ましになる船祭りだ。美しく飾られた小早船には、船首に舳乗り、船尾に船頭、櫂使い、水夫が乗りこみ、東西で漕ぎくらべや揺さぶり合戦をして華を競うわけだ。

神輿船の飾りが一段と華麗で、竹と紙との細工物に加えて赤を主体とする色の強烈さは息を呑むばかりだ。これに対して舳乗りや船頭、さらにおはやし連中は白一色のいでたちである。数百年の伝統のなかで、祭りの美意識が磨かれてきた。

貴船神社の背後に黒々とした森が盛り上がっている。「御林《おんばやし》」といって、江戸のころは禁伐林だった。小田原藩は山と海とのかかわりをよく知っていたのだろう。山が豊かだと魚も多い。「魚付き林」として熱心に植林をする一方で、山奉行をおいて厳しく見張ってきた。明治以後は皇室御料林、戦後になって真鶴町に払い下げられたが、前歴の威光もあって、最高地点の灯明山を中心に保護されている。

活魚料理大松、磯料理魚伝、味の浜勇、うに清、丸入、しょうとく丸……。お泊りは、旅館さざ波、岩忠、一望閣。看板はあるのに、なかなかお目あてに行きつけない。なにしろ複雑な地形の土地であって、凹凸がはげしく、道路は切れ込んだ入江を迂回するものだから、どこもクネクネと曲がっている。すぐ向こうに明かりが見えているのに、道がしだいにそれていって、どうかすると逆方向に進んでいるぐあいなのだ。大きく蛇行したところでは曲線のぐあいで、前にいたはずの人が、しばらくすると背中の角度にいる。なんだかつけられているような気がする。

ようようのことで宿にたどりつき、鯵《あじ》のたたきでイッパイやった。ふつうは細かく叩いて出すが、真鶴では親指ほどにブツ切りにして、シソとみじん切りのショウガをのせて食べる。これに魚のアラでだしをとった味噌汁がお相伴。ともにお酒と絶妙に合って、ひとしきりノドと舌とがわなないた。

カラス、カーで夜が明けて、この日は町内渡御。花山車が先行して、鹿島踊りが港町を巡ってい く。真鶴港の一方にお假殿があり、もう一方を西本払《ほんばらい》といって、町のお渡りはこちらが出発点だ。神輿の渡御にあたっては、むやみに坂の多い町内を、どうやって巡行するのかと思っていたが、そのための車両が工夫されている。

鹿島連がなんともイキである。白い浴衣の裾には波をあしらったハデな染めつけ。横筋入りの黒帯に白足袋。下着は薄桃色で、胸元と腕にアデやかな淡い紅がまきついているいで立ち。長い青竹をもった若衆がまじって、奉納踊りの先触れをする。

要所に「花山車検視場」と、ものものしい標識が立てられていた。そこが奉納踊りの舞台になる。車両神輿が「おおだな」とよばれるところで飾り神輿に変わるのが祭礼のシメなのだろう。貴船さまの御霊が海わたり、町わたりをすませ、おおだなに安置された。そのすぐ西かたが「西の神様」で、巡行はここから八幡神社をまわってお假殿に着く。これを「入御《おいり》」というそうだ。

真鶴は神奈川県足柄下郡の半島で、また町名でもある。気候は温暖、適度に雨があって、植物がよく繁る。家ごとの戸口や庭先のミカンやビワがよく実っている。入り組んだ土地に網の目のような道が走っていて、車の入らない細い路地を「背戸道」という。さすがに石の産地であって、どの家も石垣が立派である。背戸道にも小松石が埋めこんであって、まるでパリ郊外の石畳のようだ。おりおりに石段があって、それを上がると突如として視界がひらけ、木々のあいだからひしめき合った人家と海が見えた。

町の人にすすめられたので、「しとどのいわや」を訪ねてみた。漢字では「鵐窟」。港の背にあたる。治承四年（一一八〇）、源頼朝は石橋山の合戦に敗れて逃げる途中、この岩屋に隠れ、追手を巻いたそうだ。現在はブロックで補強されていて味けないが、以前は十メートル以上もの穴で、波が打ち寄せていたらしい。

ズラリと白旗がつるしてあって、土肥次郎実平、岡崎四郎義實などと紋どころつきで大書してある。頼朝につき従った七人の面々である、敗軍の将と行をともにする間、複雑な思いがあったことだろう。真偽はともかくとして、伝わるところによると、失意のリーダーを励ますため、各人が謡いをうなったり踊ってみせたり、得意ワザを披露した。

そののち頼朝一行は隠れ岩屋を出て房州へと船出する。そのことは歴史書に述べてあるが、いかなる船で、どのような船頭が乗り組んでいたのかは語られていない。真鶴でより抜きの連中が馳せ参じたのではなかろうか。無名者の歴史はせいぜいのところ逸話に残り、形を変えながら伝えられるだけ。

ことのついでに岬の先端まで足を運んだ。遊歩道が一巡するかたちで巡っていて眺望がいい。クラゲの脚状にのびたのが三ツ石で、別名が笠島。関東大震災で海岸が大きく隆起したというから、震災前は文字どおりの島だったと思われる。

岩礁の先っぽに大岩が二つ。遠望したところでは、有名な伊勢の夫婦岩《みょうと》とそっくりである。ついては坪内逍遥の一句。

初日の出　なぜ三ツ石に　注連《しめ》はらぬ

とりわけ展望がひらけたところが台場跡。幕末に小田原藩が海防のため砲台を築いた。左に三ツ石を見はるかし、相模の海と伊豆の海が一度に視野に入る。

松の古木にびっしりとつる草が巻きついている。吹き上げる風に枝葉が激しく揺れ動いて、ピューといった口笛のような音を立てた。風の勢いがやむと、サワサワとした軽い音だ。松にまじってソテツが一本。相撲取りのお腹のようにボッテリとした巨木である。葉は黒ずんで厚ぼったい。なるほど、真鶴は海山のあいだの豊饒の地であって、ムッとするばかりの山気をおび、ふくよかな生命力にみちみちている。

やにわに風が吹きやんで、辺りが静まり返った。かすかに波音がもどってきた。こころなしか真鶴ばやしの笛の音に似ている。もとより当然であって、祭りばやしの音曲師たちは、波音を参考にしてメロディーをあみ出したにちがいないのだ。

神々の再会　千葉県一宮

房総半島は大きな鳥が逆さにとまって、クチバシを突き出した形をしている。ふくらんだ腹のあたりを境にして北が北総、南が南総、旧の国名でいうと上総《かずさ》国と安房《あわ》国。それぞれに一宮が置かれ、上総国の一宮を玉前《たまさき》神社という。そこの祭礼が「上総十二社まつり」である。

なるほど、一国のうちのいい位置に置かれている。北は九十九里浜からつづく平地で、一宮川をはさみ、南のゆるやかな丘陵地に移っていく。一宮がその境界にあって、二つのちがった風土をとり結んでいる。

目に見えない境界の海辺に一つの鳥居がある。石造りの立派なのが浜手にポツリと立っている。左右は黒々とした松林で、そこだけ水平線にひらいている。「釣ヶ崎《つりがざき》」といって、神さまが「浜降《はまお》り」したと伝わるところ。神々が上陸した地であれば鳥居を建てて聖域にした。祭礼においてもまた、ここで神々の一族が再会する。

幼いころ社会科の副教材の地図帳を好んでながめたものだが、九十九里浜がごひいきの土地だった。ふつう海岸はギザギザ模様をしているのに、ここはスッキリとした直線が太平洋に向かってのびている。「九十九」という数字がまたフシギだった。幼い頭はこれを実数にとって、百里に一里たりないと思いこんでいた。実際は十六里あまり。千葉県銚子の先の外川から南の太東崎まで、ほとんど直線に近い大きな弓状の曲線を描いている。黒松の防風林をはさんで小高い砂丘がつづき、波打ちぎわは白い砂原。そこに立つと、まっ青な太平洋が際限のない土手のように視界をさえぎっている。

現在はメロンづくりの温室がつづいているが、その前はだだっぴろいだけの浜だった。五月になると、あちこちに、ハマヒルガオが花をつける。白い大輪に淡い赤がまじっていて、ものさびしげな花だが、海風にあおられると、よじれるように騒ぎ立って、いっせいにおしゃべりしているように見える。川の流れこむ河口あたりには黄色っぽい花が群生する。可愛い小花なのに、なぜか名はハマダイコンと味けない。

九十九里浜は総称であって、土地の人はそれぞれ地元の呼び名をもっている。北から順に片貝海岸、白里海岸、白子海岸、一宮海岸。ハマヒルガオやハマダイコンの海辺はさびしげだが、ここはかつて巨大なエネルギー源だった。江戸時代には何年かおきにイワシの大群が九十九里浜へとやってきた。海面が見わたすかぎりイワシで埋まるほどで、とってもとってもとりきれない。すぐさま江戸へ送られて食膳をにぎわした。

食用だけではない。イワシ油として燃料になり、また干し鰯《ほか》が肥料になった。これを田畑にほどこすと、作物の実りがまるでちがう。現在、九十九里浜に「イワシ博物館」があって、豊漁のときの推定漁獲量をあげているが、まさに天文学的数字である。海神さまはおりにつけ、途方もないイワシ軍団を上総の浜辺に送り届けた。


伝わるところによると上総十二社祭りは大同二年（八〇七）に始まったという。真偽のほどはともかくとして、その歴史は一二〇〇年にあまる。ＪＲ上総一ノ宮駅から西北のところに神さびた社があって、玉前《たまさき》神社がまつられている。これが上総国一宮で、川をはさんで南宮神社がある。一宮町の隣り町いすみ市（旧夷隅町・大原町・岬町）にも玉前、玉崎の二社がある。さらに隣りの睦沢町に玉垣神社、三之宮神社、茂原市に二宮神社。いずれも神さまが足をとどめたところで、「浜降り」の神事が伝わっている。例年は神輿が九基だが、大祭には、これらの神社から計十五基が馳せ参じる。

宵宮祭の翌日の午前が神職、氏子による例祭、午後が神幸祭。一般には午後の部がメーン・イベントで、俗に「裸まつり」とよばれている。海の男たちが上半身はだかになって浜いっぱいに練りまわるからだ。

宵宮祭に先立ち、二日前に「お迎え祭」がある。稚児行列を迎えるようにして鵜羽《うは》神社から神輿が玉前神社にやってくる。これは祭りの先触れの役廻りのようで、浜手の裸まつりには加わらない。神輿をくぐると子供が無事成長すると言い伝えられていて、親子づれが腰をかがめてくぐっていく。

宵宮から例祭までは、ごくしめやかな祭礼だ。神楽殿でのんびりとお神楽が演じられている。上総神楽といわれるもので、猿田彦の舞いをはじめとして雅楽や巫女舞など、演ずる手順やプログラム、また所作ごとなども決まっているのだろう。笛の音が単調に流れ、ときおり鈴が割って入って、鈍い金属音が鎮守の杜に消えていく。

お昼を境に一転して静が動になる。神々の浜降りの場は四キロあまり南の釣ヶ崎であって、お迎え役の猿田彦、榊太鼓、錦旗が先陣きって玉前神社をあとにする。つづいて神馬《かんのうま》、かうぬし、命《みょう》婦《ぶ》の出発。いずれも美しい飾りをつけた神馬であって、その一つには童児が打ち乗る。神々のメッセンジャーをつとめるわけだ。

「かうぬし」、「命婦」は意味不明だが、口伝えに伝承されるうちに意味が脱落して、役柄だけが残ったのではあるまいか。

神輿の出にも順序があるようで、玉垣、二宮、三之宮神社のものが先に出て、一宮の玉前神輿がトリをとる。黄金の鳥をいただく神輿が町を出たのち、「ヨイヤサー、ヨイヤサー」の掛け声とともに九十九里浜を疾走する。かつぎ手は白い鉢巻に白い胴着、白のパンツに白い脚絆。白ずくめなのは、清浄のしるしであるとともに、白馬や白竜や白蛇と同様、白に神の霊魂が宿るとされてきたからだろう。

午後三時、釣ヶ崎祭典場に全神輿が集結。神々の一族の再会であれば、賑わうほど神の意に叶うというものだ。男どもは上っぱりをぬぎすて、神輿を練りまわし、差し上げ、走りまわり、汗と熱気でムンムンする。

「ヨイヤサー、ヨイヤサー」

掛け声が唯一の伴奏で、あとは荒い息と見物人の歓声ばかり。たしかに太平洋の荒波には、子供に帰ったような男衆の裸おどりがよく似合っている。そういえば上総一宮の祭神は玉依姫《たまよりひめ》、すぐ隣りの南宮神社の祭神は豊玉姫。ともに海神大綿津見命《おおわたつみのみこと》の娘である。美しい祭典への礼儀としても、男のたくましい裸を見せねばならぬ。

詩人高村光太郎が詩やエッセイに九十九里浜のことを書いている。妻智恵子の病いがはじまってのち、この浜手の親戚に静養を兼ねてあずけていた。そして週一度、両国駅発の列車に乗って房総にやってきた。そんな九十九里浜通いが半年あまりつづいた。

智恵子がいたのは片貝海岸の真亀《まがめ》というところで、当時は寂しい漁村だった。外房線の大網で降りて、バスで海岸に行く。親戚の家は防風林の中の小高い砂丘の上にあって、座敷から海がよく見えた。粗末な漁師の家の屋根の向こうに太平洋が高くつづき、その水平線が「風景を両断する」ように見えたという。

一週間分の薬や菓子や果物を持っていく。病んだ妻は「熱っぽいような息」で出迎えて、ほとんどものを言わない。あるいは小声でひとりごとを呟いている。そんな智恵子をうながして砂丘づたいに防風林を歩き、小松のまばらな高みに腰を下ろして海をながめていた。

「松の花粉の飛ぶ壮観を私は此の九十九里浜の初夏にはじめて見た」

黒松は新芽の先に、小さな、黄色の、ホロホロとした単性の花をつける。初夏のころに花が熟して、海風に花粉が飛ばされる。中国の黄土を巻きあげる黄塵に似ているが、ただ黄塵のように暗くすさまじいものではなく、明るく、透明感をもち、しかもほんのりとした芳香を運んでくる。黙ってすわっている智恵子の浴衣の肩にも黄色い花粉が積もっていく。

たぶん光太郎は、よけいな叙情をしるしたくなかったのだろう。エッセイでは九十九里浜の情景描写だけにとどめている。

「日が傾くにつれて海鳴りが強くなる。千鳥がついそこを駈けるように歩いている」

詩の一つでは、智恵子が両手を上げて千鳥をよび返す。ちい、ちい、ちい、ちい。すると群れ立った千鳥が智恵子に答えるようにやってくる。

人間商売さらりとやめて、
もう天然の向うへ行つてしまつた智恵子の
うしろ姿がぽつんと見える。

こんな妻を見守っていた光太郎には、同じ九十九里浜で演じられる神と人との人間くさいイベントに興味をひかれなかったのだろう。しきりに上総通いをしていたころ、一宮の大祭のポスターや

チラシを目にしたはずだが、そのことには触れていない。

当時この浜手に、ブリキの罐をステテレカンカンとたたきながらサーカスのチラシなどを配りまわる男がいた。人よんで「馬鹿の太郎」、「犬吠の太郎」。もしかすると子供のような心の大人が光太郎に、病んだ妻を思い出させたのかもしれない。

人はかなしく、そのかなしみに無頓着に海鳴りをとどろかす太平洋が憎らしい。犬吠の太郎にかこつけ、妻をはげますようにして述べている。

いくら鳴つても海は海
お前の足もとへも届くんぢやない
いくら大きくつても海は海
お前は何てつても口がきける
いくら青くつても、いくら強くつても
海はやつぱり海だもの
お前の方が勝つだらうよ
勝つだらうよ

釣ヶ崎の浜で、ひときわ高い歓声が上がったのは、大鳥居を白馬が走りこんできたときだった。よく見ると白鉢巻、白装束でまっ赤なたすきをかけた少年がまたがっている。

つづいては黒馬がやってきた。こちらは赤い鉢巻に赤装束、白いたすきをした少年だ。ちょうど水平線がピタリと馬上の童児とかさなって、はるかな彼方の国からの神々の到来を告げているようだった。

萬民豊楽

埼玉県小鹿野

古くからの言い方だと秩父山塊である。武甲山《ぶこうさん》にはじまって山また山、いきつくところが甲武信《こぶし》岳に両神山。山あいに点々と小さな盆地があって、これを秩父往還が結んでいる。東京の隣りの埼玉県とはいえ、さながら別天地の感がある。ずいぶん足の便がよくなったが、いまなお色濃く風土性をとどめている。

その秩父地方の西寄りの中心にあたるのが小鹿野《おがの》町だ。両神山を水源とする赤平川沿いにひろがっており、十石峠を経て信州へ通じる道と、寄居経由で上州に達する道がここで合わさる。おのずと宿場町として発展した。上州から秩父にかけては養蚕が盛んで、生糸取引の中心地小鹿野町は「絹の町」といわれた。

豊かだった財力の置き土産だろう。秩父一円に芝居小屋が点在している。今なお総計で二十にあまるという。江戸の座長が役者を引きつれてやってきた。地元の芝居好きが見よう見まねで歌舞伎を覚え、地芝居を根づかせた。小鹿野歌舞伎は二百数十年の歴史を誇り、全国の地芝居のなかの横綱クラスというものだ。

そんな「地力」がつくらせたのか、小鹿野町長留《ながる》の里に二重舞台をもった風雅な芝居小屋がある。正確には羽黒神社の舞殿《まいでん》といって、寄棟造、藁ぶきの平屋。間口九・一三メートル、奥行き五・五二メートル、棟の高さ七・五七メートル。南側に土間と八畳間の控えをそなえている。芝居小屋とするのは憚りがあるので神社付属の舞殿としたのではあるまいか。二重舞台は回転装置つきで、歌舞伎上演のときは花道がつき、舞台両側に桟敷席がつくられ、正面を張り出し屋根と花が飾った。秩父地方の歌舞伎舞台のなかで藁ぶきの古型を残した数少ない一つである。

池袋から西武の特急で一時間半ばかり。バスに乗り継いで西に向かうと、みるみる風景が変わっていく。秩父盆地は考古学でいう「第三紀」の中ごろまでは海だった。つまりはそのころから隆起が始まり、長い歳月のなかで浸蝕や剝脱作用をくり返してきた。化石の宝庫であることは、巨竜の骨がしばしばニュースをにぎわせることからもみてとれる。小鹿野町から信州にかけて地質学でいう「山中地溝帯」がのびている。といわれてもシロウトには何のことかわからないが、幅二キロないし五キロ、長さ四十キロに及ぶ細長い「中生層の地帯」だという。

人類の起源とかかわってくるせいかもしれない。まわりの景色がどこか懐かしいのだ。遠くの山並みを背景にして、ゆるやかな丘陵が一線を引いたようにのびている。太陽のぐあいや雲の移動につれ山ひだがくっきりと浮き出し、新旧の地層がいきいきと表情を変えているぐあいだ。

バス停の空地に草花が旺盛にしげっている。ヤマユリ、ヤグルマギク、ヒメジオン。真っ赤なツブツブが団子状にかたまったのは、たしかマムシグサといった。

藁ぶきの舞殿をもつ羽黒神社は、土地の人には「宗吾さま」とよばれている。別名が宗吾神社。幕末に下総《しもうさ》の義民佐倉惣五郎を祀る宗吾霊堂から勧請したからだ。もともと近くの蕨平《わらびだいら》にある羽黒神社の氏子だったが、「慶応年間、獅子舞をめぐって争いが起こり」、そのため新しく分祀して、そこに宗吾大明神を加え、「長留仲組の鎮守」とした。

「それ以来、仲組が獅子舞を継承し、参道中腹に舞殿を建造しましたが……」

これが明治初期のこと、大正四年（一九一五）の山崩れのあと、山裾の現在地に移したという。獅子舞をめぐる争いが何によるのか、説明板ではわからないが、長留の人々は自分たちが引きとったからには舞いの場もつくろうとガンバったのだろう。元来は獅子舞のための舞台であって、歌舞伎があとから入ってきた。芝居興行の必要から控えの間や二重舞台が付設されていったものと思われる。

その獅子舞奉納は毎年十月初め。参道入口の鳥居に並んで舞殿があり、まわりは一面の田んぼで、刈り取った稲が横並びに干してある。いかにも秋祭りの雰囲気にピッタリだ。

鳥居の前に雄壮な旗竿が二本据えられ、白地に黒い文字を染めつけた大きな幟《のぼり》がヘンポンとひるがえっていた。ある特有の字体であって、おそろしく太字で勢いがいい。文字をほめるのに「雄勁雄渾」といったりするが、まさしくそんな書体である。もしかすると江戸後期に「深川親和」の名で一世を風靡した書家三井親和の手になるものではあるまいか。扁額や碑文字のほか祭礼用の幟もどっさり書いた。

当地の獅子舞の始まりはよくわからない。数百年前にササラ三平という者が土地の人に教えていたという伝承がある。嘉永四年（一八五一）の文書に初めて言及されていて、「数代前から」獅子舞が行なわれている旨のことがしるされているそうだ。とすると三井親和の在世ともかさなってくる。村の代表が深川の書家をたずね、デザイン性ゆたかな幟の文字をもらってきたのかもしれない。

奉納の行事には「五穀豊穣」祈願が多いが、長留の獅子舞はさらに「萬民豊楽」とあってスケールが大きい。獅子は先《さき》獅子、中獅子、後《あと》獅子の三頭で、舞い手は紺地の襦袢に黒袴。獅子頭を顔につけ、顎から胸にかけて一頭は赤の布、二頭は黒布を垂らし、腹に鼓をくくりつけている。赤と黒の対比があざやかだ。

当日はこまかいプログラムがあって、早朝に氏子区域内の祠や堂など六ヵ所を順にまわっていく。紅白の紙の花で飾られた「萬民豊楽」の捧げ筒が先頭に立ち、御幣をもった獅子があとにつづく。これを称して「宮参り」。舞い方が決まっていて、祠では幣掛《へいがかり》、堂では花掛。

そのあと参道から拝殿にいたり、幣掛を奉納。山の中腹にある古いお堂であって、上は格天井、壁に色あせた額がかかっている。いつごろのものか格天井の四角の桝目ごとに花鳥風月が描かれて

いる。ゴフンその他日本絵具の特性なのか、おおかたの色が歳月とともに薄れるなかで、白と朱だけが昨日描かれたようになまなましい。

裸電球一つが照らすなかで、三頭の獅子が腹の鼓を叩きながら舞い踊る。宮参りで捧げていた御幣が、ここでは獅子頭につけてあって、まるで白いタテガミの異獣が薄暗いなかで、畳を蹴立ててふざけあっているようなのだ。

午後に舞殿へ入る。はじめは三頭の獅子による座敷廻り。そのあと手拭いを姉さんかぶりにした男が二人、簡素な襦袢にカスリのモンペ姿。二人して長い竹の棒をかついでいる。これに獅子が一頭からんで、竹を廻ったり、くぐったりする。その間、のこりの二頭が背後からじっと見つめている。

拝殿では獅子は黒足袋をつけていて、動きにつれて足裏の白があざやかだったが、舞殿では素足で、これも決まりの一つらしい。

舞い方によって岡崎、骨っ返し、毬掛《まりがかり》、太刀掛、竿掛《さおがかり》といった名前がついている。どれがどれにあたるのか、シロウトにはわからない。奥で笛が吹き鳴らされていて、素朴なメロディーにえもいわれぬ味わいがある。

笛方の両わきに緋の衣をつけた人の姿が見えた。獅子が引っこんだあと、頭にかぶり物をつけて登場。かぶり物には朱色の紙の飾りがついていて、さながら花の精である。黒の帯に足は白足袋。ゆっくり両手をのばしたり、胸にそえたり、互いに向き合って礼をしたり。かぶり物のせいでわからないが、きっと少女が演じているのだろう。薄暗い舞台にフシギな二つの火がユラユラ燃えているぐあい。

舞いは「庭」とよばれていて、全部で九庭。竿掛につづくのが牝獅子隠し、曾状《そじょう》、平簓《ひらざさら》。いつのころ、どのようにして九つのダンスが定まったのか。伝承にいうササラ三平は舞いをととのえた人、あるいは世代のまたがる人たちの総称ではなかろうか。それとも廻国の芸人に踊りの師匠がいて、土地の舞踊に新味を振りつけたのだろうか。あるいはまた、それぞれの舞いにしかつめらしい名称がついているところをみると、演出を買って出た人物がいて、しかるべき効能つきでプログラム化したものか。

舞殿の前は広場になっていて、鉄棒やすべり台がある。そこに小学校のお下がりのような木の椅子が並べてあって、十人ばかり見物していた。秋の陽ざしが眩しいので、全員が帽子をかぶり、ハッピ姿の世話役は手拭いをひっかぶっている。都会帰り風の若者とネエちゃんがやってきて、五分ばかり突っ立っていたが、すぐまたプイといなくなった。

笛と鼓の音色が切り株の田んぼに流れていく。少し離れて見ると、背後の丘陵が緑の雄大な張り幕になって、藁屋根ときれいに釣り合っている。ひとかたまりの見物衆の背中に秋の陽がさし、舞台奥の黒い闇と好対照だ。かたわらに雄壮な二本の幟。すべてが遠い記憶をよび起こすように懐かしい。

明治十七年（一八八四）、当地で大きな出来事があった。一般には「秩父事件」とよばれている。秩父困民党が一斉蜂起して、ほんの数日だが「民衆国家」というべきものをつくりあげた。

先に述べたとおり秩父は養蚕が盛んだった。夜祭で有名な秩父神社の大祭は、もともとは大宮（現・秩父市）で開かれる絹市の一年最後の大市だった。明治十年代になって洋ものの輸入に始まり、生糸が暴落した。耕地が少なくカイコにたよっていた農民はひとたまりもない。土地、家屋とも借金のかたに取られ、そこへ相場師や高利貸やブローカーが暗躍した。

明治政府には、むしろ好都合だったのだろう。こま切れだった土地が大地主に集中して、天皇をいただき大地主制にもとづいた中央集権国家に再編できる。法律も政治もまるきり助けてくれないとわかったときに事件が起きた。小鹿野、隣り町吉田あるいは南の両神村から人が集まり、甲隊、乙隊の二手に分かれ、行政の中心地大宮へと向かった。記録には「白き帽子、白き鉢巻、白きタスキ、皆一様のいで立ちにし、長剣を佩《は》き鉄砲組を前に進め、槍、長刀、竹槍等を携え……」

そのいで立ち、武装からも、しっかりしたリーダーのもとに、慎重に準備された上の蜂起だったことが見てとれる。お上《かみ》は「暴徒」と称したが、整然と統率されていた。出発に先立ち、軍律五ヵ条が読み上げられた。

一、私ニ金円ヲ掠奪スル者ハ斬

一、女色ヲ犯ス者ハ斬

一、酒宴ヲ為シタル者ハ斬
一、私ノ遺恨ヲ以テ放火其他乱暴ヲ為シタル者ハ斬
一、指揮官ノ命令ニ違背シ私ニ事ヲ為シタル者ハ斬

世界に誇ってよいルールにちがいない。リーダーには明快な理念があった。「斬」の一語に無限の重みがこめられている。

小鹿野の東に丘陵がのびていて、秩父往還はいちど北上し吉田から皆野を経て、つぎに南下するコースになる。総数二千とも三千ともいわれている。大宮の役場、警察、裁判所などを制したのち、困民党本部では総理、副総理、会計長、参謀長など、役割がきちんと決まっていた。そしてこの山あいの地に、みごとなコミューンを実現した——。

秩父には札所巡りがあるように寺が多い。また長留の宗吾さまのように、山腹や山裾にはきっと神社がある。どちらも集会に打ってつけだ。祭礼の打ち合わせとすればめだたない。

困民党の会計長をしたのは井上伝蔵という人で、隣り町吉田の出身。蜂起が軍隊によって制圧され、幹部たちが処刑されたのちにも彼は生きのびた。町の人々が守ったからである。土蔵に二年間、匿われていた。それから厳しい監視の目をくぐって北海道へ渡り、名を変え、一人の市民になった。大正七年（一九一八）、没。死の直前に初めて家族に過去を話したという。潜行三十五年、なんともあっぱれな人がいたものだ。

小鹿野から吉田へ出る峠近くに、音楽寺という可愛い名前の寺がある。一斉蜂起のとき、この寺の鐘を打ち鳴らして合図にした。そして眼下の大宮郷へと押し出した。秩父往還には道しるべのように点々とケヤキの大木があるが、そんな古木がじっと人々の動きを見つめていた。

ハタと笛がやんで、パラパラと拍手が起こった。九庭の舞い納め。獅子が三頭、深々と礼をした。藁屋根の下に異獣がすっくと立っている。それはまさしく幻のような眺めだった。

狐の行列

東京都北区王子

「王子の狐」という落語がある。ふつうは狐が人を化かすが、これは人間が狐を化かしたケース。

「まだ王子というところが、こんなにひらけません、そのころのお話でございますが……」

たいていひとこと断ってからはじまる。江戸からだと往復一日がかり、田や畑や草むらがつづき、そのかなたに王子稲荷の杜があった。そんな昔のことであると言っておかないと、はなしが成り立たない。

「両方が田んぼでございます。あぜ道を歩いてまいりますと、稲むらがございます。そッから尻尾が見《め》ェてる」

じっと見ていると、一匹の狐があらわれた。頭に大きな葉を乗せている、体をひとつポォンと返したところ、年のころなら十七、八、オツな新造になった。

「いい女だねえ、いったい誰を化かそうてんだろう」

辺りを見まわしても誰もいない。とすると、狙い目はこちららしい、しかしタネはわかっている。よし、ここはひとつ化かされたふりをして化かしてみようじゃないか。

王子稲荷に参拝にきた男が、ひょんなことから狐の化けた若い女とつれだって、お稲荷さまの門前の料理屋に上がりこみ、川音を聞きながら、さしつさされつ――。

もともとは上方ばなしだったのを、初代三遊亭円右が東京に移した。明治半ばのことで、そのころ手近に赤坂の豊川稲荷があり、よく繁昌していた。だから「赤坂の狐」でもよかったのだが、わざわざ遠い王子にした。関八州の稲荷の惣社という格式もあっただろうが、もう一つ、王子は昔から怪しい狐火の伝説で知られていた。伝説を下地にするほうが、はなしに深みが出てくるというものだ。

初代安藤広重が名所絵にしているが、異様な風景である。さむざむとした大榎《えのき》が夜空にそびえ、まわりに無数の白狐があつまっている。黒々とした闇に点々と狐火が浮かんでいる。人よんで「装束《しょうぞく》の木」。王子稲荷の前方にあって、土地の言い伝えによると、毎年大晦日の夜、全国の狐がここにやってくる。そして装束をととのえて稲荷社へお参りする。そのときの狐火のぐあいで、あくる年の豊凶が示される。そこから「かがり火年越し」の祭りが生まれた。年の瀬の十二月三十一日、町内こぞって装束榎にあつまり、除夜の鐘を合図に王子稲荷まで、かがり火をかかげて行列する。狐のお面をかぶったり、顔を狐づらにつくったり。人間が化けた狐であって、手のかがり火で豊年を祈った。

東京都北区王子。この近辺には熊野権現、飛鳥山、音無川《おとなし》などと風雅な名前がちらばっている。鎌倉時代に当地を治めていた豊島氏という豪族が紀州の熊野権現を勧請、その末社の若一《じゃくいち》王子を置いたのが「王子」のはじまり。

あとは見立ての技法で命名した。熊野権現と向き合う台地を大和の飛鳥山に見立てれば、下手を流れるのは音無川でなくてはならない。稲荷さまへは権現の裾をまわる細道が通じていた。飛鳥山の台地の片われであって、かつては杉の巨木がはえ、一面のヤブだった。音無川が瀧をつくり、水音がひびいてくる。二代目広重の「江戸名所四十八景」のうち「王子瀧の川」には、台地の麓に洞穴がいくつも口をあけている。狐が棲むのに打ってつけのところだった。

「王子狐の行列へようこそ」

洞穴のかわりに大看板が待ち受けていた。ＪＲ王子駅のまん前を音無川が流れている。そのはずだが、すぐには近づけない。バカでかい歩道橋で道路を渡り、さらに高架をくぐっていく。行政的には音無川ではなく「二級河川石神井川《しゃくじい》」であって、川っぺりは北区土木課の管理による親水公園。トラックで運んできた岩や木橋や水車が陳列品のように並んでいる。名は「親水」ながら、いじりまわしたぶんだけ水と縁遠くなったぐあいだ。

ともあれ年の瀬のころは冬がれで、水のけはいはさらさらなし。これぞまことの音無川。

「かがり火年越し」と狐の行列が復活した。元来は王子村と近辺の人々のごくささやかな大晦日の行事だった。明治以後、王子製紙の進出をはじめとして、まわりが急速に変貌するなかで、いつのころか忘れられた。お稲荷さまをつつみこむように商店街が押し寄せて狐の出番もなくなった。

「王子狐の行列の会」が生まれたのは、ほんの十数年前と聞く。たちまち祭りがよみがえり、年ごとに賑わいを増してきた。都内で復活した行事のなかで、もっとも成功した一つではあるまいか。新しく誕生したのに古式を色濃くとどめている。参加者の数は昔と大ちがいだが、星の数ほどの提灯の明かりが幻の狐火とさも似ている。赤毛や茶髪や青い目の狐もいるが、化けるのが特技の領界であれば、少しも違和感を与えない。

行列の出発は旧と同じ装束榎。以前は道すじに昼なお暗い繁みがあった。音無川に「どんど」とよばれる水落としの堰があって、ごんげん坂にかかるとゴーゴーと水音がひびいてきた。川辺に水神さまが祀られていて垢離場《こりば》があった。冬のさなかに「オーオー」と掛け声をかけながら水垢離をとる人がいた。

「行列コース　装束榎→王子銀座通り→山本屋ビル前→石井薬局前（横断）→北とぴあ前→ごんげん坂ガード→森下通り→石鍋商店街→王子稲荷」

繁みも「どんど」も水神さまもなくなって、現在は商店街のただ中を縫っていく。行列を後押しをするのは、東京商工会議所北支部、㈳王子青色申告会、㈳王子法人会、㈶北区まちづくり公社。さらに王子銀座「パルモール王子」や、森下通り商店会、北友会や、町会や消防団や北ケーブルネットワークが協力している。伝説と古式と商店街とがタッグマッチを組んだぐあいだ。

狐の行列

「王子きつね村グッズ販売」

「あたたかいきつね汁があるヨ」

「狐のメークもできるよ」

「大きなお面が目印だよ」

「きつねまんじゅうにおいなりさん」

界隈あげて狐づくしである。参加者は狐のメークをして、紙の裃や提灯を買い求め、記録所で記帳する。年越しのかがり火に火がつけられるのが夜十時半、鏡割りが十一時、十一時五十分よりカウントダウン。笛と太鼓が始まって、年明けの正十二時、狐がいっせいに福島不動産横手からくり出していく。


音無川沿いにわずかに残った繁みにつつまれて扇屋がある。落語「王子の狐」の舞台になったところだ。かつては隣り合って海老屋《えび》があった。ともに寛政十一年（一七九九）の創業。『江戸切絵図』（尾張屋版）によると、すぐかたわらに、音無川にかかる橋があった。川っぺりにかけて桟敷がつくってあり、水遊びができる。

「この地はるかに都下を離るゝといへども、常に王子の稲荷へ詣ずる人ここに憩ひ、終日流に臨むで宴を催し沈酔するも多し」

新造に化けた狐が、まさにそのように酔いつぶれた。

「兄ィさん！　酔いましたの」

「いい色になったねェ、色の白いところへ赤味がさして、これぞまさしく狐色……」

海老屋はなくなったが、扇屋はいまも健在である。川に面した小庭の入口に「おキツネさま」が祀られている。扇屋名物は、おそろしく厚手の玉子焼き。デパートにもおろしている。落語のなかに登場した、キツネの新造を酔いつぶしたあげく、男が折づめの手土産に持ち帰ったしろもの。

「何かこう……ない？　土産になるものは……子供が多いんだけれどもね……え？　玉子焼き？　あっ、それを三人前、折につめて。で、勘定はね、二階の婦人が承っているから心配しないで、いいかい、ちゃんと紙入れが預けてあるンだから安心して……」

旧王子村には「かがり火年越し」のほかに「十八講」という行事があった。こちらは正月を迎えての十七日、権現さまの別当寺である金輪寺の住職を招いて、おもうさま饗応する。

「のめぞよいやさの懸声《かけごえ》をかけて食をすゝむ」（『江戸名所図会』）

「十八講」の名は王子の神領十八村にちなむようだ。噺のなかの男と狐の饗宴は、こちらがヒントになったのかもしれない。

男がドロンしたあと、化けの皮のはがれた雌狐は、店の者にさんざっぱらぶちのめされた。それを聞いて扇屋の主人がカンカンになって怒った。

「やいッ！　おまえたち、とんでもないことをしてくれたな。ここはどこだ？　王子だぞ、うちの店がこうやって繁昌してるのは、みいんなお狐さまのご利益だ……」

狐はお稲荷さまのお使い姫であって、日ごろのご恩返しに、うんとご馳走してお帰しするのが当然なのに、殴ったり叩いたりしたとはなにごとだ。

「狐の行列」は先年、「大臣表彰」を受賞したそうだ。どうして狐に大臣がからむのか不明だが、総務省の役人には狐の復活が「ふるさとの心を伝え残す行事」として、いたくお気に召したらしいのだ。

参加者はくったくがない。鼻のあたまと頬にチョイチョイとおしろいをつけると、すぐさまレッキとしたキツネに見えるから不思議である。若い娘はまさしく新造狐、年配組は年ふりし老狐、ひと癖ありげなズル狐。こんなに手もなく変身できるというのも、人間はそもそも人の皮をかぶったキツネではあるまいか、とすら思えてくる。

途中で甘酒を飲んだり、きつね汁をいただいた。つまむお菓子が「狐のしっぽ」に「コンコンあられ」、落花生入りの行列せんべい、狐がらみの新酒まである。青色申告会が協賛しているだけあって、伝承と商法とがあざやかに手を結んでいる。

装束榎から王子稲荷まで直線距離だとすぐだが、ガードをくぐって商店街を大廻りするので、四十分ほどかかる。

王子稲荷の境内には赤や白の旗竿が林立していた。マルと点で「王」を囲ったのが王子稲荷大明神のマークらしい。社殿の裏手の崖にキツネ穴があって、まっ赤なヨダレかけをつけた狐が祀ってある。

狐に一杯くわせた男が帰り道に、伯父に自慢げに報告したところ、案に相違してとっちめられた。

「たいへんなことォやりやがったなア、なぜ、おまえはそういうことをするんだ……え？」

狐が怒るとどんなに恐ろしいか。とり殺されるぞ。家の者もタダじゃすまない。女房が憑きものがついたように、お神楽を踊り出してもしらないぞ。

「えれえことになっちゃった」

酔いもどこへやら、男は泣きベソかいたがあとの祭り。あくる朝早く、手土産をもって王子へと詫びにいく。社殿裏の辺りをうろついたのではあるまいか。

「おや、大穴だね、たいへん大きな穴がありますね……唸り声が聞こえるよ」

常夜燈の敷石に親子狐が刻まれている。とび出そうとする子狐を、親狐が口をつき出してとどめているようでもある。

「おやおや、ちっちゃな狐、ははァん、これがお子たちだな、いいお毛並みですね、つやつやとしてお手入れがいいんでしょう」

いかにもそんな長い髪の毛の娘が、狐のメークでつぎつぎとやってくる。

「奥で唸っているかた、どなた?……あ、はア、お母さんがきのう人間に化かされた……わかった、了解、どうもすみません。化かした人間てなア、このあたくし」

子狐が奥に伝えにいった。

「お母ちゃん、化かした人間てェのが来たよ」

「あらまあ、よくここまでつきとめて来やがった、人間なんてェのは執念深いものだねェ」

述懐まじりの母狐のひとりごとが楽しい。

「人間なんて……そらぞらしいもんだねェ」

行列の一同は年明けの零時五十分より神楽殿で「お祓い」を受け、「きつね囃子」に送られて散会する。小田原提灯の黄色い明かりが点々とつづいて遠去かる。遠くでチロチロ燃える狐火と見えなくもない。

Ⅲ

凧合戦

新潟県白根

「凧合戦」というから凧の上げっこをして、高さを競うのかと思っていたが、そうではなかった。川の両側から大凧を上げ、空中で絡ませて川に落とし、つぎには凧綱が切れるまで引き合うという。相手の綱を切ったほうが勝ち。何組もが何日にもわたり、いくつもの凧で競い合って、期間中の通算成績で順位が決まる——。

子供のときに遊んだ凧上げとはちがうらしい。そもそも凧の大きさが大ちがいだ。白根《しろね》の場合は、一つがタタミ二十四畳の大きさ。途方もないスケールである。はたしてそんなに大きな凧が空に舞い上がるものなのか。

「空中で絡ませる」というのがまたよくわからない。幼いときの経験で知っているが、凧上げの秘訣は風の向きをきちんと読むこと。風向きにあわせて凧糸をあやつり、風に乗せて高くとばす。風はたいてい一定の方向に吹いているから、二人が並んで凧上げをすると、凧糸はほぼ平行してのび、通常は絡まない。上空の風が渦巻いていて、凧が巻きこまれたりすると絡みつく。とたんに二つの凧はバランスを失って落下した。そのあとはきまって、「おまえが悪い」「いや、おまえだ」とケンカになった。

川の両側から大凧を上げると、それぞれが川の上空を舞っているだけで近づかないのではあるまいか。絡ませるためには両者が凧糸にあたるものを操作して、わざと近づけ、さらに一方がもう一方に落ちかかるようにしなければならない。タタミ二十四畳もあるような大凧を、そんなに簡単に空中で動かしたりできるものなのか。

それにまた、どうして「川の両側」なのだろう？　堤防の上で凧上げをするわけだ。橋に立つとわかるが、たしかに川の上空は風が強い。だが二つの凧を絡ませて川に落とすためには、風が川に沿った方向に吹いていなくてはならない。川と対角の風向きだと、凧はどんどん川から離れてしまって川に落とすことができない。せっかく大凧を用意しても、つごうよく風が吹いてくれるとはかぎらず、まさしく土堤の柳は風まかせであって、空しく風待ちをすることにならないか。

疑問が雲のようにわいてくる。ともあれ白根の凧合戦は三百年もの歴史をもつというから、きっと凧上げにぴったりの風土をそなえているのだろう。百聞は一見にしかず、土堤の柳のお仲間に入って大凧の舞うのを待つとしよう。

信濃川が越後平野をふちどるように東へ走っている。新幹線の燕三条駅の辺りから北上して新潟の河口へと向かうわけだが、支流の一つを中ノ口川といって、燕三条近くから信濃川と並走するかたちで流れ、河口の手前で信濃川と合流している。

凧合戦の舞台となるのは中ノ口川の堤である。東岸が白根市、西岸が味方村《あじかた》。ともに肥沃な越後平野にあって水に恵まれ、米や果実がゆたかにみのる。

手元の地図ではたしかにそのとおりだが、近年、大きくさま変わりした。白根市も味方村も新潟市に呑みこまれたぐあいで、この辺り一帯は新潟市南区という味けない名称を名のっている。もともとは川をはさむ米どころが、わざとハデやかさを競い合ったにちがいない。土地の名誉と誇りがかかっていた。ともに同じ南区の住民同士となると、凧はともかく、意気が上がらないのではなかろうか。

由来によると江戸の半ばごろ、中ノ口川の堤防の改修工事終了を祝って藩主より白根村に凧をたまわった。その凧を上げたところ、川向こうに落ちて農作物を荒らしたので、川向こうが対抗して凧をとばし白根側にたたきつけた。これが凧合戦の始まり。

廃線になってしまったので現在は見られないが、以前は中ノ口川沿いに新潟電鉄が走っていた。燕駅が始発で、月潟、白根、味方、黒埼と川沿いに走り、新潟市中と結んでいた。これに対して信越本線は信濃川をこえたずっと東を走り、新潟、新津、加茂、三条とつづく。あきらかに中ノ口川沿いには、信濃川沿いとはちがった歴史と文化がはぐくまれてきた。信濃川組が新興勢力とすると、中ノ口川組は旧派であって、むしろこちらが当地の本家にあたる。凧合戦は、太い屋台骨に支えられた本家ならではの大人の遊びだったのではあるまいか。

旧新潟電鉄味方駅は中ノ口川のすぐわきにあった。現在は線路も駅舎もなくバスの停留所があるだけだが、そこから百メートルばかり北へ行くと「笹川邸」といって、かつての大庄屋の屋敷が残っている。教育委員会の管理になり、一般公開されていて、タバコ代程度の入場料で、つかのまの大庄屋さまになれる。

「当家は近世幕政期の在郷支配の役所機構としての遺構を残し、併せて旧地主の生活を示すものとして国の重要文化財に指定されています」

説明板ではわかりにくいが、地主が土地の行政官を兼ねていて、屋敷が役所でもあった、ということだろう。敷地三千坪、周囲に堀と土手をめぐらし、ちょっとした城郭のつくりである。

表門を入ると広い前庭、前方に雄大な大屋根をいただく主屋。三つの入口をそなえ、用向きに応じて使い分けたと思われる。藩主が来るときは正面玄関、行政の用は右手の土間といったぐあいだ。役所機構は主屋のうちの「表向き」、住居部分は「奥向き」とよばれ、裏手に堂々とした十棟の建物がつらなっている。

当地は代々村上藩の支配になり、味方組が大庄屋をつとめていた。白根、味方、坂井、木場など八ヵ村に庄屋がおかれ、それをたばねるのが大庄屋の笹川家。旧味方村の格の高さがわかるのだ。

その大庄屋邸に近いのが味方橋、一つ下って白根橋、そのつぎが凧見橋。大凧合戦は凧見橋と白根橋のあいだで演じられる。凧見橋で風向きをたしかめ、橋のたもとが「凧立ち上がり場」、白根橋の手前が「凧おろし場」、中ノ口川の川幅は約八十メートル。越後の川のならいで水量たっぷり。

祭りの期間は六月前半の五日間。三十年ばかり前から大会の前日が「子ども大凧合戦」にあてられている。子ども用とあなどってはいけない。凧の大きさが二間×九尺、畳六枚分はある。二間×九尺が凧合戦の始まりのころの大きさだったというから、由緒あるサイズなのだ。

絵柄は古くから町内ごとに決まっていて、東軍側の一の町は大高源吾、旭町は木曾義仲、東町は森の石松といったぐあいで、いずれも極彩色で武者絵のような勇ましい顔を描いている。ほかに魚町はまっ赤な鯛、華麗な蝶のデザインもある。はじめはごく素朴な絵柄だったのが、年ごとに工夫され、美しく勇ましく意匠化されていったのだろう。全体としては東西でゆるやかなコンビのつくりになっており、東軍の牛若丸に対しては西軍の弁慶、森の石松には一心太助というぐあいだ。蝶のデザインに一方は「本」の字、もう一方は「中」と太い文字があしらってある。月潟子ども会の絵柄は角兵衛獅子。これも由来があってのこと。江戸のいつごろか月潟村の角兵衛という者が、子どもに獅子舞をさせる芸能を考案して全国にひろめた。

子ども用の小型とはいえ、六畳間が空中に上がるわけだ。野球帽にハッピ、ジーンズにウォーキングシューズの小学生、中学生が畳をかついできた。ベテランのおじさんたちにおそわって、自分たちで作った。子ども大凧合戦は後継者育成の意味も兼ねている。ルールも大人と同じで、絡ませて川へ落とす。凧綱は直径八ミリのクレモナロープ。凧全体に無数の引き綱がつき、それが中途で

合わさって一本になる。

花火がドンと鳴って、チームの面々がいっせいに駆け出した。綱がピンとのび、ついで勢いよく牛若丸が空中に飛び立った。風を受けてイヤイヤをするように左右に動いてから、風にのったようでピタリと一点にとまった。

凧の上げ方にもルールがあって、先に東軍がとばし、高くしないで低空で待っている。つぎに西軍がとばして、こちらは高く上げ、つづいて上から落下させる。凧が交差して、まっ逆さまに川へ落ちると、川の流れを利用して綱を強く絡め合わせる。そうでないと綱引きにならない。

水中で絡ませるためには、水流と逆向きに引くのがいい。中ノ口川は南から新潟方面へ北流する。となれば風は北から吹き上げるのが望ましい。六月前半というのは越後一帯に北風の吹きつのる時節だ。おりしも田植えが終わって、ひと息ついたころ。

風の神の気分しだいなので、風向きよしとなると、チームがつぎつぎと凧を上げ、空中にいくつもが舞っていて壮観だ。たとえ六畳の大きさでも、大空に上がると小さな凧に見えて、幼いころの凧上げ風景とかわらない。無数の引き綱がハンドルの役まわりで、リーダーが熟練すると上下左右、自由自在に動かせるという。子どもたちには舞い上がっているのがうれしいので、いっこうに絡みに入らない。色あざやかな武者たちが、大空でめいめいミエをきって浮かんでいる。

幸田露伴が「日本の遊戯上の飛空の器」と題して凧のことを考證している。露伴は「紙鳶」と書いているが、いつのころ作り出されたのか、古書にあたってもわからない。十世紀末の「和名抄」に、紙でもって「鵄形《とび》」につくり、風に乗せて飛ばすのを紙鳶というとあって、これが最古の記述という。タコは漢音の読みだから、中国より伝来したことはあきらかだ。

では、中国ではいつごろできたのか？　こちらもたしかなことはわからないが、十世紀半ばの史書に、宮中の遊びで凧をとばしたとあるから、それ以前よりあったのだろう。六世紀半ばの記録に、軍が包囲され、凧を「通信飛機の具」としたとある。はじまりは遊びではなく実用具だったようだ。子どもの遊びの道具なら「史籍に上《のぼ》る」ことはない。

江戸以来、雑書に散見する凧の別名をあげると、鳶のぼり、いかのぼり、たこのぼり、奴ばた、てんじんばた……。幟《のぼり》といい旗といい、軍具であって、そういえば滝沢馬琴の小説に、源為朝が凧でもって子どもを島の外に出すシーンがある。

露伴によると、中国には「紙鳶」をヒントにして木製飛行機を作った者がいた。飛行機の元祖である。三年がかりで完成したが、どうしても風に乗らなかったそうだ。

いよいよ本番の大凧合戦。なるほど巨大な凧であって、縦七メートル、横五メートル、和紙を三百二十四枚張り合わせる。重さ五十キロ、子ども用とちがい凧綱も太くて、直径二・五センチ、長さ百三十メートル。三十人から四十人がかりで空中に舞い上げる。

堤防に綱がのび、ほどのいい間隔をとってチームの面々が待機している。まず大凧がゆっくりと立ち上がり「用意！」の合図。リーダーの号令がかかって、引き手がいっせいに走り出す。ピンと綱がのび、タタミ二十四畳がグングン空に舞い上がる。

一定の高さにとどめておくのが難しい。「はなお」とよばれる凧についたワラ縄が四十二本あって、引いたりゆるめたり、その操作が凧名人の腕の振るいどころだ。みた目にはのんびり浮かんでいるようだが、攻めかかるチャンスを虎視眈々と狙っていて、ここぞのときに上からまっ逆さまに舞い落とす。絡み合ったところは、たしかに相撲でいう「四つ」に組んだのとそっくり。つづいて両者がもみ合ったまま落下して水煙があがった。

引き合いは川と対角になる。一目散にチームの面々が駆けつけて、堤防の下までハッピの勢揃いだ。「エイサ、エイサ」の掛け声で引き合っている。「はなお」は入念に結んであるが、やがて一方が切れ、パッと水面にはね上がり、とたんに切ったほうの大歓声。

飛行から絡みにあたってもこまかいルールがあって得点されるそうだが、決め手はやはり引き合いである。戦前のある年、鯛組と謙信組とがえんえんと引き合い、四時間たっても勝負がつかず、ついに引き分けになったという。両チームともさぞかし疲れたことだろう。

平成六年(一九九四)、旧白根市の肝煎りで「しろね大凧と歴史の館」が誕生した。ホールにあたる大凧広場には天井高く実物が何点もつるしてある。床に置いて絵付けの実演もあって、身近に見る凧の大きさに仰天した。竹骨の組み立てと糸しばり。和紙の張り方、絵柄の配色と色の工夫。合戦仕立ての大人の遊びが、さまざまな技術の伝承と結びついていることがよくわかる。

風洞実験室があって、人工の風のもとに凧上げができる。凧は空気より重いものを飛行させる実験でもあり、そこからグライダーが生まれ、ライト兄弟の初飛行ともつながっている。凧の科学のための実験室だが、雲を描いた壁の前で凧上げをしていると、おとうさんの血がはやるらしい。子どもから糸をもぎ取ると、何やらしきりに講釈しながら操作している。科学する心よりも思い出の心的で、そのうち四角な凧が宙返りして、勢いよく頭から落下した。

鬼退治

新潟県赤泊

佐渡はゆたかな島である。まず米がよくとれる。江戸のころは佐渡国二十万石。現在は二十七万石にあまり、島で消費する米の三倍の収穫をあげ、余り米は島外へ出荷している。

国分寺跡のあたりの高台から眺めるとわかるが、国中平野はずいぶん広いのだ。国府川、その支流の竹田川がうねうねとのび、夕もやが立ちこめたころなど、奈良・飛鳥路の風景とそっくりである。

島自体は、この平野部が左と右に二つの半島をつなぎとめた形をしている。左の山並みが大佐渡山地、右のモッコリとつづくところが小佐渡丘陵。ともにどっさり木材と山の幸を供してくれる。

年平均の気温が十二・九度。冬のあいだ、海峡をへだてた越後では数メートルもの雪なのに、佐渡では多いところで積雪が三十センチをこえない。大佐渡の山並みがシベリアからの風を防ぐ屏風の役目を果たしている。そのうえ対馬暖流につつまれており、リンゴとミカンが一ヵ所で実る。柿、タケノコ、野菜、すべて自前でいける。佐渡の人にいわせると、「レンコン以外」は何だってとれる。

二つの半島がくっついたスタイルなので、海沿いのへこんだところはすべて港である。対馬暖流は魚の宝庫だし、岩場では海藻、サザエ、アワビなどがつかみ取り。

知られるとおり、かつて佐渡は金山で知られた。鉱夫とともに、石工、鍛冶屋、たたら師、たがね師など、当時のハイテク集団がやってきた。小佐渡の南端、小木港は北前船の基地であって、船乗りや船持ちが住みついた。おのずと船大工、うるし職人、ろくろ師、飾り職、桶屋……船造りに欠かせない技術屋がやってきた。

金廻りのいい土地を、商人が見逃すはずがない。呉服屋、小間物屋、髪結い、酒屋、菓子屋、薬屋、提灯屋……。今風にいえば、ブランド物、ブティックの店、美容院、バー、ケーキ屋といったところ。となれば三味線をかかえて音曲師がやってくる。講釈師、能楽師、画工、遊行僧。島の賑わいが目に浮かぶのではあるまいか。

さらに遠い昔から、佐渡は配流の島であって、順徳上皇、冷泉為兼、日野資朝《すけとも》、世阿弥、日蓮さん……。いずれにしても、おつきの面々が従っていた。当代より抜きの文化人、宗教家たちである。それが当地に、およそ類をみない文化を根づかせた。佐渡奉行大久保長安はもともと猿楽師であって、多くの能役者をつれてきた。日本広しといえども、能舞台が今も四十以上あるところは、どこにもないだろう。

そんなゆたかな土地柄のせいか、暮らしのおりふしに、ちょっとした行事がともなっている。仕事には慰安がつきもの、たのしみの場がなくてはならない。地区の掲示板に月々の予定がしるしてある。

十一日　船祝い、船魂さん
十八日　秋葉さん
二八日　お不動さん

それぞれにカッコして、ノリツミ、ヤリイカ、シマヘギなどとあるのは、行事が日常の仕事と結びついているせいにちがいない。催し事が主で、仕事はカッコつきの従というもの。

秋の行事にある「ちとちんとん」とは何か？　船の安全祈願で、船玉明神に捧げる踊り。「ちとちんとん」は金精棒のこと。ヒョットコのお面をつけ、巨大なペニスをつけた人が拝殿の前で跳びはねる。

同じ佐渡の祭礼でも、地区によってよび方がちがうようで、小木の「ちとちんとん」が、お隣りの羽茂《はもち》では、「つぶろさし」。木製の男根をもった男神と、ササラ（さすり）をする女神とが登場して、笛や太鼓、鉦に合わせてエロティックな踊りを披露する。「ぜに太鼓」という女神が一枚加わるそうだから、劇仕立ての風流につくられているようだ。

佐渡の郷土史家として知られた山本修之助氏の著書に「佐渡芸能暦抄」が掲げてある。おしりに「抄」とあるのは、とても全部を収めきれないからだろう。有名な佐渡おけさにはじまって、相川音頭、両津甚句、文弥節。土地ごとに独特の節とメロディーをやしなってきた。歌い上手や舞い上手が生まれるはずだ。そして芸能暦にはきまって「鬼太鼓」がついている。島内各所で演じられてきた。佐渡では「オンデイゴ」といって、祭りの獅子舞の一種、鬼退治の踊りでもって悪を払い、豊年を祈る。

旧佐渡郡赤泊村。現在は佐渡郡下七町二村が、そっくり佐渡市になっている。まがりなりにも一国一城の主だった町や村が、えたいの知れぬ「市」の傘下にくみこまれ、その他大勢のチンピラに下落した気がしないでもない。

それはともかくとして、春の到来とともに赤泊の集落を獅子舞が廻っていく。頭は一つだが胴は六人がかり、六つコブラクダがせわしなく首を振り立てながら、通りを練り歩く。

鬼太鼓にも二種あって、一つは相川系、もう一つは国仲系というそうだ。赤泊のものは国仲系とか。まず大太鼓を二人でかつぎ、うしろから一人が打っている。その前で赤鬼、黒鬼の面をかぶった二人が両手に小さな撥をもち、跳びはねながら、おりおり太鼓をひっぱたく。

そのうち太鼓が早打ちになり、左右から二匹の獅子がとび出してきて鬼にとびかかる。鬼は獅子を払いのけながら、スキあらば太鼓にとびつき、打ちかかる。鬼と獅子との闘いが踊りになってい

て、太鼓のほかに楽器はなく、唄もない。ふつう獅子舞はゆっくりしたテンポの笛と太鼓によるものだが、佐渡の場合は緊迫した格闘ゲームの様相を呈している。鬼と獅子の激しい息づかいまでもが伝わってくる。

赤泊はその名のとおり、古くからの港である。上浦、野浦と海づたいに進むと小木、隣り合って宿根木《しゅくねぎ》。廻船問屋が豪邸をかまえていたところだ。いまも由緒ある屋敷が残っている。

小木の木崎神社八月の祭礼に「小獅子舞」が演じられる。ルーツはわからないが、赤泊の鬼太鼓にも小獅子舞があって、場所もよし、浜手、それも波打ちぎわで演じられていた。

いかにも小獅子であって、小さな獅子頭を頭にのせ、あざやかな鶴の模様入りの布をまとっている。足元は脚絆と白足袋にワラジばき。同じ獅子だが、頭に剣をつけたのと、枝つきの角のあるのもいて、よく見ると、鶴の模様の下に波が盛り上がり、そこに亀がいる。鶴や亀や鹿にまつらう縁起をふまえていることが見てとれる。

そこに白鉢巻に白いたすきを十字にかけた剣士がとび出してきて、切ってかかった。左や右に跳びはねる小獅子を、これに合わせて、白刃をきらめかせて追いかける。世話人衆の太鼓と笛と唄と、それに打ち返す波と海のとどろき。まるで幻を見るような眺めだった。

色とりどりのヤッケを着た人が腕組みして見つめている。幼い者たちにも出番があって、文字どおりの小獅子を頭にのせた子供たちが、たがいにケイタイで写真をとりっこしている。

とびきり古い獅子頭で、とっくに引退したのが拝殿の上り口に飾られていた。丸い大きな鼻、コブコブの頬、力強いアゴ、歯並みがたくましい。獅子であって、同時に原日本人を写したものではあるまいか。強さと愛敬がまざり合っていて、むかしは集落に一人は、こんな顔つきの年寄りがいたものだ。

この夜は小木の民宿に泊った。以前、いちどお世話になったことがあって、顔なじみの気やすさ。風呂から出るなり、さっそくご主人と酒盛りになった。そこへ来あわせた人がいる。オートバイが止まる音がして、小肥りの人が玄関を入るなり、「あー、忙しい。あー、忙しい」と呟きながら用向きを説明した。新潟に本店のある銀行が小木支店の閉鎖をいってきたので、存続請願の署名を集めている。

またもや「あー、忙しい。あー、忙しい」といいながら、居間に上がりこみ、「オートバイじゃケー」と断ってから、大きなグイ飲みをうまそうに呑みほした。

「銀行がないと困るでしょう?」

それとなくおたずねすると、たしかに困ることは困るが、「銀行さん」もラクじゃないだろうから、どうしても閉鎖となれば、そのときはまたそのときに考えることにして、さしあたりは存続をたのんでおかねば、とのこと。

わりと余裕のある話しぶりで、地方銀行の財務にも理解がある。なにしろ米にしろ、魚にしろ、木材にしろ、島で消費する何倍か収穫できる。レンコンだけはできないそうだから、それはよそからもらうとして、あとは十分に自活できるのだ。なにも東京の政府や新潟金融界の顔色をうかがわずともいいのではなかろうか。

小肥りの人によると、食糧問題を専門にするグループが、佐渡を独立国にしようという運動を起こしたことがある。ヨーロッパには、リヒテンシュタインやモナコといったミニ国家がある。ピレネー山地の「アンドラ国」は面積四六八平方キロ、人口七万たらず。独立国として、ちゃんと国連にも加盟している。自前の憲法と法律をもち、二十四人の評議員から成る評議会が議決をする。評議会で選ばれた代表が二人、首相と大統領にあたる。大きさといい、人口といい、これが参考にならないか——。

その夜、波の音を聞きながら独立国の夢を見た。オンデイゴのひびくなか、大鬼と小鬼たちが白い砂浜で音もなく跳びはねていた。

明神の申し子　富山県砺波

富山県の砺波《となみ》平野は「散居村《さんきょそん》」で知られている。ふつう農村は農家がひとかたまりになって集落をつくっているものだが、砺波平野では水田のなかに点々と散らばっている。散居して村をつくっている。

一戸の敷地がほぼ六〇〇坪。西と南と北に屋敷林があって、三方から母屋を囲むかたち。「カイニョ」とよばれる小さな森は、北陸地方を襲うフェーン現象に対抗したものだそうだ。風よけ、並びに火災よけ。火事があって火の粉が飛んできても、つねにこの三方向にかぎられて、屋敷の手前で防ぎとめる。

庄川と小矢部川が、永い歳月をかけてつくった沖積地であって、飛驒高地を削りとり、その土砂を運んできた。水はけがよくて、地下水がたっぷりある。おのずと水田率日本一の穀倉地帯をつくりあげた。

奈良・正倉院に残されている当時の地図には、東大寺が越中・越前・近江の国に持っていた荘園がしるされている。この一つ「越中国礪波郡伊加流伎野《いかるぎの》」の開田地図は天平宝字三年（七五九）の年号が入っていて、開墾された田が一〇〇町歩（約一〇〇ヘクタール）とある。それが現在の砺波平野のどの辺りなのか、諸説があってはっきりしないが、そのころすでに人が入り、土地を耕していたことがみてとれる。

地図には「利波臣志留志《となみのおみしるし》」が署名している。この者は去る十二年前の天平十九年（七四七）、米三〇〇〇碩《せき》を大仏殿に寄進し、従五位に任じられたという。すでにそのような豪族がいたわけだ。ただいかなる一族かは不明で、そのころ国司であった大伴家持とのつながりもわからない。万葉集にも出てこない。謎の人物とされている。

二つの川がつくった扇状地なので、砺波平野は逆三角形を二つ並べた形をしている。右の三角の中心地が砺波市、その中心が出町《でまち》。

豊かな農村をまわりにもち、米以外にも四季おりおりの産物が集まってくる。出町は市場町として栄えたところで、江戸のころは加賀藩の砺波奉行所、御蔵が置かれ、当地の行財政をつかさどっていた。その藩政時代に生まれたのが、子供歌舞伎曳山。出町神明社春の例祭を飾る催しだ。金色に輝く曳山車を舞台に、子供たちがよく知られた歌舞伎を演じる。

「本番目前、表情きりり」

地元の新聞の砺波版が練習風景を伝えていた。春季祭は四月十六・十七日。出演の決まった子供たちが二月から稽古をかさねてきた。出町は中町、西町、東町から成り、持ち廻りで曳山を出す。二百年以上も前から当番制ができていた。子供歌舞伎の出し物は「鎌倉三代記」より「三浦別れの段」。小学校の四年、五年、六年生が計七人。公民館で練習のもようが写真つきでのっていた。ベテランのおじさんが身ぶり手ぶりまじえて指導している。かつて幼いころ、ご自分も出演なさった身ではあるまいか。

「もっと力をこめて」

セリフを何度もくり返す。新聞の見出しにあるとおり、少年や少女がいかにも「表情きりり」で写っていた。

曳山車そのものが舞台のつくりで、うしろに御簾《みす》があり、そこに「謦曲」の金文字がついている。お囃子方のいるところ。出演の七人を見ておどろいた。さながら菊五郎や吉右衛門である。団十郎もいれば、玉三郎もいる。左団次や三津五郎といったシブい脇役も欠けていない。ただからだの寸法が何割がた縮小しただけ。

「鎌倉三代記」は通称鎌三《かまさん》といって、真田幸村らをモデルにしたもの、豊臣方が徳川家康の暗殺を企てる。ただし、時代が鎌倉に置き換えてあって、人物もまたとっかえてある。

徳川家康は北条時政
豊臣秀頼は源頼家
淀君は宇治の方
真田幸村は佐々木高綱
木村重成は三浦之助
後藤基次は和田兵衛
千姫は時姫

七人それぞれ特徴があり、おおよそ役柄さえのみこんでいれば、ひと目で誰と見てとれる。なるほど、子供歌舞伎に打ってつけである。歌舞伎の出し物におなじみだが、ストーリーはおそろしく入りくんでいる。そのせいか演じられるのはおおかた「三浦の別れ」と「高綱物語」。

子供歌舞伎とはいえ、衣装、メーキャップ、演じるしぐさ、セリフすべて本来の演出どおり。大坂落城の迫ったところで、三浦之助は手負いの身で戦場から引き返し、母と最後の対面をしようとする。時姫が看病している。気丈な母は会おうとせず、息子を逆に叱りつける。三浦之助は再び出陣を覚悟する。時姫がとめて、行きつもどりつ――。

ベテランおじさんにどのようなコーチを受けたのか、十歳前後のミニ役者があざやかに演じていく。ホンモノ歌舞伎のイヤホーンガイドは三浦之助と時姫の行きつもどりつを、「死を前にした男

女の悲痛な思いの場」などと解説するのではあるまいか。それを明神の申し子たちが思い入れたっぷりにやってのける。

「みじかい夏の夜の一夜、忠義の欠けることもあるまいし」

古来名セリフとしておなじみだ。力をこめて、しかし声高に叫ばず、一語一語かみしめるような語り口、ボーイソプラノが口にすると、えもいわれぬ雰囲気をおびて聞こえてくる。

病いの母、あえてその母を見捨てていく子の気持ち。わざと時姫に目もくれない。

「思いやってもくれもせじ」

砺波の小型玉三郎が肩を落として嘆き悲しむ。

以上が前半、後半はガラリと変わって、所作の多い流れであって、この点でも子供用にぴったりだろう。雑兵に身をやつした高綱が時姫をくどくしぐさ。時姫は剣を抜いて追い払う。時政か頼家かの選択をせまられた時姫の苦しみ。宇治の方、和田兵衛などもかかわって、最期は美しく高綱があらわれ、だましだまされの末のどんでん返し。

曳山車のまっ赤な手すりが舞台の袖にあたる。山車はもともとお囃子方をのせるつくりなので、たしかにそのまま芝居の場に収まるものだ。市場町の豊かな財力があつらえたにちがいない。カツラ、武具甲冑、髪飾り、男女の衣装、錦の垂れ幕……歌舞伎座の裏方がそっくり引っ越してきたぐあいだ。

高綱が豪快に演じてみせる「地獄の上の一足飛び」は「鎌倉三代記」きっての見せ場だが、それをしぐさだけでわからせるのだもの、つくづくと町衆に伝えられてきた芸の力を思い知らされた。しめくくりは七人揃いのシメの口上。宇治の方こと淀君は堂々としていて、時姫こと千姫は可憐で、三浦之助こと重成は凜々しい。子供をバカにしてはいけない。役柄になりきるという能力においては、はるかに大人に勝っている。

砺波平野は散居村とともにチューリップの球根栽培で知られている。チューリップは我がままな植物であって、水はけのよい土地を好む一方で、大量の水を必要とする。「水食い」の性質をもっている。その点、沖積してできた扇状地は、とどこおりなく条件をみたしている。きっと知恵者がいて、風土の特性に目をつけ、チューリップの本場オランダで学んできたのだろう。たちまち全国一の産出高を誇るまでになった。

そのことは知っていたが、実はもう一つ、当地ならではの利点があった。フェーン現象は冬場に大量の雪をもたらす。砺波は新潟と並ぶ名うての豪雪地帯だが、これがチューリップには、またとない条件になる。雪が地面と接するところは、ほぼ零度に保たれたまま冬を越す。その間、球根は寒さの害を受けずに春を待つことができるのだ。冬の水田は通常は用なしだが、チューリップ栽培は水田の裏作としておあつらえ向きであり、しかも雪の保存装置という強力な助っ人がいる。

「貯蓄高日本一！」

元農協・現ＪＡのガラス戸にカラフルなポスターが貼ってあった。一人あたりの貯蓄高なのか、一戸あたりなのか、支店あたりなのかは不明だが、屋敷林をもつ六〇〇坪の民家の里にふさわしいフレーズである。

ちょうどお昼どきで、ＪＡの制服を着た男女四人がつれだって出てきた。花の植わった通りをブラリブラリと歩いていく。貯蓄高が日本一だと歩き方にもよゆうが生まれるようで、大東京のお昼のようにせかせかしていない。地味な制服がけっこうハナやいで見え、富山弁のおしゃべりが芝居のセリフまわしのように聞こえてくる。

道路沿いに水路が走っていて、澄んだ水が盛り上がって流れていく。砺波平野の背後には屏風のようにつらなる山々があり、春から夏は雪解け水がドッと押し寄せる。

「ラセン水車」といったと思うが、たしか砺波の人が考案した。ラセン式の小型水車で、持ち運びができて、五十センチほどの落差でもちゃんと廻る。たくましく走る水をながめていた人が思いついた発明だろう。脱穀や芋洗いなどに盛んに使われた。

石油や電力の登場とともに姿を消したが、もしかするとエコロジー時代に、装いをあらためて再登場するのではあるまいか。そのせつには子供歌舞伎と同様に、オトナ顔負けの働きを示すにちがいない。

花馬の里　長野県田立

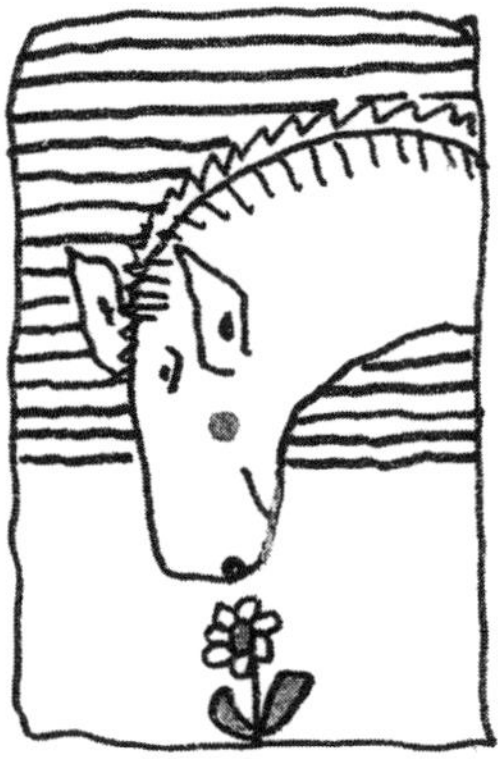

競馬でおなじみのサラブレッドではない。かつて、わが国固有の馬が各地にいた。「木曾駒」とよばれた馬もその一つで、木曾谷一帯で飼われていた。ひところは三千頭、あるいは五千頭に及んだという。背丈が低く、おとなしく、粗食に堪えて、いたって働きもの。

戦後、純血種が急速に少なくなって、昭和四十年代には数十頭を数えるだけになった。やがて最後の一頭「第三春山号」とともに種が絶えた。

長野県開田《かいだ》村（現・木曽町）の郷土館に剥製が残されていて、姿かたちはわかる。脚が太く、胴長で、顔がやや丸みをおびている。馬体としてはサラブレッド種よりも、ずっと小さい。何よりも全体の印象がまるきりちがう。サラブレッドは、いかにも競走用につくられていて猛々しいが、木曾駒はやさしげで、どこか愛嬌がある。その特徴は馬にかぎらず、ヤマネコやニホンカワウソやミシマウシなど、かつてこの国の山河を支えていた生き物たちと同じである。そのやさしさと愛嬌のゆえに滅びていった。

明治の初めに来日して『日本奥地紀行』を書いたイギリス人女性イザベラ・バードは、主に馬で旅をした。東京から北へ北へと向かい北海道へ渡った。そのときの馬のことが、あちこちに出てくる。絵もついていて、木曾駒そっくりの小型・胴長・愛嬌スタイルである。

「おとなしい動物である。臀部が弱く、頭部は毛深いたてがみと前髪で、ほとんど隠れるほどである」

バード女史はきっと、乗馬や狩猟やクリケット用に仕立てられ、尻がグイと上がった英国馬に慣れていたのだ。胴長・短足の馬に乗ると、うしろにそり返るぐあいになり、坂をのぼりかけると落馬して泥田にとびこんだりした。なかには乱暴者の馬がいて、乗ろうとすると後脚で蹴りかかる。鼻にハエがとまっただけで「後ろの蹄で追い払おうとしてはね廻り」、背にのせたすべてを振り落としてしまった。

中央本線田立《ただち》駅前に木曾駒の末裔《まつえい》三頭が待機していた。中津川のやや北、長野県の西南端、岐阜県境に近いあたり。

現在は南木曽《なぎそ》町だが、これは昭和三十六年（一九六一）、田立、読書《よみかき》、吾妻の三村が合併してできた町。それにしても「読書村」があったとは、ほほえましい。ヨミカキに「読書」の字をあてただけかもしれないが、出身者は誇らかに村の名前を口にしたのではなかろうか。

幟がハタめいている。墨の太い字で「田立五宮《いつみや》花馬祭」とあって、白い羽織はかまに白い鉢巻をした人が、幟を高々とかかげている。

馬の鞍につけた「花」は、竹ひごに色紙をいろいろとはりつけたもの。総数三六五本、ちょうど一年をあらわしている。馬の背に目もあざやかな大輪の花が咲いた。

三頭はそれぞれ先頭馬、中馬、後馬とよばれ、花に加えて先頭馬にはヒモロギの枝、これは神が宿るところ。中馬には豊年をあらわす菊、後馬には日月の小さな幟がつけてある。

当地の旧家につたわる文書によると、「享保二、トリ、此年南宮 産神《うぶすながみ》 花馬始テ執行」とあって、享保二年（一七一七）の酉年に、田立の花馬祭が始まったことがわかる。当時は主だった五つの地区に南宮《なんぐう》社、大平《おおひら》社、八幡社などがあった。明治の合祀で一つにまとめられ五宮神社になった。

べつの古文書には、宝暦十二年（一七六二）、木曾一円が大日照りにみまわれたとき、四月から五月にかけてさまざまな雨乞い行事がいとなまれたが、その際に、十二頭の花馬が村内を練りまわったという。

五宮神社になってから、馬は三頭、時節は十月、馬につける花のかたちも定められた。もともと花は稲穂をかたどっていて和紙でつくった。いまも紙すきの作業所をもつ「和紙の家」があって、田立は古くは和紙の生産で知られていた。

木曾駒保存会の手で「第三春山号」の血をひく馬が飼育されていると聞いていたが、それが花馬のお役をつとめているのかもしれない。小柄な体軀に、あざやかな金色のつづれ織をつけ、前髪はレースでつつむようにして結んである。手づなをとるのは緑のハッピに鉢巻の二人組。馬もハレの日の大役をよく心得ているらしく、いつも神妙な面もちで控えている。

五宮神社の大幟につづいて、青、黄、赤、白、黒の五色の幟が動き出した。色それぞれが明るい空、ゆたかに実った五穀、太陽、澄んだ水、肥沃な土地をあらわしている。澄んだ大気に似合いの色を選んだらこの五色になったまでで、意味はそのあとから加わったのかもしれない。

笛の音がピーと高く吹きわたり、太鼓がトントコと鳴って行列がゆっくりと進み出した。ハッピ姿の男の子や女の子、親に抱かれた坊やがお馬のお尻をなでながらついていく。アスファルト道に蹄がポクポクとひびいて、なんとものどかである。

一時間あまりかけて、つぎつぎと集落を縫っていく。よく知られた祭りなのに、人出はチラホラ。あとでわかった。皆さんのおめあてはお練りではない。行列が神社に着いてから、とっておきのたのしみがある。

五色の幟と、青いハッピと、色とりどりの大輪の花。杉林のうしろに、なだらかな山並み。道端に点々と彼岸花。かつてわが国のいたるところで見かけた風景ではあるまいか。なにやら、どこか遠いところへの郷愁のようなものに誘われる。

集落に入ると、家ごとに生け垣のようにして茶の木が植えられていて、青々と繁っている。茶つみは五月末で、薫り高くて甘みのある田立茶の銘柄は「木曾路のかおり」。手漉き和紙とお茶、さらに初めて知ったのだが、田立は錦鯉の逸品を生み出したことで、その筋でよく知られているそうだ。新種が誕生すると命名の儀式があって、田立産は「昭和三色《さんけ》」。町を流れる大滝川の上流には畳々と岩がかさなりあって、いくつもの滝が落下している。主瀑を「天河滝《てんが》」といって、高さ九十六メートル。ながらく神域として雨乞い以外は決して人が入らなかった。その水が流れくだって昭和の天魚をやしなっている。

大幟が白砂の境内に入っていく。神主と氏子総代と舞子がお出迎え。ふつうはそのまま神殿に向かうところだが、石の鳥居を起点にして、ゆっくりと境内を廻りはじめた。ぐるりにギッシリと人がつめかけ、大きな輪をつくって見守っている。笛と太鼓が、こころもちテンポを速め、音色と響きが高まって、緊張を高めていく。

三周を廻り終わり、お囃子がピタリとやんだ。とたんに人の輪がくずれ、人々がまっしぐらに駆け寄ってくる。馬ごとに三つの輪をつくって花取り合戦。数本をつかみ、引き抜いて、高々と差し上げればいい。それで所有権が定まって、これに手を出すのはルール違反だ。馬方が馬の両目をふさぐようにしてかかえている。はたして馬たちは何を思っていることやら。背の花が抜きとられ、しだいに軽くなっていく。叫びにつつまれながら、じっと顔をうつ向けにして微動だにしない。

花馬の花を家の戸口をさすと、疫病神が入ってこない。田の畦にさすと虫除けになる。とりわけ先頭馬の背の小枝が幸運を恵むとあって、十数人がぶつかり合って殺到した。足をもつれさせ、すっころぶお父さんもいる。おだやかな山並みと白砂のなかに、ときならぬ争奪戦が演じられた。

大きな花があとかたもなくなって、馬の背が何やらさみしげだ。親子づれが戦果を語り合いなが

南木曽町田立花馬
信州 木曽

ら帰っていく。子供みこしがワッセワッセと通りすぎて、ふたたび物静かな山里にもどった。

夜には境内の会館で田立歌舞伎が演じられる。紙や茶や鯉を生み出し、暮らしにそなえる一方で、人々はちゃっかりと年ごとのたのしみも工夫してきた。田立は南木曽町の西かたあたり、中仙道は山並みをへだてた東にのびていて、観光客はこちらにはやって来ない。そのぶん、祭り本来の姿と素朴さ、のどかさが色こく残っている。

神社の近くに禅東院という寺があって、先代住職は歌人岡本かの子の愛弟子だったそうだ。その縁で漫画家岡本一平が訪ねてきた。秋のさかりだったのだろう。

木曾谷の出口明らめ村紅葉

やたらにクセのある句碑の文字は、一平・かの子の御曹子岡本太郎の手になる。思いがけないところで昭和をにぎやかにいろどった個性一家と出くわした。

ほかに亀井勝一郎の文学碑。和尚にたのまれ、武者小路實篤が梵鐘に刻む句を贈った。

生まれけり　死ぬる迄は　生くる也

これぞ真理というものだ。茶のかおる静かな里に、おりにつけ「死ぬる迄は　生くる也」の鐘の音が、やわらかな余韻をひきながら流れていく。

藤切り

山梨県勝沼

新宿発の中央本線で甲府へ向かうと、途中に目のさめるような一瞬がある。勝沼トンネルを出たときだ。視界いっぱいに印象的な景観がとびこんでくる。

見わたすかぎりのブドウ畑が、ゆるやかな傾斜をとりながら下っている。その先は薄もやにつつまれていて、背後に南アルプスの巨体が控えているはずだが、もやったなかでは雲とも霞ともつかない。あるかないかの淡い輪郭だけ。

あらためて目をやるよりも早く、電車はテンポよく斜面を走り下る。みるまにブドウ畑が間近に迫り、実りの近づいたころは三角の紙袋につつまれていて、奇妙な覆面集団のただ中にとびこんでいくかのようだ。

「葡萄に明けて葡萄に暮れる一望の平野、〃フランスの酒蔵《カーブ》〃ブルゴーニュの国は、同時に説教《セルモン》と弁論《エロカンス》の揺籃である」

デカルト学者の落合太郎がビュフォンを論じた文章のはじめに、その生地ブルゴーニュを語っている。「文は人なり」の文人が誕生するにあたり、土地の風土があずかっていたというのだ。それが弁説の才を促したという。少なくとも「一縷の因縁」がなくもない。

とすると勝沼トンネルを出たとたん、突如ひらける国はどうなのだろう？　こちらもまた「葡萄に明けて葡萄に暮れる」土地であって、規模はずっと小さいにせよ「東洋の酒蔵」というものだ。「説教と弁論」の点でも似たところがありげである。山梨生まれの作家熊王徳平によると、世に知られた甲州商人はなによりも独特の弁舌でもって商いをひろげていったらしいのだ。

旧国鉄勝沼駅、現ＪＲ東日本勝沼ぶどう郷駅。駅前から丘陵づたいに「ぶどう郷遊歩道」がのびていて、のんびり南へ歩いて約三十分、柏尾の集落にやってきた。真言宗の古刹大善寺のあるところ。通称が「柏尾のお薬師さん」だ。「破邪顕正の守護藤」にあやかるというが、大蛇に見立てた藤の根を切る奇祭で知られている。

僧行基の草創というから古い寺である。室町のころの甲斐国守を三枝守《さえぐさのかみ》といい、藤切り祭はかつては、「三枝祭り」とよばれていたというから、この行事が寺と同じほど長い歴史をもつことがうかがわれる。

山の背を巧みに利用した伽藍の配置で、本堂は鎌倉時代のもの、五間四方桧皮葺《ひわだぶ》き二層造り、密教建築に特有の重厚な雰囲気を色こくたたえている。これに対して薬師堂は山ぎわに小ぢんまり納まって、ずっと明るい。「柏尾のお薬師さん」の通称が示すとおり、参詣の人は暗い本堂のお厨子や十二神将をうやうやしく拝んだあと、薬師堂にきてやっと身近な健康や幸運を念じてきたのではなかろうか。

正式にいうと「藤切会式《えしき》」。寺の開祖にまつわる伝説にちなんでいる。役小角《えんのおづの》は三十年間山にこもり、厳しい修行のはてに霊力を身につけたというが、金峯山で大蛇を退治して人々を災厄から救った。そんな故事にならい、役小角の徳を慕って御利益にあずかろうというのだ。

受付でもらった由緒書きによれば祭日はもともと陰暦四月十四日だったが、現在は五月八日。ただし、これは祭礼の最終日で、先立ってさまざまな行事がある。説明を省いて順にあげると、つぎのようなスケジュールになる。

五月二日　藤取り
　六日　旗立
八日　午前十時　天狗祭り　大蛇魂入れ
　　　午後四時　練り行列　護摩祈禱

この間に修験者による切り払い、剣の舞、宝弓、斧作法、山伏問答、修法、宝弓の大事、宝剣の大事、斧掃の大事、奉舞が進行する。すべてのしめくくりが藤切りだ。

一般に知られているイベントは、連続してきた一連の祭式のシメの役割にあたる。藤切りは大蛇

退治をあらわしており、先立って大蛇を護摩の煙でいぶり出したり、弓矢で大蛇の目を射るといったプログラムもある。全体が物語性をもち、山の背を舞台にした神秘劇の性格をおびている。奇祭というよりも、むしろその首尾一貫したドラマトゥルギーの点で、わが国には珍しいお祭りではあるまいか。

奉舞のときに稚児の舞いをするのだろう、頭にお飾り、きれいな衣裳の女の子が親に手をひかれてやってきた。頭に赤い布をのせ、上に金色の冠り。何をかたどったのか、花弁のようにも鳥の羽根のようにも見える。これをまっ赤な紐でとめて、首元に紐をリボンのように垂らしている。白と赤の巫女姿だが、胸に金箔模様つきの緑の胴着をつけていて、色の取り合わせが息を呑むほどあざやかだ。

女の子はきっと身支度のあいだ、自分が不思議な変身をしていることに気づいただろう。単なる晴れ着ではない。何かまるでべつの、およそ見慣れない衣服に着替えるうちに、自分もまたべつの生き物になったような気がしてきた。頬に淡い紅をのせ、額に二つの黒点、鼻に一本の白い線。一人の「聖処女」が誕生した。祭りにとって重要な変身の儀式である。

切り払いや宝弓、剣の舞、斧作法はプログラムの前半部で、それが変化して宝弓の大事、宝剣の大事、斧掃の大事の後半部に引きつがれる。ドラマがゆっくりと展開をみせていく。

薬師堂の前に三つの岩があって、修験者がつぎつぎと上っては下る。岩が白根三山をあらわしていて、これを上り下りする所作が山谷の修行をあらわしている。

つづくシーンがたのしい。三つ岩の山伏たちが、やにわにこけつまろびつ逃げ出した。山かげに隠れた大蛇に恐れをなしてのこと、つづいては役行者と法力くらべをして相手の力に驚き、大蛇退治をゆだねるという顚末。

つぎは大蛇追い出しの段。山越えを意味して、修験者が薬師堂の左手から裏山へと廻る。護摩の煙で大蛇を追い立て、やおら宝弓が登場。山伏の一人が弓に矢を引きしぼり、「ヤッ」という掛声とともに天に放った。みごと大蛇の目を射ったわけだ。

大蛇退治は役小角の故事を演じるだけではなさそうだ。勝沼町は北の塩山市、東の甲斐大和村と合わさり、甲州市という新しい名前になった。ずっと前は勝沼村であって、何かにつけて隣りの祝村と競い合っていた。昔は大蛇に見立てた藤づるを、勝沼村と祝村とで奪い合ったそうだ。勝った方が柏尾山の柴刈りをする権利を得る。藤づる切りはいたって現実的な利害の調整役も兼ねていた。行基さまにあやかることで勝負が決まるのであれば、モメごとに至らない。

果実豊作
開運成就
魔除け

お土産のミニチュアに効能がしるしてある。いの一番に「果実豊作」とあるのが、いかにもご当地らしい。

「甲州市は一年中四季折々のフルーツパラダイス」

ポスターを見かけたが、ブドウだけではない。サクランボ、スモモ、桃、イチゴ、甲州ころ柿。広大な斜面は米を産しないかわり、さまざまな果実を実らせる。それぞれに品種があって、スモモならソルダム、サンタローザ、太陽、大石。桃は白鳳、浅間白桃、反田ネクタリン。ブドウとなると巨峰、ピオーネ、デラウエア、リザマート、カッタクルガン、キングデラ……。篤農家が根気よく世話をして、味、色、形さまざまな品種を生み出した。

ただしこれはわりと新しい事態であって、藤切りの効験がべつの歴史を伝えている。以前は参詣のめいめいが刃物をたずさえてやってきて、祈禱のあと修験者が藤づるを切り落とすとワッと押し寄せ、めいめいがつるを刃物で切り取って持ち帰り、おカイコさまに供えたという。蚕神に豊産を祈った。さらに藤切りの日の天気模様も吉凶とかかわっていて、この日、風が吹いていれば、その年の桑の相場が上がる。雨が降ると下落する——。

以前は見渡すかぎり桑畑であって、藤切りの儀式は蚕神にあてたものだった。歌と同じく祭りもまた世につれて、ありがたい効き目を取り代えてきた。

勝沼ぶどう郷観光協会のパンフレットが高らかにうたっている。

「ようこそ、葡萄とワインの国へ」

当地にはブドウ発祥説が二つあって、その一つによると、僧行基が諸国行脚の途中に甲斐国へ入ったところ、右手にブドウ、左手に薬壺をもつ薬師如来が霊夢となってあらわれ、それを村人に伝えたというのだが、これはいかにも伝説くさい。

もう一つの説では、文治二年（一一八六）、祝村上岩崎の雨宮勘解由という者が偶然、山ブドウの変種を見つけ、この種から育てると、まるまるとして甘い房をつけたという。ずいぶん昔の話だが、自然界のいたずらが最初の一粒をもたらすなんてことは、大いにありうることだろう。

甲州ワインのはじまり、こちらは偶然ではなく計画ずくのことだった。明治十年（一八七七）祝村に創設されたばかりの大日本山梨葡萄酒会社が高野正誠（二十五歳）、土屋龍憲（十九歳）の二人をフランスへ派遣した。二年かかって技術を取得。帰国後この二人を中心にしてワイン造りが始まった。とはいえ食生活のちがいでさして歓迎されず、せいぜいが清涼飲料としての「甘いブドウ酒」だった。

「ぶどうづくり一三〇〇年、ワインづくり一三〇年――」

パンフレットは誇らしげだ。むろん、誇っていいのである。甲州ワインはいまや世界的な評価を受けるまでに成長した。「良いワインは良いぶどうから」が町の合言葉であって、勝沼では赤ワイン用にカベルネ・ソーヴィニヨン、メルロー、白ワイン用にシャルドネを栽培している。甲斐の地にボルドーやブルゴーニュが移ってきたぐあいなのだ。

大善寺境内の藤棚から淡いむらさきの花が巨大なブドウのように下がっていた。ただし、これはあくまでも観賞用であって、藤切会式に使われるものは野育ちでたくましい。巨龍の尻尾のように丸まったのを、修験者が「エイ、ヤー」と最初の一太刀を入れる。

そのあと若い衆がかきのぼり、藤づるを引きちぎってまわりに投げる。多少とも危険がともなうのでヘルメットに制服の警防団がぐるりを固めている。本来は勇壮な争奪合戦のはずだが、先端に威勢のいい数人がからみつき、下から手をのばして支えていて、遠くから見ると運動会の棒倒しとそっくりだ、裏山の柴刈り権といった現実的利害がなくなると、祭礼が平和になって迫力を欠くようである。

勝沼の南西の竹居というところは、講談や映画でおなじみの「竹居の吃安《どもやす》」の生まれたところだ。名の知られたバクチ打ちで、罪を犯して伊豆の新島に流されたが、流人仲間と名主を殺して島抜けをした。流人で島抜けをして江戸まで帰りついたのは珍しい。

甲州の盆地には同輩が少なからずいたようで、吃安の村の近くには黒駒の勝蔵がニラミをきかしていた。「おカイコさま」は現金収入になるので、おのずともめごとをともなっており、しぜんにこの手の親分衆が縄張りをひろげる理由があったのかもしれない。

祭礼の世話役をしていた老人から聞いたのだが、甲州商人が行商する品物は集落ごとにきまっていたそうだ。あるところは足袋、べつのところは甲州名産水晶といったぐあいに一品だけ。そのかわり品数を多く揃えて売り歩く。一つの集落が代々にわたってそれを受けつぎ、個人ではなく集団が商権を世襲していた。

とすると売り口上も代送りに伝えられ、そのつど工夫がこらされて、そのうち芝居のセリフのようにあざやかなものになっていっただろう。甲州商人の弁才は、そんな集団的世襲制がはぐくんだとも考えられる。

その人はトットツとした話し方で、とても弁才などではなかったが、少しダミた渋い声で、独特の説得力があるのだった。若いころは「村の者《もん》といっしょに屋根屋仕事」であちこち渡り歩いたという。それがどんな仕事か聞きもらしたが、行商の変わりダネで、集落の人が同じ技術をもって出かけていったらしい。そんな出稼ぎに出るにあたり、きっと一同が「柏尾のお薬師さん」にお参りし、長旅の無事を願ったのではなかろうか。

六日祭　岐阜県長滝

年の初めには仕事のまねごとを儀式として行なう風習があった。農家だと「クワイレ」、ところによっては「ウナイゾメ」といった。あるいは「ナイゾメ」といって、縄をなってそなえたりした。山村だと「ハツヤマ」、あるいは「ヤマダテ」である。年男が米や餅や神酒を捧げて山へ行く。商家の初荷はおなじみだ。元日は営業せず、二日に初めて店を開いて、にぎやかな飾りつけをした品物を売る。家庭の行事では「カキゾメ」がよく知られている。文字を書くのを神聖化して、国民の多くが新年に、うやうやしく墨をすって筆をとった。おもえばゆかしいたしなみだった。クワイレやハツヤマは正月二日、あるいは十一日が多かった。もしかすると市《いち》の立つ日が関係してのことかもしれない。

ほかに「七日正月」といって六日の夕べから七日にかけてを大切な区切りにした。「六日年越し」

「六日年取り」の名が伝わっている。『守貞漫稿』といった江戸時代の記録に「正月六日、俗ニ六日年ナドト云フ也」とあって、江戸の人たちは「ムイカドシ」を使っていたらしい。

地方によっていろいろな祭りごとをしたようだが、奥美濃の白山長滝神社につたわる「六日祭」は、とりわけ華やかで古式をよくとどめている。別名が「花奪い祭」、拝殿の天井につるされた花笠を、人ばしごを組んで奪い合うからだ。

地図をひらくとわかりやすいのだが、白山のちょうど南面にあたる。北から順に白山奥宮の南が御前峰、その前に別山、その前が三ノ峰、その南の山麓に祀られているのが白山中居《ちゅうきょ》神社。六日祭のいとなまれる白山長滝神社は南の里宮にあたり、白山信仰の本拠である。多少とも荒っぽい奪い合いは、霊山に捧げる花とエネルギーというものだろう。

地図をひらくと、べつのこともよくわかる。地理がなんともへんなぐあいになってしまったことである。白山の南方は岐阜県郡上《ぐじょう》郡白鳥町《しろとりちょう》であって、町の中心地白鳥から少し北の集落長滝が祭礼の舞台である。線を引くと、ほぼ直線で奥宮と里宮がつながって、当地が色こく白山信仰とかかわってきたことが見てとれる。

北美濃の三町四村が一つになり、郡上《ぐじょう》市ができた。行政的には中心が郡上八幡にうつり、あらためて旧白鳥町を色分けしないと、土地の特色がわからない。ついでながら新市の面積は一〇三〇平方キロ。東京都の面積のほぼ半分にひとしい。人口は五万たらずである。いったいこの広大な行政区をどうやって運営していくというのだろう？　そんな心配をしたくなるのも、足の便が心ぼそいからである。JR高山線、ついで長良川鉄道に乗り継ぐのだが、便数がかぎりなく減らされている。バス便は岐阜を起点に一時間に一本、ただし、「高速」というのに乗らないと、途中でおっぽり出される、その高速は午前と午後それぞれに二便だけ。

そのわりに道路は立派であって、国道一五六号の「東海北陸自動車道」が長良川沿いをつっぱしる。白鳥で越前大野に至る道が分岐しており、この奥美濃北端の町が永らく、東海と北陸を結ぶ通行の要衝であったことがうかがえるのだ。

山岳信仰の縁の深い地方であれば、集落ごとに白山神社が祀られている。神官をはじめ、それぞれに神社とゆかりのある人々がいて、お宮を守ってきた。白山中居神社のある石徹白《いとしろ》集落は白山登山口でもあって、昔からここの人は神に仕える身とされ、年貢免除、苗字帯刀を許されてきた。行者として聖職者集団とみなされていたのだろう。今でも月ごとに講が開かれ、衣服や化粧に独特の習わしがのこっているという。

はじめの「ちいさな手引き」で述べたところだが、長滝の東隣りの寒水《かのみず》地区（現・郡上市明宝町寒水）にある白山神社には、数百年の歴史をもつ掛踊がつたわっている。露払二人、出花持二人、音頭三人、ささら摺《す》り十六人など総計百三十余名からなる大がかりなもので、拝殿前の踊りのあと社前で歌の掛け合いがある。以前は掛け合いをしながら輪になって踊ったそうで、そこから「掛踊」の名がついた。

由来記によると、宝永六年（一七〇九）、隣村の母袋《もたい》村（現・郡上市大和町母袋）から観音様とともに伝授されたという。その観音様は寒水白山神社の奥宮に安置されていて、祭礼のときは白山神社にお出ましになる。カミとホトケがいっしょになったぐあいだが、当地の全域にわたってそのとおりで、白山長滝神社も、もともとは越前の僧泰澄がひらいたという。養老元年（七一七）とつたわり、おそろしく古い。神仏習合によって明治までは白山本地中宮長滝寺と称していた。別名が「美《み》濃馬場《のばんば》」。最盛期には六谷六院三六〇坊を有したそうだ。「六日祭」ともかかわる六の数字をあてた誇張だろうが、奥美濃の谷に院や宿坊がどっさりあって、たえまなく僧とも神官ともつかぬ異形の者が往きかいしていた。

現在も盛期のおもかげがあって、山裾に雄大な社をつらねている。山門から拝殿にかけては寺のつくりだが、その奥は神社で、山裾をとりこみ廻廊風の塀が長く広くのびている。北美濃は雪の多い地方であって、六日祭のころは、いつも雪をかぶっている。黒々とした本殿は近年に修復されたのか黒い大屋根がかさなり合い、列をつくった千木《ちぎ》に雪がのって、白と黒の絶妙な造形美をみせていた。

「白山妙理大権現」

雪一面の境内に巨大な幟がひるがえっている。いくつかテントが立ててあって、ハッピ姿の世話役が控えている。「長滝の延年」として国指定重要無形民俗文化財となり、ついてはあれこれ規則があって、「いろいろヤヤコシイ」こともあるそうだが、すでに準備万端ととのって、当日はのんびりとおしゃべりしたり、たき火にあたったり。

上郡上

「延年が終るまで花笠を奪わないで下さい」

拝殿の太い柱に注意書きがしてあった。世話役の目を盗んで悪さをする不届き者がいるのだろう。しかし、まあ、花笠は高い天井につるしてあって、よほどのことでないと手が届かない。色紙と竹と細木で出来た美しい花が五つ。どれも作法が定められているらしく、笠のスタイルがちがえてある。桃色の花がひしめいたのもあれば、赤花白花のまじったもの、あるいは金色をまじえたもの、黒ずんだ格天井に目のさめるような花園ができている。

先立って神事がある、社家を若宮家といって、神社の北の若宮修古館に家につたわる生活具や古美術品が収めてあるが、由緒ある家系である。社家を中心とした神事のプログラム、衣裳、小道具が何代にもわたり引き継がれてきた。

神事には子役が不可欠だが、金色の飾りを頭にのせ、レッキとした神主のいで立ちで、一方の手に緑の羽根のついた白花、もう一方は扇子、上気した頰をほてらせ神妙な顔で進んでいく。まっ赤な直垂《ひたたれ》に黒の冠りをつけた神官さんが後見役で、青年組は頭に豪壮なつくりものをのせ、コンビをつくって舞いをする。寒水の場合だと、拝殿前の踊りに「しずめ歌」がうたわれるが、その出だし。

東西しずまれおしずまれ
まいる　まいると念かけて
今こそ　まいりたお庭まで

あらおもしろやたのもしや

…………

国の長久と五穀豊穣、それにこの世の利生がうたいこんである。長滝の神事に歌はないが、祈るところはほぼ同じなのだろう。

この間に拝殿前へ若衆が続々と集まってきた。白の下着に白の上衣、大工がはくような裾のふくらんだ白ズボンに白い靴。白ずくめだとおもしろくないと思ってか、シャツだけ黒にしたのがいて、コントラストがあざやかである。長髪もいれば茶髪もいる。股をひろげ、腕組みして写真をとりっこしている。まさしく出陣の前の勇姿だが、顔はなんともあどけない。

足につけた靴がめいめいちがっていて、底の厚そうなものもあれば、室内ばきのような軽いシューズもある。あとでわかったが「人ばしご」を組むときの役割に応じており、下積み役は頑丈な体軀の者が厚底でふんばる。上にのるのは、小柄なタイプで室内ばきがいい。

ハッピ姿が拝殿に入るのを合図にドッと人が走りこんだ。つぎつぎと号令がとんで「人ばしご」ができていく。以前、学校の運動会でよくしたピラミッドの要領だが、ここでは丸形に組み上げる。中腰組みの上に肩を組み合って三人がのり、さらに一人が上にのって花笠に手をのばす。運動会とちがって予行演習などしていないから、はしごがぐらついて倒れかかるのをまわりが支えにかかる。花笠にはまっ白な細めの花弁が垂れていて、手がとどいて引きむしると、美しい花笠がグラリとゆらいだ。人ばしごも大きくゆらいで、悲鳴のような歓声が上がる。

五つの花笠それぞれに地区の割りあてがあって、奪い合いは早とり合戦も兼ねている。一般の人は紙の花がお目あてだが、奪い合いグループには、花の竹ひごの刺してある丸いワラ製のサンダワラが宝物である。手が届いても足元が危ないので、はがし取るのが難しい。花笠をくくりつけた丸太を、世話役が少し下ろして、手助けをする。そういったかね合いも儀式の内に入っているのだろう。首尾よくサンダワラを獲得したものが勝どきを上げ、いっせいにハデなVサインをした。

「おいでんかな」とツノ書きした奥美濃・郡上市ツアー・ガイドブックは「祭り・イベント」の章にイベントカレンダーを掲げている。一月でいうと「1日　ニューイヤーズマラソン〈和良〉、5日　子供かるた、百人一首かるた会〈大和〉、6日　六日祭（花奪い祭り〈白鳥〉」といったぐあいだ。カッコの中が旧町村を示している。

カレンダーにひろってあるだけでも六十あまりになる。町内単位の小さなものまであげると、かるく一〇〇をこえるのではなかろうか。なかにはいかにも行政の発案らしいイベントもあるが、六日祭に見るような、何百年となくつづいてきた祭りが多い。

「先人たちの熱い想い、その想いが私達の身体の中をめぐって、次代へと繋がっていく」

イベント会社がひねり出したようなキザな用語と用字だが、ガイドブックにのっている商工観光部のキャッチフレーズである。途方もなくふくらんだ新市をまとめていくのは、公共事業のおこぼれでなく、もしかすると伝統的な祭礼ではあるまいか。公共事業は予算が切れるとおしまいだが、祭りは年々歳々変わりなくつづけられる。しかも地区ごとの担当と責任があって、ごく自然に旧世代から新世代へとバトンタッチされていく。ほどのいい敬虔さとゲーム性をもち、えがたい共同体の体験ができる。茶髪でVサインをしていたニイちゃんも、十年たつと必ずやハッピの世話役として重きをなしているだろう。

旧八幡町には「宗祇水《そうぎすい》」という湧水があって全国名水百選にえらばれている。連歌の宗匠も特産のミネラルウォーターに感服したらしいのだ。旧美並町の「美並ふるさと館」が「円空ふるさと館」と銘打ってあるのは円空上人がやってきて、多くの円空仏を刻んだからだ。旧白鳥町には六日祭以外にも「白鳥の拝殿踊」といって、江戸中期からつたわっている夏祭りがある。踊りながら拝殿の床を下駄で鳴らして、テンポよく音頭をとるそうだ。

道の駅に色とりどりの土地の産物が並べてあった。

「優しさをみなさまに　明宝レディース」

レディースはいうまでもなく「女性」だが、旧明宝町の女性たちが優しさをくださるのだろうか？　よく見るとアタマに「株式会社」とついていて、なおのこと不可解である。

パンフレットをいただいて疑問がとけた。町の女性たちが食生活の改善をよびかけ、グループを結成したのが、そもそものはじまり。昭和三十六年（一九六一）だから、半世紀近く前である。トマト栽培、こんにゃく試作、朴葉ずし、トマトケチャップ試作。郷土食「おからもち」販売、スイートコーン栽培、カブ漬商品化……。

その間に生活改善グループが「農業婦人の店」を開店させ、加工所をつくり、株式会社設立。デイサービスの食事を始めた。きっと聡明なリーダーがいたのだろう。「手づくり」というものが、いかなる宣伝費よりも宣伝になることをよく知っていた。いまや寒水に本社と工場をもち、押しも押されもしない当地の経済的パイオニアというものだ。かつて奥美濃を支えたのは、男たちの木材と炭だった。現在は女性たちの創意と知恵である。そういえば寒水掛踊の歌にある。「枝も栄《はえ》よりゃの　やれそりゃ栄えりゃよ／葉も茂る葉も茂る」。

売店でバスの時間をたずねていると、商品を納めにきたエプロン姿のおばさんが車に乗っていけという。

「ショーボーだネ？」

わけがわからずキョトンとしていると、売店のおばさんが助けてくれた。「郡上北消防署前」というバス停があって、岐阜行きの高速がとまる。今からだと午後の便に間に合うだろう——。

旅の途上のご親切はよろこんで受けることにしているので、いそいそと車に乗りこんだ。ごくふつうのワゴン車だが、「株式会社レディース」とボディーにあって、優しいレディーたちに抱かれているこころもち。「千秋楽と舞いおさめ／おいとま申していざかえる」、白山詣のご利益をいただいた気分である。

火と水

愛知県津島

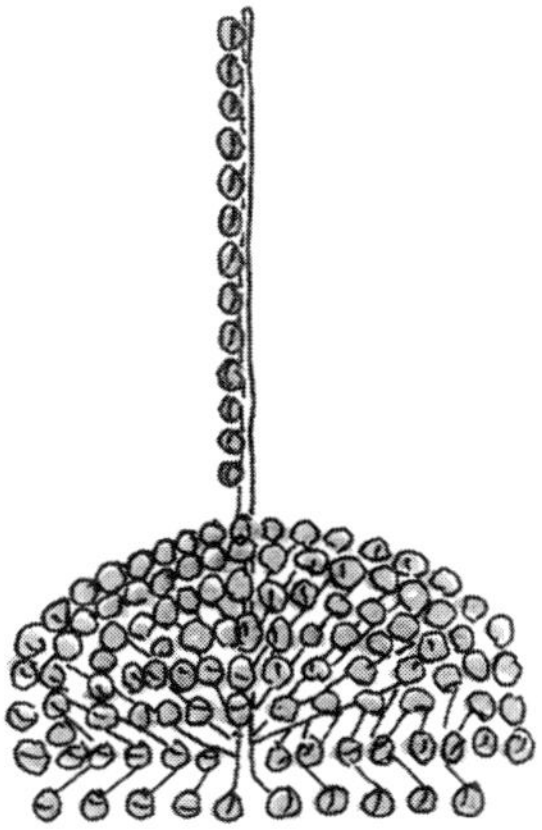

愛知県津島市は名古屋の西かたにあたる。名鉄電車で二十五分。ただしこれは電車が大まわりをするからで、直進のコースだと、ものの十分とかかるまい。あきらかに大名古屋の衛星都市である。住民の大多数が名古屋市中に勤めをもつサラリーマンで、名鉄で往き帰りする。戸籍では津島市民だが、半身は名古屋市民といったところ——。

いや、ちがう。まるきりちがうのだ。町を歩くとすぐにわかる。私鉄駅周辺こそ衛星都市風だが、少し行くと、みるまに変化してくる。黒い瓦屋根、軒下の出格子、漆喰塗りの壁、両開きのガラス戸に金文字の商店名。いずれも重厚な町屋のつくりである。

それが切れ目なしにつづいている。裏手に入ると、多少ともさびれかげんだが、やはりどっしりとした家並みで、白壁に消えかけた○○屋の文字。上に「川魚」とあるのは、川魚の料理屋だったのだろう。黒板をめぐらした蔵が豪壮である。空地に方形の石組みがあって、「津島市指定祖先の遺産」の立て札がそえてある。旧の共同井戸で、ながらく町内のサロンを兼ねていたのではあるまいか。

本町筋の三叉路に、二階にとどくほどの大きな石の標識が立っている。

「左　津島神社参宮道」

私鉄駅が人の流れを変えるまでは、こちらがメインストリートだったにちがいない。店の名も「戎徳呉服店」などと古式にのっとっている。糀《こうじ》屋、洗はり・湯のし・志みぬきの店も健在だ。あいだにはさまって「障害者小規模保護作業所・ゆったりホーム」の看板。今風はやはりどこか安っぽい。

尾張津島は大名古屋などとかかわりなく発展してきた。津島神社は牛頭《ごず》天王を祀る総本社であって、南北朝以前から、すでに格式高い神社だった。さらに五十三次には入っていないが、当地は東海道の宿駅だった。名古屋のすぐ西どなりの位置が意味をもっていた。

三河から尾張に入ってのち、東海道は鳴海《なるみ》、宮（熱田神宮）、ついで伊勢国桑名へ向かう。「渡海七里」といって、熱田神宮から七里の渡しで桑名へ渡った。これが東海道中、また伊勢参りのコースだった。いつの時代にも、危険をともなう乗り物はイヤという人がいる。それに海が荒れると舟止めになって待ちぼうけをくらう。それなら熱田から陸路を西へ行ってはどうか。

「津嶋へゆけば桑名へ近し。陸路半里近くして、舟路半里遠けれ共《ども》、下り舟早し。津嶋、祇園牛頭天王の社《やしろ》有。六月十五日大祭也」

『東海道名所図会』といった江戸時代のガイドブックが手引きをしている。同じ舟でもこちらは川舟であって、まずもって安心だ。おまけに由緒深い津島神社にお参りしていける。東海道の遊びと、また伊勢参宮の講中が津島参りを旅のたのしみに入れていた。

尾張津島の天王祭は、全国に数ある祭りのなかでも、もっとも大がかりで、華やかで、格の高い一つだろう。さらに本来の地元の祭礼という性格を色こく残している。観光化はしても、それは当節やむをえないつけたし。観光事業などには合わせてやらない。そんな気概がこもっている。

旧暦六月の日どりが新暦七月、最終の週末に変わったのが、昭和三十八年（一九六三）のこと。宵祭と朝祭があって、様式がガラリとちがう。その点でも特色がある。宵祭はいわば火の祭礼であり、朝祭は水の祭礼だ。雄大に火と水をとりこんでいる。

五百年以上も前からつづいているというが、起源はよくわからない。一説によると南北朝のころ、南朝方の親王が逃れてきたのを津島武士が守り、北朝方の武士を船遊びにさそって討ち取ったことに始まる。いま一つの説では津島神社の「神葭《かんか》流し」の神事をもとにしたという。南北朝の親王庇護説は、あきらかにつくり話めいていて、由緒づけにつくられたのではなかろうか。津島神社社務所発行の社報には、天王祭にかかわる最初の行事として、「神葭苅取場選定神事」が太字でしるしてある。祭礼の起こりを伝える大切な行事だろう。

神社の南に中之島をもつ大きな池がある。かつては木曽川の支流の一つで天王川といった。江戸のガイドブックが「下り舟早し」と述べているのは、天王川を往来した川舟のこと。いまも中之島に近い辺りに葭《よし》が繁っている。かつては川辺にそって長い帯をつくっていたはずだ。

神社の祭典行事はこのあと、一日きざみで「一夜酒醸造」「一夜酒頒賜　神葭苅神事」「船分《ふなわけ》　神葭揃神事」「神輿飾　献灯奉告祭　稚児打廻《うちまわし》」。宵祭に向けて、急ピッチで準備が進められる。

「船分」「稚児打廻」が神社行事にあるのは、天王祭では船と稚児とに大きな役割のあることを示している。もともと旧津島五ヵ村の祭りであって、いまも市中に地名が残っているが、筏場《いかだば》、下構《しもかまえ》、堤下《とうげ》、米之座、今市場の五町。それぞれが二隻の舟をわら縄で結んだ船を受けもつのだが、どの舟かはくじで決める。宵祭の二日前の風流なくじ引きが「船分」である。

稚児は町ごとに五、六歳の男の子が選ばれる。古式どおりの衣装を着て、頭には花鳥帽子《えぼし》、肩には玉だすき、手には丸い撥《ばち》をもっている。肩車されて氏神に詣でたあと、船に乗り、ついで神社に赴き、拝殿前で三回廻って参拝するのが「稚児打廻」。

どのような成りゆきからこのようなシステムになったものか。五世紀にわたってつづけられる間に、少しずつととのえられてきたのだろう。とりわけ火と水の使い方に、古人の知恵が凝縮されている。

船はまきわら（槙藁）船とよばれ、二隻をつないだ上に台座が立ち、軒幕で飾ってある。すぐ上に軒提灯。さらに「なべづる」「よいざま」「まばしら」がのって、ドーム上に提灯が三六五個ともる。一年をあらわすものだ。加えて高々とのびる真柱《まばしら》に月をあらわす十二個がつく。旧暦のうるう年にあたると十三個がともされる。

天王池は南側に水路がのびて、もう一つヒョウタン型の池につづく。こちらを「車河戸」といって、五隻のまきわら船が勢揃いしたあと、夕刻六時、ゆっくりと漕ぎ出す。北の高台にお旅所があって、神輿が据えられている。いわば神の代理人であって、千八百にあまる提灯をともした五隻が、笛の音色にあやどられながら、進んでいく。水面すべて火明かりで朱に染まり、それが夕空に映え、さらに天空高く真柱が火の玉をかかげている。

永禄三年(一五六〇)、織田信長が夫人同伴で見物にきた。当時は川に橋がかかっていて、その橋の上からながめたらしい。正確にいうと、信長が見たのは朝祭だったようだが、宵祭の仔細を聞いて、地団太ふんだのではなかろうか。桶狭間の合戦の年であって、稀代の野心家には、あざやかな火と水の祭典に、さぞかし血の気がはやったことだろう。

宵宮が明けての朝祭は旧市江村の市江車《いちえくるま》が加わって計六隻。名前は「車」だが、これは車楽船《だんじりぶね》の略称。船はまるきり姿を変えて、まっ赤な小袖幕をもつ屋台がのせられ、左右に紅白の梅飾り。その上を「あさざま」といって二体の人形が立つ。どれも能のシテとツレにおなじみで、「高砂」だと老翁と老婆、「敦盛」だと熊谷直実と敦盛の霊、「紅葉狩」だと平維盛と鬼女といったぐあいだ。いつしか祭礼に芸能色がまじりこみ、優雅な人形船ができ上がった。

出船につづいて「飛び込み」の行事がある。先頭の市江車には白いふんどし姿の十代の若者が布鉾をもち居並んでいる。順に水に飛び込み、お旅所へ泳ぎついてから神輿に拝礼、ふんどし姿のまま一目散に神社へ走って拝殿に布鉾を奉納する。船は芸能化しても、儀式そのものは、いかにも水運をもっていた門前町の様式を伝えている。

船がお旅所前に着き、稚児が上陸して還御祭だ。肩車された稚児が先導役で、供人が赤や青の日傘をさしかける。羽織はかまの町びとがまわりについている。神さまがしずしずとわが家へとおもどりになる。

天王池は公園に整備されているが、両側に古木がつづいていて、川堤の名ごりをとどめている。赤いコンクリートの橋が中之島と結んでいる。祭りのはてたあと、なんの気なしに橋を渡ったら、小暗く繁った木の下で思いがけない銅像と出くわした。初めて知ったのだが、詩人ヨネ・ノグチは当津島の生まれ。日本名は野口米次郎。十代の終わりに単身アメリカに渡り、苦学の末、英語詩人として名をなした。日本語の詩集に『二重国籍者の詩』のタイトルをつけている。近代日本のもっとも早いころに、「グローバル化」ということを身をもってやってのけた。

軽く腰をかけ、右膝に両手を置いて、どこともしれぬかなたを見つめている。台座に刻まれたのは代表作「天地創成」の出だしで、「われ山上に立ち、深い霞に自らを失ふ時——」。

これは当人が訳したものだろう。もとの英語は、フェン・アイ・アム・ロースト・イン・ザ・ディープ・ボディ・オブ・ザ・ミスト・オン・ナ・ヒル……。

英語の授業で音読をあてられた生徒のように声に出してみた。自分にもわかるから、きっとわかりやすい英詩なのだ。玉垣で囲まれたお旅所と向き合うようにして、英語を刻んだ詩人の像がある。アンバランスのようでもあるが、「天地創成」は「われその柱となり、宇宙は作られたり」とつづくのだ。

天地創成の始め、
深さ否《い》な深さのない深さの上に立つ神は、
即ちわれにあらざるか。

国つくりの神さまの言葉のようにもとれる。神輿に乗ってお旅所に鎮座し、賑やかな民の祭りをたのしんでいたとき、こんなふうに呟いたのではなかろうか。

悪病退散

石川県宇出津

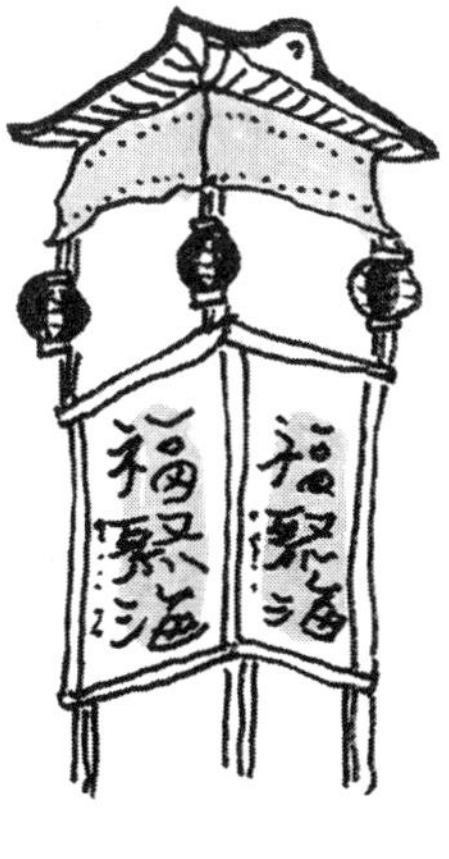

能登半島は日本海にグイと首をのばした形をしている。根かたから順に口《くち》能登、中能登、奥能登というそうだが、港町宇出津《うしつ》は、奥能登の入口にあたるところ。いかにもいい位置にある。夏になると、この宇出津を皮きりにして、まるでつぎつぎとバトンリレーをするようにキリコ祭りが移っていく。奥能登の夜を、不思議な灯籠の列が、はなやかにいろどる。

キリコはもともと「切籠」だそう。奉燈あるいは御明《みあ》かし。笹に御神灯をつけて持ち歩いた。それがしだいに大きくなり、飾られるようになった。木製で色がつき、漆や金箔、さらには彫刻がほどこされる。高さ五メートル、あるいは十メートルに及ぶ大型キリコが出現した。一つを何十人もでかつぎ、安定のために四方より綱で引っぱる。灯に外まわりの絵や文字が浮き立って幻のように美しい。

本来はお伴の役まわりであって、神輿《みこし》の前や後に控えている。神輿渡御の際は夜道の照らし役。そのはずだが、なにしろ全体が華麗なつくりになっている。町内ごとにキリコを出すとなると、つい力が入り、たがいに競い合って、なおのこと豪華になっていく。それが能登一円にひろがった。同じようにキリコが登場するのだが、土地によってよび方がちがっている。宇出津では「あばれ祭り」、東隣りの恋路では「火祭り」、西隣りの沖波では「大漁祭り」。「みなづき祭り」というところもあれば、「おすずみ祭り」「おさよ祭り」という町もある。少しずつ形と色どりを変えながら、夏から秋にかけて能登の海辺を、笛と太鼓と威勢のいい掛け声につつまれながら、無数の明かりがしずしずと動いている。

宇出津は富山湾に面しており、定置網の漁場として栄えてきた。すぐ近くの遺跡からイルカやクジラの骨が出たそうだから、ずっと昔は捕鯨やイルカ漁にも出かけていた。

海の男たちは信仰に篤い。袋状をした港の一方に酒垂《さけたる》神社、向かい合って白山神社、奥まったところに八坂神社。その三角の中に役場や漁協や銀行や病院がある。神さまと肩を寄せ合った暮らしがある。

宇出津のキリコ祭りが俗に「あばれ祭り」なのは、神輿があばれるからで、その点では「けんか祭り」などといって神輿がぶつかり合うケースと似ている。しかし、宇出津の場合は神輿ではなく、神輿をかついでいる人があばれる。それも神輿を痛めつけるために大あばれするのだから風変わりだ。

京都・八坂神社の祇園祭は有名だが、宇出津の八坂神社も京から分社して、そこの祇園祭としてはじまったのが、そもそもの起こりではあるまいか。江戸時代の半ば、悪疫が流行した。土地の有力者が京都の祇園社から牛頭天王を勧請して祈ったところ、牛頭《ごず》天王が青蜂となって飛びまわり、悪疫を退散させた。そのお礼に土地の人々が奉燈をかついで八坂神社にお参りをしたのが「あばれ祭り」の始まりだそうだ。とすると神輿は悪疫の身代わりであって、これを痛めつけるのが牛頭天王の意にかなう。水攻め、火攻め、ぶちのめして悪疫を追い払う。夜の闇を照らして、キリコの列がそれをじっと見守っている。

古くは旧暦の六月の祭りだった。たしかに一年のうち、いちばん蒸す時候であって、悪疫の流行しがちなころである。明治以後は一ト月遅れの七月、第一週の金曜日と土曜日と定まった。

むろん町の人には、もっと前に始まる。手始めは「キリコおこし」といって、解体して神社や寺に預けていたキリコを持ち出してくる。もらい受けるのは子供連中の役というのが興味深い。先人の知恵であって、役割分担、それに世代ごとに伝えていく意味からだろう。

届いたキリコを大人たちが掃除をして組み立てる。差し込み式になっており、土台の木組みに四本柱がついて小屋根が乗る。それを引き縄で起こして「カツギ棒」をさしこみ、さらに飾りをつけていく。

明かりのともる部分に「ナカフク」をはめこむ。ナカフクは絵や文字や町内のマークをつけた四面のこと。もっとも華やかな部分であって、それだけ力の入るところだ。文字は「浮字《うきじ》」とよばれ

奉納

る手法で、燈火を受けると浮き上がる。いつのころに誰が考案したものか、うまい工夫である。

町内ごとに浮字と町紋がきまっていて、天徳町では「徳招福」と「丸に天」、濱町では「龍神遊」と「丸に濱」、上町では「盛運新」と「向い揚羽蝶」。宇出津の町数は三十一あるから、町内から一つ宛でもキリコは三十をこえる。大きな町内は二つ、三つと出すから、四十にあまる。町の人々には、めでたい浮字と町紋で自分たちの目じるしがひと目でわかる。

宇出津のキリコ祭りには、もう一つ「柱タイマツ」が欠かせない。「キリコおこし」と並行して「タイマツおこし」をすすめていく。杉とかアテとかの立木《たてぼく》の上部に、シバを束ねてくくりつける。高さは十メートルをこえる。祭礼の夜に大タイマツを炎上させ、キリコがまわりを乱舞する。神輿に火攻めをくらわす役目もになっている。火による浄化といった古式が色こく残っている。

いよいよ祭りの当日である。宇出津キリコを追っていくと、三つの神社の役割がよくわかる。港をはさんで酒垂、白山の両神社が対峙しているのは、町が大きく二地区から成り立っていたころ、それぞれの氏神を祀っていたからだろう。そしてそれぞれ、神輿をそなえつけた。

朝八時三十分。酒垂ミコシと白山ミコシが同時に出発、夕方まで町内をめぐっていく。キリコはあくまでも奉燈であって、出てくるのは午後になってのこと。町内をねり廻ったあと、夕刻に海岸に集まる。このとき白山神社寄りが優先されるのは、神社の裏手を「アヤメ」といって、旧八坂神社跡とされているからだ。

海辺に大小あわせて四十数基のキリコが勢揃いする。約二十メートルに一本として、一キロに及ぶ光の帯ができる。赤い火が海の波に映えて二重の帯になる。わが国に残されている祭礼のなかで、宇出津キリコはもっとも火と明かりの威力と美しさを見せつける祭りである。

夜九時。花火を合図に光の帯が移動をはじめる。港の正面の役場前、三本の大タイマツに火が点じられ、まっ赤な炎を上げる周りで、ワッセワッセの掛け声とともに火の粉をあびながらキリコが激しく乱舞する。笛、太鼓、シャギリのおハヤシがここを先途と加わって、なんともかとも壮烈だ。名づけて「クライマックス」、いつのころからか、そんなふうに言い出した。祭礼にそなわった劇的効果が最大限に生かされていて、ナルホド、ぴったりの命名というものだ。

真夜中ちかくに炎の劇が終わって、キリコはそれぞれの町内へ帰っていく。

二日目は神輿が主役であって、酒垂ミコシは早朝七時、白山ミコシは一時間あとに出発。町内めぐりをしたあと、お旅所から海岸へ行く。鳥居前の海に入れられると、すぐさまかつぎ手もとびこんで、神輿を水にくぐらせる。浮き上がると、馬乗りになって水に沈める。「清祓《きよばら》え」の儀式だというが、大のオトナが神輿とふざけ合っているぐあいだ。

引き上げられ、濡れねずみの神輿が八坂神社に向かうのが真夜中にちかいころ。同じくキリコも八坂神社境内に集結。途中でさんざん大あばれしながらであって、「入り宮」の順序がきまっているのに、勢いをつけて追い抜くキリコが出てくる。追い抜かれたキリコのかつぎ手は、あとで町内の年寄りから大目玉をくらうそうだ。

〽ヨーオーイシー　ヨオーサー

〽ヨーオーイシ　ヨオーイサ

微妙にハヤシ声を変えながら境内に入ったあと、神輿はこんどは火攻めにあう。据えられた「置《おき》タイマツ」にあぶられたり、転がされたり。そのあと拝殿に納められるのだが、二台が無事安置されるのを見てとると、いっせいに笛、太鼓の神楽が鳴りわたる。とたんに騒ぎはいちどに静まって、沈黙の数刻。そのあといっせいに拍手が起きる。楽劇の王様ワーグナーがもし群衆にまじっていたら、さてもみごとな劇の構成に舌を巻いたにちがいない。

全キリコがそれぞれの町内へ帰るのは、夜明けにちかい三時すぎ。しらしらと明けそめるころ、町はいつもどおり、もの静かな風景にもどっている。

宇出津はまわりの村ともども能都町になり、その能都町が近くの二町村と合わさって能登町になった。旧の各町が独自のキリコ祭りをもっていたせいで、おのずと能登町は夏から秋にかけて、のべつ祭礼がある。町のカレンダーによると、「あばれ祭り」につづいて「どいやさ祭り」「恋路火祭り」「ござれ祭り」「にわか祭り」「いどり祭り」……。

それでも宇出津キリコは別格らしい。就職して町を出た人も、必ずキリコをかつぎにもどってくる。男だけでなく女たちもかつぐので、キリコ帰省は男女を問わない。

宴がはてたあと、めいめいが仕事先にもどっていくとき、背中にきっと声がかかる。

「キリコ祭りにゃ帰ってこいや」

ふるさとをもつのは、いいものである。祭りがあると、なおのこといい。

王の舞

福井県三方

福井県はほぼ中央の敦賀市をはさんで、まるきり対照的な形をしている。北東部は旧越前国であって、おおかたが平野、越前岬が出ばっているだけで海岸部はのびやかな線状をしている。いっぽう南西部は旧若狭国、敦賀港の西の立石岬を皮きりに、さまざまな形の岬や半島がニョキニョキと突き出している。リアス式海岸とよばれるが、無数の断崖や奇岩や洞門や岩礁をもち、大小さまざまな入江や浦や湾を抱きこんでいる。背後にはわずかな平地が帯のようにあるばかりで、すぐさま野坂山地とよばれる山並みが屛風のようにつづいている。

あきらかに越前は農業国であり、若狭は漁業で生きてきた。明治の廃藩置県の際、まるきり異質の地方が強引に一つにされたことがみてとれる。

若狭の中心地小浜から若狭街道が南東にのびていて琵琶湖畔の町今津へと通じている。別名「九里半街道」といったのは、わずか九里半で琵琶湖、船で大津、ついで京の都へ出られたからだ。若狭から越前はずいぶん遠いが、滋賀、京都はすぐお隣りなのだ。

古くから人が住んできたのだろう、若狭街道沿いには古墳時代の遺跡が点々とある。若狭の海でとれた魚介は、この道を通って京、大坂へと運ばれた。

「越山若水」といった言いまわしが残っているが、若狭はまた水と縁が深い。若狭一宮の別当寺である神宮寺には、「お水送り」の行事がある。三月二日の夜、寺の上流の鵜ノ瀬《うせ》の淵で水を汲む。奈良東大寺のお水取りに使う水であって、鵜ノ瀬の淵が入口というわけだ。出口が東大寺の若狭井。伝わるところによると地中深くに水脈が走っていて、若狭と東大寺とを結んでいる。

海沿いの若狭のなかでも三方《みかた》地方は、さらに複雑な形をしている。常神《つねかみ》半島の根かたにあたるが、そこに日向《ひるが》湖、久々子《くぐし》湖、水月《すいげつ》湖など「三方五湖」とよばれる湖がひろがっている。それぞれがクラゲのようにのびちぢみし、名のちがう五湖ではあるが、部分的にくっついている。江戸の初期に開削された水路もある。それだけ湖が豊かな水源であり、コイ、フナ、モロコ、ワカサギ、ウナギなど、都の人々が小躍りするような水魚を産したせいだろう。

三方町は若狭街道の峠道にある上中《かみなか》町と合併して、現在は若狭町である。その旧三方町気山に鎮座するのが宇波西《うわせ》神社。三方に三方五湖を控え、まるで湖南の守り神のような位置にある。

由緒書きによると、はじめは日向《ひゅうが》とよばれる東寄りにまつられていたが、文武天皇の大宝元年

(七〇一)、やや西に移され、さらに平城天皇の大同元年(八〇六)、現在地に遷座した。以後を数えても千三百年以上の歴史をもっている。日向とよばれていたのは現在の美浜町の辺りという。いまも前の海を日向浦というが、九州日向国にちなんでいる。大宝元年に当郡の湖辺に「奇瑞ノコト」があって、ときの国造(知事)が朝廷に伝えたところ、日向国鵜戸《うと》山から神霊をいただくことになり、出神《いずがみ》某という者が太刀を携え、船をあやつって当地へ到着した。

さらに神託があって「コノ地日向国坂山ノ景色ニ似タリ。因ッテココヲ日向浦ト名ヅク」。九州日向国の鵜戸《うと》神宮の神をまつることとなった。いまなお当地の言葉は九州の日向地方で話される訛りとそっくりだそうだ。

宇波西神社の大祭は四月八日。先立って春三月から氏子、集落ごとに古式にならう神事がある。集落ごとに微妙にやり方がちがっていて、湖畔一帯の全部を見てまわるには十数年かかるといわれている。一つ共通しているのが「おはけさん」といって、形のいい木を氏子や集落の頭屋《とうや》の前に高々と立てる。神霊がやどるよりしろであり、一説によると、京都の祇園祭の鉾は「おはけさん」の変化したものだとか。宇波西のお祭りでも、「おはけさん」は運んでいく。氏神様が氏子の祝福にお出ましになるわけだ。

黒々とした森を背後に風格のあるおやしろと石の鳥居。左右にのぼりがへんぽんとひるがえっている。古風な衣装、頭に烏帽子をいただいた人たちが忙しげに出入りをしはじめると、祭礼のはじ

まりだ。各集落につづく道筋から「おはけさん」の小型で飾られた山車が、ゆっくりやってくる。「ピーヒャラ、ピーヒャラ」の笛の音とギシギシきしむ山車の音が、のどかに空に消えていく。世話役は羽織はかまに、白タビと下駄。子供衆は白い鉢巻をキリリとしめ、色あざやかな祭礼服を帯でとめている。黒い長靴下に運動靴。てんでに太いバチをもっている。山車の背に太鼓がのせてあって、要所で笛に合わせてひっぱたく。山車には、またあざやかな三色の吹き流しと虎の錦絵がかかっていた。

集落ごとに役割がちがうのだろう、獅子舞の獅子を戸板にのせ、カゴかつぎのスタイルで運んでくるグループもある。ハッピ姿の子供がかつぎ、羽織はかまの大人たちがまわりをかためている。戸板の上にギョロ目、金歯むき出しの獅子頭《がしら》が鎮座していて、なんともおかしい。

本殿から神主と世話役一同が威儀を正してあらわれた。神主ほか主だった面々は、烏帽子の先っぽをちょん切ったようなのを頭にいただき、ひもを顎にとめている。神主につづく人が異様である。ひとりだけ緑の衣、フクサにつつんだ長いものを頭上に捧げている。日向国から出神某が携えてきた太刀にちがいない。頭上に捧げもつのが古来の定めのようで、歯をくいしばって運んでくる。わきから心配そうにのぞきこんでいる少女がいた。顔つきが似ていたから娘かもしれない。大役の父親を励ましにきたのではなかろうか。

獅子舞、田楽舞とも、いかにも古式どおりといったテンポと様式をもっている。圧巻は「王の舞」である。カブトに似た金色の大きな帽子、まっ赤な衣装と白い帯、足は白タビ。顔につけたお面がただならない。仁王様のように太い眉と引きしめた口、まん中に十五センチあまりもの大きな鼻がとび出ている。手にもつのは槍で、穂先に白い房がついている。世話役に伴われて参道に歩いてくるあいだ、槍を小わきにかかえ、片手を腰にあてがっていた。鳥居前に「王の舞堂」があって、そこが舞台となる。

羽織はかまに白木の棒をもった若者二人が迎えるようにして棒を打ち合わせた。はじまりの合図である。すぐさま火のように赤い人物が槍を突き上げて跳躍する。つぎにはしゃがみこみ、半腰になって槍を地に立て、さらにまた青眼にかまえて、前方をハッタとにらみつけた。何をあらわすものかはまるきりわからないが、手の動き、槍のかまえ方、全身のしぐさが、たしかに何かを伝えてくる。フシギな物語をつむいでいるかのようだ。

「王の舞」とは何だろう？　わが国の祭礼にあって「王」と称する者が登場するのは、かぎりなく珍しいケースではあるまいか。天狗の大鼻はおなじみだが、「王の舞」のお面の鼻はあきらかに天狗の鼻ではない。豊作を祈って男根状のかぶりものをつけて踊るのがあるが、それともまるでちがう。太い眉、巨大な鼻、かたくむすんだ口、すべてが現実の顔そのままに、おそろしくリアルにつくられている。

もしかすると異国人の顔を、やや誇張して面にしたのではあるまいか、若狭には古くから、しばしば異国人がやってきた。敦賀の海岸にのびる「気比《けひ》の松原」は一名「一夜の松原」。天平の昔、異国船の来襲があったとき、一夜に生じたという。古い記録はまた渤海人の漂着を伝えている。宋の商人が大挙してやってきた。若狭沖には対馬海流があって、それが時計廻りで若狭湾に入りこむ。潮流にのってさえいれば嵐に出合わないかぎり、若狭の海辺にたどりつく。大宝元年の「奇瑞ノコト」が何だったのか不明だが、それがきっかけで日向国鵜戸山の鵜戸神宮の神霊が当地にやってきた。

若狭と奈良東大寺を結ぶ水の儀式は、鵜ノ瀬の淵にはじまっている。お水取りの行事をはじめた実忠和尚《じっちゅう》は、東大寺開山良弁僧都の片腕として活躍した。宗学はもとより儀軌、財務、建築、土木にくわしく、お水取りの行事もこの奇略縦横の人があみ出したといわれている。

それほどの人物でありながら、どこの生まれともわからない。『東大寺要録』には「生国不明」とある。天竺からきた帰化人で、バラモン僧ともいわれている。晩年、寺の政争にイヤ気がさしたのか、九十歳にして奈良を去り、若狭方面をめざしたまま行方を絶った。

奈良の東かたの島ヶ原に実忠和尚創建の寺があり、和尚みずからが刻んだという像が伝わっている。三十三年に一度の御開帳で秘仏扱いだが、写真で見るかぎり、すこぶる異様の面相をしている。

そういえばお水取りの行事には「ダッタンの踊り」といわれるのがあって、ハデやかな衣装に面をつけた異様の人がはげしく行《ぎょう》をする。鵜ノ瀬の淵と若狭井をつなぐ地下の水脈と同じく、東大寺二月堂と若狭の王の舞堂とは、ひそかな糸で結ばれているのではなかろうか。

Ⅳ

天を焦がす　滋賀県近江八幡

「近江商人」といって、江戸から明治にかけて特色のある商いをした。近江の出身、それも琵琶湖の東部にあたる地区からかたまって出た。近江八幡はその中心地の一つであって、「八幡商人」ともよばれた。

なぜ湖東が世に知られた商人たちの発祥の地になったのか？　一つは地理的に恵まれていた。古くからの「官路七道」のうち、近江には東海道、東山道、北陸道が通じていた。東山道は中仙道ともいい、北陸道はのちに北国街道と名称を変えた。三道とも古来の七道のうちで、とりわけ重要な幹線であり、それぞれが多くの脇街道をもっていた。商人が往還するには、うってつけの位置というものだ。

歴史的にも近江は恵まれていた。京・大坂という畿内への玄関口である。琵琶湖の船によって北陸の港と結ばれている。さらに湖の周辺には渡来人が多く住みつき、鉄生産をはじめとして高度な技術をたくわえていた。中世的な市《いち》や座を自由化した楽市楽座《らくいちらくざ》がはじまったのも近江からである。

地理的また歴史的メリットを生かして、近江商人は全国へ雄飛した。江戸や大坂で一等地に店をもち、各地に支店をつくっていった。その商法には一定のかたちがあった。まずは行商から始める。天秤棒に荷をつるして売り歩いた。元手がなければ、体と勤勉さを活用するしかない。洗練された上方の商品を仕入れて地方へ運ぶ。帰りは地方の産物を買い入れて都で売る。往復で商売のできる「ノコギリ商法」である。

そのうち出先の庄屋や旅籠などになじみができると約束を交わして、そこへ商品を馬や船で大量に送っておく。自分は身のまわりの品だけ担いで乗り込み、別送した商品を土地の商人に委託して売ってもらった。小売行商から卸行商への拡大である。やがて資産ができると、出店を開いて子飼いの者を派遣する。委託制だと利は薄いが、自分の出店だと儲けはそのまま本店に入る。出店で足りないとみれば枝店をひろげ、チェーン制をひろげていった。

拠点は近江にあって、そこに立派な本宅をつくった。愛郷心の強い人々は町づくりにも金をおしまない。おかげで近江の各地に、立派な瓦屋根と白壁のつづく美しい町ができた。

ＪＲ近江八幡駅から北西に大通りがのびており、なぜか「ぶーめらん通り」の名がついている。ブーメランは遊び道具にあるが、投げると元のところにもどってくる。町を出てもまたもどっておいで、といった意味なのか。

少し先で官庁街通りが交叉していて、市役所、税務署、警察署、文化会館、保健所などが軒をつらねている。市民病院、郵便局、保健センターもある。通りも建物もごくありふれたつくりだが、市民生活に必要なすべてが一つところですませられる。近江商人の知恵を生かした合理性ともいえそうだ。

さらに行くと、通りの雰囲気がしだいに変わってきた。鉄骨とガラスと合板の建物に代わり、黒い瓦と白壁がまじってきた。同じ通りのつづきだが、気がつくと「小幡町通り」と名が変わっている。角の掲示板に手書きの案内が貼ってあった。

　　　　十四日　宵宮　松明奉火
八幡まつり　十五日　側祭　大太鼓渡り
　　　　十六日　間日　すでら渡り

右に折れて小路に入ると、瓦屋根や白壁が重厚だ。土塀がめぐらしてあって、奥に大屋根と蔵がのぞいている。新町通り、魚屋町通り、為心《いしん》町通り、仲屋町通り、永原町通り。どれも「町」をいただいていて、かつてはそれぞれが町衆としてのまとまりをもっていたのだろう。

きれいな碁盤目に区切られていて、基点にあたるところが八幡山。麓に日牟禮《ひむれ》八幡宮が祀られている。そんな構造からも、これが旧町の氏神さまであることがひと目でわかる。毎年四月の祭礼には大松明に火がつけられ、天を焦がすように燃えさかる。八幡さまの火祭りのころは近江路に春がまっ盛り。

近江八幡の西四キロのところに安土城跡がある。天正十年(一五八二)、本能寺の変で織田信長が殺され、安土城下は主のいない町になった。

三年後の天正十三年(一五八五)、豊臣秀次は近江の八幡山に城を築き、町づくりにとりかかった。秀吉の甥であり、養子として関白を授けられた。強力なパトロンのいるほうが商売はしやすいものだ。安土の商人や職人が、こぞって八幡城下に移ってきた。

革命児信長は楽市楽座の生みの親だった。中世以来の同業者ギルド、つまり伝統的な組織に加わらずとも商いができる。全面的な自由化であって、安土城下の試みが八幡城下でも採用された。近江商人発祥地となる下地がととのったわけである。

秀次はもう一つ重要なことをした。流通のための手段であって、琵琶湖の水を運河で引いて、八幡山の西方の西ノ湖と結ばせた。全長五キロの水の帯が山裾をめぐっていく。城にとっては内堀であり、町にとっては水運の道である。秀次は掟を発令して、湖上運航の船はすべて一度は八幡浦に寄ることを義務づけた。関白さまの威光であれば、北陸と京を結ぶ船はことごとく運河づたいに八幡町へ入ってきた。

八幡浦は「八幡堀」と名を改めて現在も健在である。昔ながらの石組みが水をたたえ、石段の上に豪壮な土蔵や倉が見える。

北ノ庄

昭和三十年代以後の高度成長期のことだが、堀は一面へドロがたまり悪臭を放っていた。埋め立て案がまとまって国の予算がついた。そのとき市民のあいだから「埋めた瞬間から後悔が始まる」の声が出た。青年会議所が中心になり、ボランティアの清掃と復元作業が始まった。ねばり強く交渉して国の予算を返上、みごとに清流の走る水の帯を再生させた。

いまや八幡堀は町の宝である。堀にうつる白壁や蔵のたたずまいは写真やポスターでおなじみだ。予算ずくでぶっこわして、あとからホゾをかむのが全国の通例だが、八幡商人の末裔はひと色もふた色もちがっていた。

運河にかかる橋があって、名前が白雲橋。その向こうに鳥居と山門がそびえている。これと向きあった擬洋風建築が明治十年に立てられた旧小学校。町の子供たちはここを出ると、天秤棒商いの奉公に出た。家を出るにあたり、さぞかし八幡さまにお参りにきただろう。白雲橋を渡りながら青雲の志をかみしめたにちがいない。

山門前の大きな掲示板に「八幡祭行事予定」が手書きしてあった。宵宮の早朝に「大松明結い」があって、午後に子供松明奉火。

一九・三〇　各御宮入り（神役・太鼓）
（古例の場所にて宵宮太鼓）
二〇・〇〇　仕掛花火奉納（白雲橋付近）

（古例により社参松明奉火を順次進行。大旨二二・〇〇頃終了）

翌日の本祭は神事が中心で、「大太鼓渡り又は代渡り（古例順）」などがプログラムだ。三日目の「間日」と「すでら渡り」は聞きなれない名称だが、神事にたずさわった人たちの仕上げの儀式と思われる。随所に「古例」が出てくるのは、日牟禮八幡さまの祭礼として定着してより、古式がきちんと守られてきたあかしである。

野外で大きな火をたいて祭りをする習わしは各地にある。土地によって言い方がちがっていて、ドンド、ドンドヤキ、オンベヤキ、サギチョウなどさまざまだ。

火祭りはもともと集落や村で行なう正月祭の行事だったのだろう。それがしだいに子供の管理にゆだねられ、小正月に門松やシメ縄などを燃やすようになった。正月の書き初めもいっしょに燃やす。

近江八幡には四月の「八幡まつり」に先立って、三月に「サギチョウ（左義長）」祭りがある。はじめは通常の火祭りだったのだろう。それがしだいに大がかりになった。ワラで編んだ巨大な松明に、赤紙やクス玉、扇などで飾った青竹をつける。全長約六メートル。それを押し立て、若者たちが「チョウサレヤレヤレ」の掛け声とともに町内を練り歩く。

四月の八幡さまの火祭りはサギチョウが農事に結びついて始まったのではあるまいか。日暮れとともに、世話役たちが続々と白雲橋を渡っていく。氏子連の代表であって、こちらは中高年組である。衣装がなんともシャレているのだ。黒の羽織袴に黒のはきもの。黒い笠をキリリと白紐で顎にとめ、羽織はガウンに似た陣羽織、胸に二つの翼のようなデザインが白く染め抜いてある。黒い笠の内側は火のような赤で、それがチラチラのぞくところがイキである。

歌舞伎の「仮名手本忠臣蔵」、大詰ちかくで赤穂浪士が勢揃いするときのいで立ちと似ている。祭礼がととのっていくなかで、プログラムや儀礼が大がかりになり、デザイナーにあたる人が衣装に舞台モノをとりこんだのではあるまいか。近江商人のゆたかな富がうしろにあってこそのハナやぎである。

主だった人が提灯をもち、「北ノ庄」「小船木」などと地区名がくろぐろと入っている。高張提灯もあって、これを掲げるところなども討ち入りスタイルとそっくりだ。

ヨシづくりの太い柱というものがある。大きさ、飾りつけがちがうのは、町内ごとに出来ばえを競うからだろう。宮入りとともに担ぎこむ。火の粉をちらしながら走りこむのもある。

いせいのいい掛け声とともに大太鼓がやってきた。ボッテリした胴まわりに縄が盛り上がるように巻きつけてある。横綱の化粧まわしに似ていて、二本の長い丸太にのせて十人あまりが担いでいく。全員濃紺の上着に白いタスキ、白ズボン。タスキを首に巻きつけると優雅なマフラーといったぐあいだ。とにかくデザイン性が秀抜である。

花火に点火されて火の玉のカーテンができた。つづいて火柱の点火。メラメラと燃えて立つのが山門をくぐり、つづいて青竹に支えられて立ち並んだ。異様な巨人が直立しているのと似ている。頭から燃え立って、白い灰が夜闇に舞いちり、蝶の大群が飛びまわっているように見えた。

青竹の燃えぐあいで直立がしだいにかしいでくる。そののちに火を吐きながらドウーと倒れる。焚き物の倒れる方角によって、その年の豊凶を占う習わしがあったというが、火柱の数がふえるにつれて、占いよりも浄火の意味合いに変わっていったのではないだろうか。

郷土資料館にいくつかの「書置」が残されていた。近江商人として名をなした当主たちは、のちの者たちに家訓として商売のモラルを伝えておきたかったのだろう。それぞれ言い方はちがっているが、「三方よし」の経営理念の点で共通している。「売り手よし、買い手よし、世間よし」。売買の双方が満足して、しかも商いの行為が社会に寄与していること。

念入りに四十四ヵ条の心得をまとめたものによると、仕入れにあたってはタイミングが大事だと説いている。競争相手が少なく、値が下がったころをみはからって仕入れる。品質をよく吟味し、客の好みも考えてのこと。人気商品だからといって当面は不要の品を高値で買い込むのはダメ。

「売りて悔やむこと、商業の極意肝要に相心得申すべく候」。

人気のある品を安価で売ってしまい、「しまった」とあとから悔やむようなのが最上の売り方。売る方が悔やむのだから買い手はきっと満足しており、これがつぎの取引につながっていく。

日牟禮八幡宮には「安南渡海船額」といって、ベトナムで成功した人の奉納額があるが、近江商人のなかには遠く海外へ進出した者もいた。利は薄くとも堅い商売のタイプと、大きな賭けも辞さなかったタイプとがまじり合っていたらしい。

旧の家並みのなかで特色のある洋館と教会に往きあった。建築家ヴォーリズの設計によるもの。八幡商業学校の英語教師として来日した。教師を退いたあと、キリスト教精神を足場に新しい家づくり、学校づくりをした。暮らしにおなじみの医薬品メンソレータムはヴォーリズの始めた近江兄弟社の商品である。太平洋戦争に際して大半の外国人が日本を去ったときも、ヴォーリズは近江八幡の地にとどまった。

八幡さまに近いところに近江兄弟社の本社があって、一階が「メンタームム資料館」になっている。

「ご自由にお入りください」。

私たちは「メンソレ」といったが、切り傷、すり傷何にでも効く。運動会のときは「足が軽くなる」という噂があって、走る前に入念にメンソレをすりこんだ。可愛い女の子の横顔が商標で、頭に白い鉢巻をして、そこから羽根のようなものがのびている。「売り手よし、買い手よし、世間よし」、もしかすると近江商人の家訓はこの魔法のクスリに、もっともみごとに受け継がれているのではなかろうか。

鬼の舞

和歌山県九度山

九度山は「くどやま」とよむ。和歌山県伊都郡九度山町。紀ノ川の上流部にあって、真言宗大本山高野山のほぼ真北にあたる。高野山を水源とする丹生《にう》川と紀ノ川の合流点近くが町の中心で、人口約七千。

その位置からも町の成り立ちがほぼわかるだろう。弘法大師がお山を開山したのは弘仁七年（八一六）のこと。標高一一〇〇メートルの高野山全域にわたり、僧坊伽藍が立ち並び、最盛期は総数百をこえた。寺院は宿坊でもあって参詣者がやってくる。しだいに町屋ができて門前町をつくっていった。

古くからの高野詣の街道が三つあった。一つは京都からの東高野道、二つ目は淀川南岸の守口に始まる中高野道、さらに堺港からつづくのが西高野道。三街道が紀ノ川右岸の高野口で一つになる。

渡しでわたった左岸が九度山町だ。川をはさみ地理学でいう「対向集落」ができあがった。

とりわけ九度山は高野山とは陸つづきなので役目が重い。山上の宗教都市の必要とする物品が九度山の河港に陸揚げされる。高野山は各地に寺領をもち、その年貢米が百石船で送られてくる。物品や米は九度山で積み換えられ、小舟で丹生川をのぼっていった。

宗教都市を支えた財源の一つが木材であって、高野山は杉の名木を産した。ありがたいお山の木とあれば神木として値が高いのだ。九度山が伐り出した杉の集散地となった。

弘法大師は開山にあたり、まわりの地形を十分に調べていたにちがいない。全国をくまなく歩いて布教にあたった人物なのだ。本拠地をどこにするか、慎重に選んで紀州高野山に白羽の矢を立てた。京・大坂からさして遠くなく、河川運航の便のあるところ。巨大な伽藍建造に必要な良木に恵まれていること。

九度山の川近くに慈尊院という古い寺がある。弘法大師の母親をお祀りしているので「女人高野」ともよばれるが、そこに丹生《にう》官省符《かんしょうぶ》神社が合わせ祀られている。弘法大師が山の鎮守のためにみずから開いたという。山上を支える山裾のセンターとして九度山を重視していたことがみてとれる。

九度山の鬼の舞は午後五時に始まって日没までつづく。時は八月十六日。日の長い時期であって、なかなか日没とはならない。その間ずっと赤毛の鬼が踊りつづける。

ご当地では鬼に「椎出《しいで》」がついて、椎出鬼の舞という。九度山の旧河港から高野山総門にいたる途中に椎出という集落があって、厳島神社が祀られている。椎出厳島神社で天災・悪疫退散、五穀豊穣を願って奉納される神事が鬼の舞である。

鬼の舞自体は各地によくあるとおりだが、椎出の鬼はすこぶる異様である。鬼の面にはメラメラと燃え上がる炎のような赤毛がつき、ときには面の半分ちかくを覆いかねない。カッと見ひらいた目、太い鼻、歯を食いしばった口。面をつけて踊る人は寝まきとも浴衣ともつかぬ着物に粗末な羽織を着こんでいる。細い布を帯として巻きつけ、下帯はまっ赤なふんどしだ。足は素足。着物の裾が短いので、膝から下、また赤ふんどしが剥き出しになるいで立ち。

小道具は丸い棒に白い布を巻きつけ、端をしぼって両端を垂らしたもの。垂れた白布が踊りにつれてひらいたり、すぼまったりする。その間ずっと笛と太鼓が単調なメロディーをかなでている。

椎出厳島神社は集落の山ぎわにあって、杉の古木が天をさしてそびえている。丸石を積み上げた石垣にのっかるかたちで板屋根をもった古式の鳥居があり、左右に赤い格子塀がのびている、その左手に白い紙が貼り出され、当年度「鬼の舞役者」が書き出してあった。鬼、太鼓、笛、謡、総勢十一名。

神社とより添うぐあいに高野山の末寺があって、かたわらに地蔵堂。参拝にきた人は合わせてお寺に参っていく。神と仏と地蔵尊が里の平安を守っている。

椎出の鬼の舞がいつから始まったのか、くわしいことはわからない。神社には鬼のほかに、翁や女の面が伝わっていて、いくつかの舞があったなかから鬼の舞だけが残ったのかもしれない。

高野山への街道筋の椎出からさらに奥まったところを古沢というが、そこにも厳島神社がある。古沢厳島の神事は同じ八月十六日、始まりが二時と早く、こちらは傘鉾《かさほこ》祭といって、布をかぶせた傘鉾三本を掲げていく。うしろに宮座衆四十人がお渡りをするのだが、足は素足、笹の葉をくわえて歩く。同じ古沢厳島の秋祭りには、集落の長老がえびすのお面をかぶって舞を奉納する。まっ白なひげを垂れたえびす様が神前で三回、「えびす飛」を演じてみせる。

昔は鬼と傘鉾とえびす舞とがつらなっていたのかもしれない。火のように赤い鬼の毛と雪のように白いえびすのひげとは、あつらえたような好一対である。傘鉾の宮座衆も短い上衣に素足を剥き出しにしている。もともと連続性をもっていた奉納舞が集落に分担されるうちに、それぞれが独立して演じられるようになったものか。

そもそも鬼というのは不思議な存在である。酒呑童子や安達ヶ原、鬼ヶ島や羅生門、これらは鬼の名士たちというもので、そのほか各地にさまざまな鬼伝説がつたわっている。

ものの本によると鬼という字には「ム」がついているが、これは「私」の古字で、「公私の別」というときの私にあたる。私は公に対するうちうちの内緒ごと。公然や公正を否定した秘めごとであって、それで「ム」がついており、つまり鬼は「見えない存在」ということになる。「魂」は私に属して目に見えない。だから鬼がかたわらにいる。悪魔の魔、魔性の魔、正体のわからぬ魔物には当然のことながら鬼がつきもの。しかし、公私の「公」にもムがついているのはどうしてか？

公の字の上のハは「なきこと」を意味している。ムをハが否定して反対の意味に変えたということか。

魅力の魅が鬼をもつのはひきつけ、化かし、まどわすものだからだ。「魅入られる」などというのは、執念にとりつかれること、神や霊が乗りうつる。心の世界の目に見えない存在であって、だから鬼がついている。

鬼談義はそれなりによくわかるが、鬼がどうして金棒をもっているのか、また鬼がなぜ虎のふんどしをしているのか、この点はよくわからない。赤鬼や青鬼といっても、黒鬼や白鬼とはいわないようだが、どうして赤と青にかぎられているのだろう？

白い着物に水色のかみしもをつけた少年たちが、太鼓の打ち方を習っていた。白髪の人がトントコ・トントコと口で拍子をとるのに合わせ、なれぬ手つきでバチをさばくのだが、小太鼓というのは打ちどころが悪いと、ウンともスンとも音を立てない。叩いても鳴らないあやかしの鼓である。お供に先導されて鬼が登場。石垣前の広場がひときわザワつき、つぎには静まり返った。なるほど、異形の者である、歯を剝き出した口元は怒っているようでもあれば、薄笑いを浮かべているようでもある。首をかしげると、おどけているふうで、怖いというよりも愛嬌たっぷりだ。

鬼が近づいてきて坊やがあとずさりする。鬼の棒で撫でられると病気をしないという言い伝えがあって、親はうしろから押し出すのだが、子供はイヤイヤをして尻込みする。やがて鬼に抱きすくめられてワッと泣き出した。つづいて母親に抱かれた坊やの頭に棒の布切れが垂れたとたん、こちらも火のついたような泣き声。まわりの大人が笑っている。背後でゆっくりとした笛のメロディー。高野の山里の祭礼が、のびやかな風景をつくっている。

鬼の舞は棒を扱うしぐさ、両手、両足のかたち、天や地を見つめて棒で打つ回数などによって、いくつかのプログラムをもっているらしいのが見てとれた。ちがった流れのなかに同じ動作がもどってきて、それがまたつぎのヴァリエーションへとうつっていく。舞うほどに胸元がはだけ、裾がひらいて股間の赤ふんどしがハデにひらめく。

白い布を巻いた棒が鍬になったり、鋤になったり、ときには荷ない棒になったりで、全体としては農耕の作業をなぞらえているのではなかろうか。棒は神聖な何かに相当するのだろう、素手ではなく袖の上からつかむ。そのぶん体に引きつけられて、おのずと人と棒とが一体化したスタイルになる。

舞に気をとられていて見のがしたのだが、地区の役員といった面々が奇妙なものを地蔵堂の方で運んでいた。船形をした大きなつくり物で、白玉模様の布にくるまれている。あとでのぞいてみると、石の参道の中央に据えられていた。上に挿したかたちで花が飾ってあった。赤地に白抜きで「奉納　南無大日如来」の旗が林立するなかに、奇妙な据え物がおごそかに置かれている。

九度山町のキャッチフレーズは「日本一を誇る富有柿の里」。明治四三年（一九一〇）に植えられた一本が始まりだったという。当地の地質と気候が富有柿にぴったりだったのだろう。みるまに増えつづけ、いまでは生産量、また品質ともに日本一。風味ゆたかで栄養満点、まさしく健康食品のブランド物である。

柿をかじりながら商店街をブラついていると、「真田のぬけ穴」の標識が目にとまった。戦国の武将真田昌幸と幸村が九度山の屋敷を拠点に策をめぐらした秘密のぬけ穴があって、猿飛佐助や霧隠才蔵が密命をおびて出入りしたという。

「この穴はどこに通じているのですか?」

世話役のじいさんにたずねた。

「さあ、どこでっしゃろー」

のんびりした返事が返ってきた。大坂城に通じているという者もいる。

「ホラですワイな」

ホラにしては気宇壮大でほほえましい。丹生川の「丹生」という地名は銀の産地につけられたというから、古来の穴が真田伝説と結びついたようだ。真田庵のお土産が真田紐。幸村が考案し、十勇士に紐売りの姿で行商をさせて諸国の動静を探ったとか。

かくれ住んで　花に真田が　謡かな

蕪村の句。九度山を訪ね、関ヶ原で敗れて逃れてきた真田父子を思い出した。

炬燵して　語れ真田が　冬の陣

はじめて知ったのだが、真田幸村の九度山生活は十四年間に及んでいる。天下の知恵者であって、土地の暮らしをよく見ていたはずだ。真田紐といった新製品は人々の暮らしの一助として開発したのではなかろうか。参詣客の土産物は軽くて役に立つのがいい。その点、丈夫で使い勝手のいい組紐など、もっとも好まれた一つだったはずである。

奈良県では吉野川、それが和歌山に入ると紀ノ川と名がかわる。わが国きっての大河であって、吉野川にいくつものダムができる前は、季節をとわず満々と水をたたえて下っていた。作家有吉佐和子が『紀ノ川』と題し明治、大正、昭和三代の歴史を、一人の女に託して物語にしたのも、悠々とした川と、あふれるような水量に惹かれてのことだろう。主人公は上流の九度山から川下の六十谷《むそた》に嫁入りした。

嫁入りの朝、川霧が薄れて朝日の射しはじめた川をながめ、女はおもわず土地の言葉で呟いた。

「美《う》っついのし」

その日、五艘の船を船頭たちがあやつって、水の上をすべるように下っていった。その一艘に駕籠がのせられ、なかに花嫁がいた。なんとも時代がかった嫁入りだが、川辺の町や村ではごくふつうのことだったのだろう。女は塗駕籠の戸を細めにあけて、岸辺の緑をながめながら、身を固くして「水の上にいる自分の位置」を感じていた。いかにも女性作家らしい筆づかいで、男のもとへいく若い女の生理がつづられている。

女丈夫で、しかも優美なこなしを合わせもつ彼女は、旧家から旧家へ嫁いで、さらに家を発展させた。ある日、ふと思い立って紀ノ川の川べりに来たところ、川面こそもの静かで青々としているが、水が音を立てているのに気がついた。底流が「一口《ひとくち》に水音とは呼べぬほど部厚い響」をたてて押しかぶさってくる――。

その夜、川辺の宿で土地のお酒を飲んでいて、私もたしかに水音を聞いた。わが名と同じ一字をもつ紀ノ川は、天界からのせせらぎのようにサラサラと音を立てていた。ゆめゆめ疑うことなかれ。神ならぬ鬼にかけて誓ってもいいが、鬼神に横道なし。鬼はウソをつかない。

ケンカだ　ケンカだ　兵庫県姫路

兵庫県南部の瀬戸内ぞいを山陽電鉄という私鉄が走っている。始発駅の姫路から、まず南に進んで飾磨《しかま》。古代の『播磨風土記』にも出てくる古い港町である。

ここから東に転じて妻鹿《めが》、白浜の宮、八家《やか》、大塩。いまは埋立て地がひろがっているが、かつては海に寄りそうかたちだったことが、「浜」や「塩」をもった駅名からもみてとれる。

遠浅の海は「灘浜《なだはま》」といって貝や魚を育てる。広い松原と白砂の浜。そこに塩田がひらかれた。雨が少なく日照時間が長いことに目をつけて、明治になるとマッチ工場が進出してきた。広大な浜手に漁と塩とマッチ産業とが共存していた。

松原八幡宮は私鉄の駅でいうと、妻鹿と白浜の宮の中間にある。毎年十月、当地は祭礼でわき返る。「灘のケンカ祭り」として知られるもので、多少とも――いや、大いに荒っぽい。神輿の壮絶なぶつかり合いがくりひろげられ、おりにつけ死者が出る。警察は自粛をよびかけるが、町の人は歯牙にもかけない。

神社にはゆかりの三つの神輿があり、海ぞいの七つの地区が管理している。神輿は「上《かみ》・中・下《しも》」の名で区別され、どの地区はどれと厳しくきめられている。神功皇后の三韓出兵のおり、シケで軍船がぶつかり合った故事にちなむという。それが儀式化され、「ケンゴ」とよばれる青竹で神輿を突っぱり、激しくからみ合わせる。バランスが崩れて神輿が横倒しになると大ごとだ。何トンもあるのがのしかかってくるわけで、下敷きになると死者が出かねない。

兵庫県姫路市は、わが故里である。高校を出るまでこの町に育った。だから松原八幡宮の秋祭りにくわしいはずだが、実はそうでもない。幼いころに白浜や妻鹿の海へは何度となく海水浴に出かけたが、「ケンカ祭り」を見たのは一度きり。これについては個人的な理由以外に、地方都市に特有の地域主義が関係している。

姫路市は城で知られる。姫路城、またの名を白鷺《はくろ》城といって、いち早く「世界遺産」になった。町は当然、城とともに発展した。

第二次世界大戦が終わった直後、姫路市と南の飾磨市が合併した。「昭和の大合併」に先立つこと数年、古い城下町と港町が一つになった。ときの市長は強引なやり方でことを進めたらしい。飾磨側の反対が強いとわかると、占領軍の命令という形にした。当時、アメリカ軍司令部は絶対権力であって、それを利用したわけだ。そしてノドから手が出るほど欲しかった港を手に入れた。

さらに余勢をかって港町の東西にひろがる町や村を併合した。海ぞいの広大な土地を獲得して、古い城下町が急速に新産業都市へと衣更えをした。

飾磨市民、また海ぞいの人々には、おもしろくなかったにちがいない。飾磨は古代にさかのぼる歴史をもち、徳川体制の見張り役だった城下町などより、はるかに由緒深い。合併したのちも地名を保持するために区制を主張して、姫路市飾磨区と名のることを実現した。母屋は貸しても軒はゆずり渡さない。海ぞいの町村も同じく旧名をゆずらず、そのためどこも長い地名になっている。

合併はしても町は一つにならなかった。旧弊な城下町と、海にひらいた土地柄とは、水と油のようにちがうのだ。私は城下町の生まれであって、親たちがよく「海の人」の悪口をいうのを聞いていた。海辺育ちは「がさつで荒っぽい」というのだ。その見本が「ケンカ祭り」であって、ぶつかり合いを売り物にする祭礼がどこにあろう。こちらの「お城祭り」には武者行列が出て、夜は城内で踊りが披露される。いっぽう海辺では派手に神輿がぶつかって、ねじり鉢巻をしたのがどなり合っている。同じ秋祭りでも天と地のようにちがっていた。

そのせいだろう、一度だけ親につれられ、山陽電鉄で出かけたときも、まるきり知らない町へ行くように緊張していた。山の斜面が桟敷席になっていて、人がぎっしりつめかけている。底にあたる広場には、裸にふんどしの男たちがひしめき合っていた。かつぎ手がいっせいに腕をのばすと、神輿が虚空に浮いたぐあいになる。そこに青竹が突っかかると、ドッと歓声が起きた。

そのとき神輿の一つがやにわに傾き、船が傾くように横倒しになった。まわりでいっせいに悲鳴が上がり、大人たちが桟敷から飛び出していく。あらためて調べてわかったが、昭和二十七年（一九五二）のこと、横倒しになった神輿の上に、もう一つがのりあげて、二人の死者が出た年である。とすると自分は十二歳。まわりにとびかう怒声のなかで、石のように身をこわばらせていた。

半世紀にあまる間をおいての祭りの見物は、さながら浦島太郎というものだ。オンボロ私鉄だったのが軽快な郊外電車に変わり、当今は神戸、大阪へも乗り入れている。バラックのようなマッチの工場群はあとかたもなく、赤白ダンダラの巨大な煙突の下は出光興産製油所、関西電力姫路第二発電所、大阪ガス姫路製造所。マッチに代わって石油と電力とガスの大御所が居並んでいる。

松原八幡宮のまわりは宮ノ下公園として整備され、半円形の桟敷席はさながら後楽園球場である。ドームではなく澄んだ青空が大天井をつくっている。

神輿のかつぎ手はネリコ（練り子）とよばれ、早朝に海で身を清める。鉢巻は赤、黄、青とあって、上・中・下の地区を区別している。同色そろいのハッピがついているが、そのうち、たいていがぬぎ捨てて白いフンドシ一つ。青竹には鉢巻と同じ色別の紙飾りが、大きな花のつぼみのようについていた。

神輿もまたまるきりちがっていた。幼い時の記憶にあるのは、黒っぽい屋根のまわりにトンがったのがついているだけだったが、現在のものはおそろしく華麗である。俗に「ギボシ屋台」というが、四隅に槍のように突き出た飾りと、上に擬宝珠状の突起をもつ。どれも金銀であやどられ、太い飾り綱つき。「水引」とよばれる金糸銀糸の飾り幕ときたら、息を呑むばかりに華やかである。

世話方
世話方

地区ごとにライバル意識があって、年ごとに趣向をこらし、曳き物を新調するという。長老がこまめにだんじり屋をまわり、とびきりを見つけてくる。ふし目の年には神輿そのものを新しくする。家ごとに割り当てがあって、けっこうな負担になるが、積立貯金をしてでも氏子のつとめを果たすそうだ。

となりの桟敷席のじいさんによると、「古いのは奥にいく」。姫路より北へ向かうと山間の町に入り、海辺からいうと「奥」であって、旧の神輿が山の町の氏子たちに買い取られる。こちらはいつも新車だが、あちらは中古車を化粧直ししているわけだ。

「やっぱり灘がイチバンや」

缶ビールのようにして一合トックリを飲みながら、じいさんが赤鼻をうごめかした。

神功皇后にまつわる由来は、たぶんあとからつくられたのだろう。記録によると、播磨灘に面した地方に神輿が導入されたのは文化年間（一八〇四―一七）のこと。それがいまみるような勇壮な祭りになったについては、時の名家老・河合寸翁《すんおう》の策謀によるという説がある。おりしも姫路藩は財政の窮乏に苦しんでいた。百姓一揆が頻発、また町衆が姫路木綿の専売制を確立して、着々と力をつけている。そんななかで領民の分断を図ったというのだ。

灘筋の漁師町には漁場を牛耳る網元がいる。海運業や塩田経営で財力を蓄えた有力者もいた。気風が荒く、団結力がある。その政治的欲求をそらすための方策として、年に一度、派手な祭りでエネルギーを燃えつきさせる。ついては祭礼組織を細分化して、地区ごとに競争意識をあおらせた

――。

何やらもっともらしいが、これもまた、あとからつくられた説にちがいない。一定の目的がなければ行為が成り立たないわけでもなかろう。行為があって、それから目的が生まれることもある。祭りがたのしくてたまらない。だから神輿をかつぎまわる。ますますたのしくなってぶつけ合った。同じことなら豪儀な神輿をかつぎたいのも、これまた人情。家老の胸三寸で人が人形のように動いたりしないものだ。

町内を巡回した神輿が、お旅所のある山へとやってきた。かつぎ手は若者が多い。東京、大阪、さらに九州や北海道で勤めていても、祭りにはきっともどってくる。長いかつぎ棒の前後に中年組がいて、大声で指示している。勢いがつきすぎると、うしろの組が房のついた白い綱でブレーキをかける。バランスが崩れかけると、「取締」のハッピ姿がとびのって調整する。野放図なアナーキー状態のようでいて、全体としては一糸乱れぬ統制がとれている。

花飾りの青竹は、現在は突っぱるよりも飾りとしての効用だろう。色ちがいが何十となく並び立って、その中心に神輿がつつまれている。

桟敷席から見渡すと、眼下が大海原に似ていた。ひしめき合った人々が無数の波、金の擬宝珠を突き立てた神輿は、波にもまれる船である。三韓出兵の軍船説はこじつけとしても、「灘のケンカ祭り」は、あきらかに海に生きる人々が生み出した祭礼にちがいない。どよめきが潮騒のようにひびいて、それが一定の波長をとってもどってくる。

若者にまじり、デップリおやじがふんどし一丁で神輿にとりついていた。息が切れたのか、群れからころげ出し、両手を腰にそえて天を仰いでいる。胸や腹がタレかげんで、無惨にもふんどしの紐がヘソの下にくいこんでいる。

かつてはケンカで鳴らした御仁だろう。いまや老兵は消え去るのみ。何やら身につまされる思いでボンヤリとながめていた。歓声がドッとあがり、三艘の軍船がしずしずとお旅所を去っていった。

ケンカだ　ケンカだ

竜と唐子と

岡山県牛窓

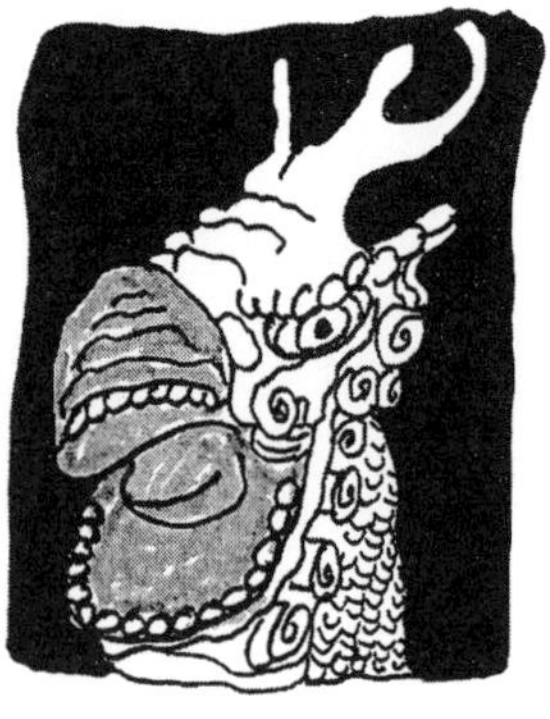

広島から岡山にかけての瀬戸内には、塩飽《しあく》諸島をはじめとして無数の小島がちらばっている。とりわけ海峡の狭まったところを備讃《びさん》瀬戸といって、備前と讃岐がグイと頭を突き出したぐあいだ。現在は二つの頭を紐で結んだようにして瀬戸大橋がのびている。

海峡が狭まったところは当然のことながら、海流が激しく、ところによっては複雑に渦巻いている。船頭たちはさぞかし舵取りに苦労しただろう。備讃瀬戸を通り抜けても、まだ油断できない。大小さまざまな直島諸島がとおせんぼをするように待ちかまえている。

古くから語り継がれてきた難所があって、それを通過すると、にわかに前が大きくひらける。波静かな中庭のような海域で、島影がまわりを護衛するように控えている。そこを奥座敷に向かうように進んでいったどんづまり。夜だと美しいガラス玉を並べたように明かりが列なっている。牛窓《うしまど》であって、古人は「唐琴《からこと》の浦」と、ゆかしい名でよんだ。

どうして、「牛窓」などと奇妙な地名がついたのだろう？

「神功皇后、船にて備前海上を過ぎ給ひき」

言い伝えでは「大いなる牛」と関係している。それが海上にあらわれ、皇后の船を角で覆《くつが》えそうとした。そこへ「住吉の明神」があらわれ、その角をもちて「投げ倒し給ひき」。牛が投げとばされたので牛転《まろ》び、それが訛って牛窓になったという。ほかにも異説があって、たしかなことはわからない。海に牛があらわれるなど、不思議といえば不思議だが、流れの速い海峡で船がきりもみ状態になったときなど、怪しいけものが角で転覆させようとしているように思えたかもしれない。目をつぶって住吉大明神を唱えたところ、無事難所を通り抜けた――。

神功皇后になぞらえられるなど遠い昔から港として栄えてきた。瀬戸内海を往き来する船は、きまって牛窓に寄っていった。明治七年（一八七四）の記録には、一年間に出入りした千石船七千二百艘とある。そんな数字からも、かつての町の賑わいぶりがわかるのだ。

ＪＲ岡山駅からバスで一時間あまり、終点のバス停のすぐ前が海で、左右から岬がつき出している。なるほど、恵まれた地形であって、天然の良港というものだろう。

正面に定規で引いたような直線が見える。「一文字波戸《はと》」といって、江戸時代に築かれた防波堤だ。元禄八年（一六九五）、備前藩主池田綱政が直々に指図して、二月にとりかかり十一月に完成した。藩主が現場監督を買って出たのは、それだけ重要な港であったからだ。藩もまた高度な土木技術をもっていた。多少の補強をするだけで、現在も立派に役目を果たしている。

背後がモッコリした山で、通称阿弥陀山《あみだ》。その斜面を海沿いに町ができた。角市、奈良亀、玉津尾、山松……。名の知れた料理屋が軒をつらね、三味線や太鼓の音が波音とまじって流れていた。もとより遊郭があって着飾った女たちが待機している。ときには「オチョロ舟」とよばれるボートに乗って、沖の泊り船に出向いていった。

それはむろん、千石船などの船便が輸送の主役であったころの話であって、鉄道の登場とともに港はしだいにさびれていった。車社会ではなおさらのこと。瀬戸大橋に無数の赤い灯が点滅するころ、古い港町は死んだように静まり返っている。阿弥陀山から吹き下ろす風が、老人の呟く念仏のように聞こえなくもないのである。

その町が年に一度の、晴れやかな賑わいを見せる。瀬戸内の港町におなじみだが、地区ごとに氏神さまが祀られている。元締にあたるのが牛窓神社で、土地の人は「八幡さま」とよんでいる。お神輿《みこし》は、総ひのき造り、胴六角の変わり種。奉納される踊りの一つが「太刀踊」で末社のある綾浦地区の担当。

これに対して紺浦地区の奉納するのが「唐子踊」。末社は疫《えきり》神社ともいって、疫が流行したとき、牛窓神社の境内にまつられていた牛頭《ごず》天王を勧請したのが始まりという。正式には素戔嗚《すさのお》神社だが、一般には「エキリの神さん」、あるいは「オヤクジンさま」とよばれている。

地区ごとにだんじりがあって、祭りが近づくと引き出され、引き幕と提燈ではなやかに飾られる。

港町であればどれも船型をしており、紺浦地区の「だんじり飛龍丸」は頭部に勇壮な竜がついている。中浦地区は麒麟《キリン》が天がけるスタイル。関町のだんじりは紺浦と同じ竜だが、目と牙をむき出し、まっ赤な舌をのぞかせている。町が栄えていたころ、地区ごとに競うようにして豪華なだんじりを仕立てたことがみてとれる。

奉納舞のうち唐子踊が風変わりだ。稚児舞の変形だろうが、少年二人が異国風の帽子と衣服で出てきて、意味のわからない歌に合わせて踊る。観光協会発行のパンフレットによると、「衣装も歌も踊りの動作もほとんど類をみない独特のもの」。

町の歴史の産物にちがいない。江戸のころ、幕府の将軍が代わるたびに朝鮮の使節団が国書と貢物を献じるためにやってきた。牛窓は重要な海駅として、いつも接待所にあてられた。正使、副使、従事官総数三百人にあまる大人数で、ある年の記録には迎船、送船、案内船など「総船数合ワセテ千百五十六艘」とある。異国の一行の置き土産として踊りが伝えられ、それが疫調伏の神社の稚児舞にとりこまれたのではなかろうか。

お祭りに向かうときは気持ちがせくものだ。早く行かないと終わってしまうような気がする。グズグズしていると、いいところを見逃しそうだし、他人に横取りされるようにも思える。岡山発のバスがあちこち寄っていくので、なおさらひとり気をもんでいた。

着いてわかったが、べつにあわてる必要はない。「平成の大合併」にあたり、牛窓町は隣り合った長船町、邑久《おく》町といっしょになって瀬戸内市をつくった。だからこれまで「牛窓祭り」ですんだものが、「瀬戸内市牛窓町牛窓、牛窓神社祭礼」と何やらものものしい。

ただそれは看板だけで、町は落ち着いているし、人々はのんびりしている。西国特有の厚い土壁をもった家並みは、多少の行政の変動などにビクともしないふぜいである。入江の西かたがヨットハーバーになっていて、シャレたホテルができた。

「エーゲ館うしまど」（観光センター）

どうして瀬戸内にエーゲ海が出てくるのか不明だが、ともかくそこで地図をもらって歩き出した。牛窓神社の祭礼日は時代によって変わってきたが、現在は十月第四日曜日とされている。

海を前にして西側が紺浦地区、腰掛岩をはさんで、綾浦地区、それから御霊社をはさみ中浦、関町、西町、本町、東町、牛窓神社は東町の背後にある。本町を中心とする町並みがまずできて、それが紺浦、綾浦の集落にのび、ついては「牛窓さま」の末社が両地区につくられたのだろう。お神輿、だんじり中心の通例のお祭りと、太刀踊や唐子踊がどのように結びつくのか頭をひねっていたが、現地にくると納得がいく。もともと別個に生まれ、それぞれ別々に営まれていたにちがいない。

本町筋の古ぼけた家の壁に「カフェ」の文字が消えのこっていた。二階の出窓に彫刻がほどこされていて、細身の格子がはまっている。たたずまいがどこか派手やかなのは、元は遊郭だったのかもしれない。

町内の空地にだんじりが引き出されている。つい頭部に目がいきがちだが、船型の船体そのものがみごとである。東町地区の御船だんじりが一番古いそうで、文政元年（一八一八）の製作。黒漆に堆朱や金色菊文にいろどられている。氏神様のお召船として作られたというが、たしかに独特の華やぎと品格をそなえている。

竜頭の関町だんじりは二階建ての屋形をもっていて、そこに鳳凰ほか十七の彫り物がほどこしてある。弘化二年（一八四五）、田渕栄造勝家製作。土佐・宿毛村の人というから、名のある工人がはるばると高知からやってきたらしい。

町の人は毎年見なれていて珍しくないせいか、ガランとした空地や道ばたに、彫り物ずくめの小舟がポツンと置かれている。船首の竜が目玉を剝き、勇ましく天を仰いでいるだけに、なおのことユーモラスだ。

太刀踊は御霊社に奉納されるもので、太鼓役一人、男役二人、女役二人、いずれも小学校上級クラスの少年がする。太鼓役は漆塗りの陣笠をかぶり、黒紋付に袴、白足袋。かつての備前藩士をかたどっているようだ。男役は白鉢巻に白のたすき掛け、裾をからげ、手甲脚絆に白足袋、肩に太刀をかついでいる。女役は芝居に出てくる腰元風でナギナタをかまえている。笛方以外は、すべて子供たちが演じていく。

唐子踊は奉納場所が四ヵ所あって、疫神社、天神社、薬師堂、腰掛岩、それぞれの場に向かうとき、大人が肩車していく。当今の少年は発育がいいので、背負う人はたいへんだ。

「ヨッコラショー」

腰をかがめ、つづいて自分に掛け声をかけて立ち上がろうとしたところ、あやうくうしろに転びかけた。

「きた、きた……」

伝令役の少年が走ってくる。「唐子踊保存会」のハッピの笛方、小太鼓役が数人、そのうしろから肩車の二人組。

踊りは並んで膝をつき、両手を立てた方の膝頭にのせて頭を下げることから始まり、約十分ほどつづく。全体は太極拳の体操のようで、たしかに衣裳といい、中国語まがいの掛け声といい、「唐子踊」というのがふさわしい。

腰掛岩というのは、神功皇后が上陸したときに腰掛けたといわれているもので、前に石の祠が祀られている。いかにも年代物の大石と、老松と、石の鳥居、その前でエキゾチックな衣裳の少年が、奇声を上げながら、のび上がったり、かがんだりする。少年の顔は淡い白塗りで、額に紅の十字、まっ赤な口紅。数あるわが国の祭礼踊りのなかで、なるほど、「ほとんど類をみない独特のもの」といえるだろう。

この間、六角神輿がお旅所を廻っていた。担ぎ手は青年が主体で、白の鉢巻に白の衣裳、白の脚絆に白足袋。だんじりのある地区では神輿のくるのを待ちながら、しゃぎりを奉納する。神輿が到来すると、だんじりを引いて町内をねり歩く。車輪がついたのをゴロゴロ引くだけなので、これは中年おじさんや白髪頭がやっている。体力に応じて、いつしか役割が定まっていったのだろう。

出し物に変化があり、道具立ての多彩な祭りだが、観光ずれしていなくて、いかにも「わが町の祭り」の雰囲気である。ふだんの背広に白い布の羽織をつけると、それだけで町の顔役に見える。そんないで立ちの年寄りが何をするでもなく道ばたで佇んでいる。遠くからしゃぎりの音が流れてくる。

本町裏手の高台に本蓮寺という古刹があって、境内からの眺めがいい。すぐ前が前島、別名が緑島、隣り合って黄島、青島、黒島。これ以上ないほど明快な名づけである。フェリーが巡行していて、牛窓＝前島間は乗船時間七分。手を振ればこたえられそうな近さ。

瀬戸内の要所であれば、たえず賓客がやってきた。幕府の巡見使なども廻ってくる。本蓮寺は見晴らしがいいので、備前藩の役人たちはここで沖合いをながめながら待機していたのではなかろうか。幕府の役人は、中央の高級官僚であって、接待に抜かりがあってはならない。

バスの終点のすぐそばに郷土館があって、朝鮮使節の一行が人形で再現してある。大層な行列であって、係奉行をおおせつかった備前藩の記録が残っている。

上官、次宮ノ係　丹羽平太夫ホカ二十四人
中官ノ係　日置十左衛門ホカ二十三人
下官ノ係　下方覚兵衛ホカ二十三人

古ぼけたリストが伝えているとおり、接待チームが編成され、チーフを中心に入念な打ち合わせがあった。官の上下を問わずほぼ同じ人数があてられているのは、それぞれのクラスなりに扱いの苦労があったせいだろう。

献上ノ馬、鷹ノ係、及ビ馳走係　春田十兵衛、津田勇太

あまりサエない役回りだが、将軍献上の馬や鷹であって、そそうがあってはならず、万一弱らせたり死なせたりすると切腹ものだ。春田、津田の両名は身の細る思いがしたことだろう。

いくつかの注意事項のなかに、「宿泊中に朝鮮人が物品の売買を申し出ても、一切取り引きしてはならない」がある。わざわざ注意したのは、こっそり異国の物品を横流しする者がいたからであって、珍品だから高く売れる。注意事項がまざまざと、ひそかな現実を伝えてくれる。

「牛転び」ゆかりの住吉大明神が海辺の高みに祀られている。石段に腰掛けていると、西陽を受けて海面が光りはじめた。まるできらびやかな船行列が、西からしずしずと近づいてくるようだった。

大漁祈願　香川県庵治

波おだやかな瀬戸内海のなかでも半島に抱かれた内海は、とりわけおだやかである。よほどの悪天候でないかぎり、海面がガラスのように光っている。そこにチリメン模様のようなさざ波がひろがり、船が通ると、白い泡とビロードのような筋がのびる。しばらくすると、また元のチリメン模様にもどっている。

とくに高松港前方の海は岬と島が海域をつつみこむかたちになっていて、天然の防波堤である。港の東の三角状をしたのが屋島で、その突端が長崎ノ鼻。キバのように切れこんだ屋島湾の対岸に八栗《やくり》半島がのびている。

その半島の喉のところ、パクリと西に口をあけているのが庵治《あじ》港である。長崎ノ鼻と庵治港と、両者の沖合に大島を結ぶと、きれいな三角形ができる。こういった地形からも、庵治港がいかに恵まれた漁港であることがうかがえるだろう。庵治町は瀬戸内海きっての漁業の町であって、おのずと古くから大漁祈願の風雅な祭礼がいとなまれてきた。

屋島はその名のとおり、もともとは島だった。川の流出土砂で四国とつながったもので、地理学でいう陸繋島《りくけいじま》である。外見的にもゴツゴツしているが、黒雲母カコウ岩に讃岐岩（サヌカイト）をのせた溶岩台地だそうだ。

源平が戦った古戦場壇ノ浦は、溶岩台地のスキ間といったところなのだ。

すぐ隣りの八栗半島も同じ土質からできている。庵治町にはありがたい話で、黒雲母カコウ岩は墓石や石灯籠に打ってつけ。しかも良質なので「庵治石」とよばれ、墓石の世界のブランド品だ。「魚と石のまち」が庵治町のキャッチフレーズであって、不釣り合いなコンビであれ、ウソ偽りはないのである。

高松からだと琴平電鉄で半島のつけ根までできて、そこからバスを乗り継ぐ。つけ根のところは牟礼町で、バス道は古戦場を見下ろしながら岩山の西かたを走っていく。山の名が五剣山。カコウ岩が浸食され、頂上が五つの峰のように分かれていたところからこの名がついた。江戸半ばの大地震で一つが崩れ四峰になったという。バスにチラホラ遍路姿がまじっているのは、山頂に八十八ヵ所札所の一つがあるからだ。

町の人口は約八千——と、これは旧来の数え方。高松市と合併したのでいまでは県都四十万の一部である。新市はしばらくは奇妙な形をしていた。半島のつけ根の牟礼町は数年にわたり旧のままだったので、高松市庵治町は海につき出た飛び地といったぐあいだった。市の職員は新市域に行くとき、必ず一度はよその町を通っていかなくてはならなかった。

そんなムリをしてまで合併したのは、両者の利害が一致したせいではあるまいか。高松市は漁獲高のいい港町が欲しいし、五剣山から切り出される庵治石も大きな魅力である。庵治町からすると、すぐ南の牟礼町よりも県都の市場と直接むすびついているほうが流通の点で、また県と密接な点でも何かと便宜があるはずだ。

祭りを見にきたのであって行政視察にきたわけではないのに、旅行者はヒマ人だからラチもないことを考える。しかし、そんな通りすがりの人間にも、風土のちがいはよくわかる。同じ高松市の市民課に登録されていても、旧高松市民と旧庵治町民とは、およそ別人種のようにちがうのではなかろうか。

港町におなじみだが、港の中心部に漁協、信用金庫、郵便局、釣り船店などが並んでいる。早朝の魚市が終わると男たちは用なしで、チヂミのシャツに腹巻きという古典的なスタイルでブラブラしている。県都におよそ見かけない風景である。ねじり鉢巻が格好いいのは、これが漁業界のシルクハットにあたるからだ。

一つ裏手に入ると、長屋式の古風な建物がつづいている。長屋ではなく一つ一つ独立した家屋なのだが、壁を接していて、全体が一つの家族のようだ。実際、町内がそんなつき合いで維持されてきた。辻の角に地蔵尊などがまつられていて、それが各地区を区切る目じるしになっている。

浜支部
浜支部

町の守り神が皇子《みこ》神社。毎年七月末の深夜に催される例祭は三百年以上もつづいてきた。御輿が海を渡るのは海辺の祭りにおなじみだが、庵治御輿は屋根をとって大暴れをする。大海に翻弄されるぐあいに、人が御輿にしがみついている。

社伝によると、正確には王子権現と称して、応神天皇第二王子の宇治維郎命《うじのゆきばらへこのみこと》をまつっている。はじめは浦海岸にあったが、天和元年（一六八一）、高松藩主松平頼重が銀子を寄進した際、眺望のいい高台に移ってきた。境内には金刀比羅宮、蛭子宮、稲荷社などもまつられていて、半島一円の守護神といっていいのである。

なるほど、眺めがすばらしい。港町の黒い瓦屋根、埠頭の漁船、対岸の屋島。木立ちに隠れているが、北には鎧島、兜島が控えている。平家ゆかりのヨロイ、カブトで命名されているのが、古戦場の海らしい。

ふつう祭礼は境内が主な催しの場になるが、庵治のは海に小船を浮かべ、それをくくりつけた上に舞台をつくる。丸太を組み、テント式の屋根をつけ、無数の提灯をぶら下げ、まわりに幕を張りめぐらしていく。さらに上から船名を染めつけた飾り幕や大漁旗を垂らして出来上がり。

いつごろから船上の舞台になったのか？　豆しぼりの手拭いを頭に巻いた長老によると、「とおの昔から」とのこと。以前はもっと「ようけ」つくったが、最近は二つ三つが「相場」だそうだ。提灯に灯が入ると木組みの舞台が幻影城のように浮かび出る。たしかに夜のお祭りである。

宵の口は子供たちが主役で、白鉢巻、黒い襟つきの白い羽織、モンペ式の黒ズボンに白足袋。背中には腰までとどく青色や朱色の帯をさげていて、白と黒と青色や朱色の対比が美しい。

茂年丸、久文丸、海洋丸……。それぞれに「大漁」と染めつけてあって、子供たちがその前で一礼。つぎにお囃子を唱えながら舞台を一巡、つづいて太鼓を打ち鳴らす。大人が叩く大太鼓の野太いドンドンとはちがって、こちらはカン高いトントントンで、両者がかさなり合いながら、お祭りの雰囲気をつくっていく。

隣りの舞台は歌舞伎のような絵幕が正面を飾っていて、緑の島と梅の花、青い海原が見える。隅に大きなタイをかかえたエビス様と打出の小槌。大漁を小槌で打ち出す縁起仕立てだ。獅子舞を奉納する舞台であって、黒獅子がさしあたりは眠っている。まっ黒な頭に金の眉、白地に黒の目玉、白い紐をより合わせたタテガミときて、恐ろしげなようでもあれば愛嬌たっぷりにも見える。人が胴に入っていないときは顔だけが勇ましくて、体は布一枚でさみしげだ。

漁港の祭りには「舟くらべ」がよくあるものだ。海の若者たちが舟を並べて競漕をする。提灯やノボリで飾った和船の漕ぎくらべをする。

庵治の祭礼舞台にあてられているのは、手漕ぎではなくエンジンをもつ漁船である。正面左右を高張提灯が飾っていて、「浜支部」といった名が掲げてある。獅子舞にも「才田岩陰獅子舞」などの垂れ幕が下がっていた。年ごとに地区や支部が担当し、老いと若きが現場をつとめ、祭りの約束ごとを伝えていく。

子供の舞いに日の丸の旗をかかげ、大ダイをもったエビス様に中腰で拝む所作がある。太鼓台に白い矢尻つきの矢が刺してあって、これも何かの意味をおびてのことだろう。「天覧獅子」の舞いは青年の役まわり。

なにしろ海に突き出た舞台なので、前にまわって見物というわけにいかない。前にまわると海に落ちてしまうのだ。木組みの足場づたいに舞台の前にきても、演技にさしつかえるので、いつまでもいられない。舞台のまわりは祭礼の関係者だけ。これほど「町の祭り」として徹底した例も少ないだろう。観光化しようにも見物人を入れる場所がないのである。

夜がふけると、いよいよ御輿の登場だ。黒うるしに金パク塗り、まわりに飾り幕と提灯は同じだが、神社を出たあと、屋根と幕が取り払われて台座と四本柱だけになる。担ぎ棒が丸木で補強され、ずいぶん長いのだ。全国の御輿のなかでも、なんとも風変わりな使い方である。

屋根と幕があったときはめだたなかったが、台座のすぐ上に黒い下幕がついていて白い線や点が見える。近づいてわかったが、大波の上に海鳥がとまり、波頭が散っている。

「ヤッサ、ヤッサ」の掛け声とともに御輿が鳥居を走り出た。担ぐのは青年層で、白シャツ、白ズボンに黒足袋。腹帯は黒だが、下に色とりどりの腹巻きをつけるのがおシャレなのだろう。赤、明るいブルー、バイオレット、豆しぼりの手拭いを細く丸めて額にリボン状にしめる。なんとも粋なスタイルである。総勢三十人ぐらい。提灯をもったのが指図役で、おりおり声をかけていく。

屋根がなくて柱だけの御輿は間が抜けているというか、とにかくヘンテコなものだが、そこにまっ赤なかたまりが三つくっついていて、なおのことフシギである。これは高学年の少年の役まわりで、白シャツに火のような真紅の上っぱり、肘までの白い手袋をつけ、台座の真中にはめこんである太鼓をたたく。

これだけなら御輿の変わり種だが、海辺にくると、担ぎ手がさまざまな演技をするのだ。長い担ぎ棒の一方がせり上がり、手をはなれた側が中天高くハネ上がる。台座の少年たちは片手で柱をつかみ、なおも太鼓をたたきつづける。棒が垂直になると、少年たちは必死でもって、足を台座に巻きつけ、それでも太鼓をたたくのをやめない。海の荒れ狂うさまを演じ分けているのだろう。逆立つ大波、渦巻く波、嵐が終わったあとの海。試練を与えて、次の世代を育てていく。いつのころ、誰が考え出したものか。海に生きる人々が海神に捧げる供物として、代をかさねるなかで工夫してきたものにちがいない。

海中に列をつくった提灯の明かりを背景に、のびたりひろがったりする白い集団、その中にせり上がる赤いかたまり。神祭りとしてはじまったものが、しだいに夜の闇と、火の明かりと、色の対比のページジェントに変わっていった。少しはなれた高台からながめていると、まるで海辺の幻影に立ち会っているような気になってくるのだった。

庵治町のもう一つのキャッチフレーズは「四国本島最北端のまち」。北海道なら「日本最北端」と誇らかにいえるだろうが、四国では何てこともない。それでも突端にあたる竹居岬の標識の前で写真をとっているグループがいた。「四国最北端の碑」というのもあって、なぜか時計がはめこんである。

グループの話を洩れ聞いたところによると、「四国最南端のまち」というのもあって、それは土佐清水市だそうだ。人間はどういうわけか、一番はしのはし、まさにそこがどんづまりという一点に惹かれるらしい。宗教者もそれを利用して、霊場の奥の院という観音様がまつられている。五剣山の札所のあと、念入りに奥の院に参ろうとすれば四国最北端まで足を運ばなくてはならない。

「庵治温泉」の看板を見かけたので立ち寄った。町の少し北の海水浴場を見下ろす高台にあって、「景色は香川県一」とのこと。四国一といわないところが謙虚である。

タイルに総ガラスの大浴場で、素裸のまま瀬戸の海と島影を見はるかすことができる。天気がいいと小豆島も見えるそうだ。ながながと湯につかり、暮れゆく海をながめていた。そのうち薄暗くなり、船がいっせいに灯をともした。赤い明かりが機械じかけのホタルのように往きかっている。船の人々は、まさかすっぱだかで航跡をじっとながめている者がいるとは思わなかったのではあるまいか。

「あれがモリシゲの島です」

同じくすっぱだかで佇んでいた人が、暮れがたの海を指さして教えてくれた。

「モリシゲ島ですか?」

そうではなく俳優森繁久弥が所有している島だそうだ。無人島で、何の用にもあてられない。

「どないするつもりでっしゃろナ」

まあ、持っているだけでうれしいのだろうというと、しかし、固定資産税がかかるので「ラクではない」と、その人は言った。素裸のいで立ちにしては現実感覚のそなわった人だった。温泉は胃腸病・気管支カタルに効くとあったが、何よりも心のしこりをときほぐすのに効き目がある。

継ぎ獅子

愛媛県今治

獅子舞には遠い思い出がある。私が育ったのは兵庫県姫路市の郊外で、一般に播州《ばんしゅう》とよばれるところ。戦後のあるころまで集落の行事や祭りごとに、色こく旧来の伝統をのこしていた。八幡神社が氏神で、春と秋に祭礼がある。とりわけ秋祭りが盛大で、そこに獅子舞が出た。正確にいうとトリの大一番が獅子舞で、それに先立ち、いくつかプログラムがあった。大人がオカメとヒョットコに扮してコッケイなしぐさをしたり、子供五人がキツネの面をつけて踊ったりした。いま思えば、すべてが五穀豊穣、秋の取り入れの感謝をあらわす所作ごとだった。

最後に獅子が出てくる。少年武者による獅子退治というスタイルになっていて、武者を演じるのは旧家の子にかぎられた。キツネ踊りがその他大勢とすると、こちらは別格扱いである。わが家は当主を喪って、そのころすでに零落の一途をたどっていたが、格式だけは高かったせいか、七歳と八歳のとき少年武者として出演した。

「どこぞここらに獅子が一匹おりそうなもんじゃが、なんでもそいつを退治して遊びたい」

ヘンなセリフだが、いまも一字一句、記憶にしみついている。夏休みのあいだから、夜ごとに稽古をした。羽織袴に二本差しの侍のいで立ちで、頭にハチ巻、足には脚絆とワラジ。大声で叫んでから笛の音に合わせて歩き出す。二歩進んでは一歩下がり、また二歩進んでは一歩さがる。そんなノンビリした歩き方だ。その間、獅子はまん中でじっとうずくまっている。境内を一周したのち、やおら獅子が起き上がり、少年武者が左右に払うしぐさ、獅子がとびかかるのを右に左によけながら刀を振う。

その間、二度にわたって獅子が高々と立ち上がった。二人組が獅子頭《がしら》をもって舞うわけだが、まず後脚の肩に前の獅子頭役がまたがり、後脚が立ち上がる。黒い獅子がユラリと仁王立ちしたぐあいになる。さらにつぎには前脚役が獅子頭をかぶり、後脚の両肩に突っ立つかたち。大人二人分の背丈がのびて、獅子の首がはるか頭上にある。その間にも笛が鳴りつづけ、獅子が右に左にと拍子をとりながら首を動かす。バランスの難しい芸であって、見物衆はかたずをのんで見守っている。

やがて「ハッ」とひと声。前脚がとび下りて、元どおりに少年武者と向かい合う。そのうち仕とめられてゴロリところぶのが終わりの合図。笛の音が高まり、太鼓がドンと鳴ってしめくくった。

獅子退治のストーリーになっていたのは厄払いの意味をこめてのことだろう。仁王立ちした獅子は凶悪さが倍加される。その獰猛なのが退治されて、来る年の五穀豊穣まちがいなし。

あるとき四国の人から「継ぎ獅子」のことをおしえられた。愛媛県の今治《いまばり》地方に独特の獅子舞で、「三継ぎ」「四継ぎ」とついでいく。肩の上に一人、その上にまた一人と立って、ときには「五継ぎ」にもなる。しかも一番上は幼い少年の役。

四国は海のかなただが、いまや橋づたいに行ける。今治に入るのは「瀬戸内しまなみ海道」、たしかに大三島、伯方島、大島などを鉄骨とコンクリートで結ぶ海の道だ。「しまなみエリア」のキャッチフレーズは「自然の驚異や恵みを体験」とのことだが、海峡をまたいだ巨大橋のエリアであって、もっぱら土木工学の驚異を体験する。

今治に来てわかったが、ここはおそろしく豊かな土地柄である。瀬戸内へ三角状に突き出た土地の東寄りにあって、もとより海の幸に恵まれている。前方を燧灘《ひうちなだ》というのは、気候温暖で、夏には海水が火をつけたように熱くなるからだろう。そういえばかつて当地は塩田が盛んだった。山沿いは果実畑になっていて、ミカンやポンカンやデコポンがつぎつぎと実る。

今治から東予とよばれる東南部にかけては水田がつづいていて、おいしい伊予米の産地である。魚、塩、果実、米、どれといわず豊富にとれる。台風もなぜか、この辺りにはやってこない。

水軍料理というのがあるそうだ。来島《くるしま》海峡や燧灘でとれたタイやアワビや車エビを舟盛りにする。法楽焼というのもあって、別名が海賊料理。漁師がとりたての魚介類を石の上で焼いたのがはじまり。タイ飯が絶品だそうだ。とりたてのタイを丸ごと使って、ご飯といっしょに釜で炊き上げる。

「今治は全国屈指の焼き鳥屋の多い町です」

相客がおしえてくれた。焼き上げる調理法が独特で、「外はカリッ、中はジュー」と焼いてあって、舌ざわりがこたえられない――。

入念に腹ごしらえをして、翌朝、継ぎ獅子の現場に駆けつけた。

これも今治に来てわかったことだが、継ぎ獅子はあちこちで演じられる。市中通町《とおり》の吹揚《ふきあげ》神社、神宮《かんのみや》の野間神社、九王《くおう》の八幡神社、龍神社、波方地区の春の大祭。五月はじめから月内にかけて、いたるところで獅子が高々とのび上がる。

各地区に獅子連とよばれる保存会が腕を磨いている。チームワークがあってようやく演じられる芸なのだ。まずは親子で練習するそうだ。はじめは肩車されて頭にしがみついていた男の子が、しだいにバランスを覚え、両肩に立つまでになる。立つだけではお役はつとまらない。大きな獅子頭をすっぽりかぶり、突っ立ったまま両手を大きくひろげたり、手の扇子をかざしたりする。

神輿を先導するように獅子がやってきた。まっ赤な頭《かしら》にはおなじみの太い眉とダンゴ鼻、パクリと口をあけると金歯がズラリ。長いタテガミのまわりに数十の小鈴がついていて、そのにぎやかなこと。

胴にあたるキレも派手やかだ。わが幼いころの獅子はまっ黒なキレだったが、今治獅子はあざやかなブルーの地に赤、黄、緑、藍の渦巻が染めつけてあって、しかもグンと大きい。下にのぞいている足から勘定すると、五、六人は入っている。もつれたり、ころんだりしそうなものだが、とんだりはねたりしても、きれいに足を送り合って、世にも奇妙な多足獣が上機嫌で舞い遊んでいる。

九王地区に江戸半ばにできた地蔵堂がある。阿波大工が建てたというが、小さいながら屋根の反り、格天井、軒の彫り物がすばらしい。そこにも獅子や龍がいて、猛々しい顔を突き出している。無名の工匠は何を参考にして彫ったのだろう？　それとも当時の人々には、獅子や龍が、現実の獣《けもの》以上に、いきいきとしたイメージで心の中にあったものか。

それにしても、どうして獅子舞などが生まれたのだろう？　太い眉、ダンゴ鼻、金歯ズラリを全国のいたるところで目にするから、よほど日本人の好みに合ったのだ。

「みやはじめのさほう、しゝこまいぬ大しやうじなどもてまゐりし……」

清少納言の『枕草子』に出てくるから、平安時代にすでに獅子を舞わせたりしていたらしい。強いものは凶ともなれば福ともなる。厄除けにされたり招福の使いになった。江戸初期の版画に門付けの獅子舞が出ていて、はやくもプロがいたようだ。越後国月潟村の住人角兵衛が子供に獅子舞を教え、諸方へ勧進に出たのが角兵衛獅子（越後獅子）のはじまり。芸能化するのもずいぶん早かった。

今治の継ぎ獅子がいつのころに起こり、どのような経過があって、いまみる様式になったのか、よくわからない。春祭りには奴《やっこ》行列や神輿のおねりや通常の獅子舞もあって、トリの大一番が継ぎ獅子とされている。通常の獅子舞のなかに前脚と後脚が肩車したり、肩にのったりのシーンがあったにちがいない。どうやらそれが独立して曲芸まがいの「継ぎ方式」を生み、各地区で競い合ったものだから、衣裳や鳴り物を含めて、美しく様式化していったのではあるまいか。

現在は今治市になっているが、旧越智郡大西町は三角の突端をはさみ、今治と対蹠的な位置にある。漁で知られた町で、城下町今治には対抗意識が強いとか。旧大西町九王地区では「船上継ぎ獅子」というのが演じられる。赤白の幕、ノボリや竹で飾られた船を舞台にして、ユラユラ揺れる船上で三継ぎ、四継ぎとたしていく。バランスが難しいので、一番下は数人がかりの支え役だ。白い上衣にまっ赤な袴がダンダラ模様の塔をつくり、一番上に少年がハチ巻に日の丸の扇子をつけ、両手をのばして立っている。

想像するだけで足がふるえてくるのだが、イキのあったチームには何の不安もないという。一番上に立つ少年に会ったが、まっ白の上衣に五彩の袖なし衣裳、黄色のタスキ、まっ赤な袴。両腕にまっ黒の長い手袋。なんともいいスタイルである。額に二つ墨でチョボがつけてあるのは、「お稚児」の役割のしるしと思われる。まわりの大人が心配して、あれこれ注意したりコーチするのだが、当人はノンビリした顔でカメラに収まっている。あとで聞いたのだが、もののみごとに大役をこなした。少年がはるかな虚空に立って両手をひろげたとき、見物衆には海峡のかなたの来島が、さながら幻のように浮かんで見えたそうだ。

「オトナどもは汗びっしょりで、ケンちゃんはケロリンとしとったワ」

水軍料理の店のおやじの報告である。若いころは継ぎ獅子で鳴らしたそうだが、こう腹が出ては「どもならん」そうで、たしかにプックリと太鼓腹が出ばっている。赤ら顔、太い眉、大きなアグラ鼻、もしかするとお獅子は日本人の顔の原形にあたるのではなかろうか。

菖蒲綱引き

鳥取県岩美

運動会におなじみの綱引きは何から始まったのだろう？　赤組と白組に分かれて太い綱を引き合った。まず赤組が引き、つぎに白組。何度か引きっこしているうちに均衡が崩れ、一方がグイと引き寄せる。こうなると、もう止められない。ズルズルと引かれた方が負け。

公平を期すためだろう。二度目は場所を交代し、こんどは白組が先に引く。赤組が引き返す。けっこう長々と引き合っていることもあるが、やがて疲れがまじりこんで左右のバランスが崩れる。一方に引かれ出すと、たいてい悲鳴が上がった。綱にしがみついたままズルズルと引かれていく。

一勝一敗になると、三回目で決める。もう一度場所を交代。三度目になると、てのひらがまっ赤になって痛いのだ。それでも我慢して太い綱にとりついた。

子供心にヘンなゲームだと思った。運動会の行事だが、はたして運動にあたるのだろうか。先に準備体操をするのでもない、両手と両脚だけ負担が大きいし、しかも半身のムリな姿勢で、急に力を入れるものだから終わったあと、全身に奇妙な疲労を感じた。たとえ勝っても運動につきものの爽快感といったものに乏しいのだ。

きっと民俗学や社会学の分野で、いろいろな論考や研究があるのだろう。起源をたどっていくと、ずいぶん昔にさかのぼるような気がする。綱を引っぱり合うという単純素朴なゲームであって、集団が何かの決着をつける必要にせまられたとき、その手段として採用したのではあるまいか。

専門家の考察はさておいて、運動会のプログラムではなく地域の行事として独自の特色をもった綱引きがある。一般には「因幡《いなば》の菖蒲《しょうぶ》綱引き」とよばれ、因幡国、つまり鳥取県に伝わっている。岩美町大羽尾、気高町宝木、同町奥沢見、青谷町青谷の伝統行事として重要無形文化財に指定されている。国の文化財としての綱引きなのだ。

気高町と青谷町が鳥取市と合併して地名が隠れてしまったが、旧の町名で地図にしるしをつけると、海沿いに四つ並ぶ。因幡の白兎の伝説のある地域であり、なぜかそこに集中して、興味深い綱引き行事が伝わっている。

鳥取市中から海沿いの国道一七八号を東へ向かうと、岩美町にやってくる。交叉する矢印があって、左が大羽尾、右が小羽尾。道路標識の「羽尾」はローマ字でbaneoだが、土地の人は「ばにょう」という。だから大羽尾神社も「おおばにょう神社」である。

岩美町の海岸部は岩壁が日本海の荒波にえぐられ、独特の景観美をつくっているが、羽尾岬に守られた辺りは砂浜がひろがり波もおだやかだ。海水浴場になっていて、集落のあちこちに民宿の看板が出ている。背後の山にかかるところに、ひっそりと大羽尾神社が控えている。

ひっそりした感じはモコモコした森につつまれているせいで、海岸地に特有のヤブツバキやツワブキが、みごとな群落をつくっている。一段高く突き出たのはタブノキ。参道わきにはオオバグミの古木、アオキ、ヤツデ。青黒く繁り合っているのはヤブコウジ、ヤブラン、コモチシダ。社叢《しゃそう》として守られてきたので、古来の植生がよく残っているのだろう。いわゆる照葉樹林帯とよばれるもの。かつて日本列島の南半分から中国大陸に及んだ森の姿をとどめている。

大羽尾神社が地域の守り神であり、伝統の綱引きの綱は神社の境内でつくられるが、しかしながら神社の祭礼といっていいかどうかわからない。というのは綱ができあがると浜に担いで行って、浜手を舞台に神社側と寺側に分かれて綱を引き合うからだ。その際、大人はかかわらない。子供だけ。幼い者たちが勝負をつける。

綱引きに加えて相撲がある。綱を引き合ったあと、同じ綱で浜に土俵をつくり相撲をとる。これも子供たちだけ。大人は行司役だ。そのあと綱を二分して、神社と寺それぞれの境内の木に引っ架けるのが行事の終わり。以前は旧暦の五月五日に行なわれていたが、現在は六月初旬の日曜日が恒例になった。

早朝の浜に竹が一本立てられていた。先端にだけ葉が残してあって、白い紙飾りが尾っぽのようになびいている。その前に黄色い紙の御幣のようなものが一つ。どうやらそこが相撲場になるらしい。そんなしるしが二点ついて、とたんに広い浜が神聖な場所になったぐあいだ。

神社の参道では綱づくりの真っ最中で、十人ばかりの男たちがしゃがんだり、中腰になったり。手順と担当があるらしく、黙々とつづけられるなかで、みるみる太い綱がのびていく。

作業にかかる前にも手順があって、前日に地域の人が菖蒲、ヨモギ、カヤなどを刈って、屋根に上げたり戸口に置いておく。当日の朝、子供たちが集めて神社に運んでくる。それを綱づくりの際に編み込んでいくわけで、そのため少し緑がかったシマシマの初々しい綱ができ上がった。

一人、二人と女性たちがやってきた。こちらにも担当があるらしく、ワラくずやカヤの切れはしを拾い集め、ホウキで参道を掃除していく。若い嫁たちもこころえたもので、白い帽子、首に白いタオル、両手に白い軍手、ジーンズのお尻がピタリときまって、なかなか格好いいのだ。とにかく地域みんなのお祭りといった雰囲気で、誰もがテキパキとして動きがいい。

午後になると、にぎやかな子供の声とともに親子連れがつぎつぎやってきた。保育園、小学校低学年クラスが中心で、チビっこ集団というのにちかい。みんな鉢巻をしている。これも作法があるようで、布を紐のように丸めて、うしろでとめる。

しきりに少子化がいわれるが、綱引きの里には後継ぎがちゃんと誕生しているのだろう。どこにこんな子供がいたのかと、いぶかしく思うほどの集団ができた。なかにヨチヨチ歩きもいて、一丁前に鉢巻をしめ、かしこまっている。

長老クラスが親たちに声をかけ、綱のポジションをきめていった。「垣内《かいち》」といった土地の区割りが口にされ、地区単位で神社側、お寺側に分かれるようだ。そもそもの初まりはともかくとして、いつしか地区対抗戦的なゲームになっていったのだろう。

リーダー役のおじさんの合図で全員が綱にとりつき、持ち上げて歩き出した。境内を出て、海沿いの道路を横切り、浜へ向かう。長大な蛇の移動である。あるいは綱にとりついたチビたちがムカデの脚のようで、それがモゾモゾと這っていくぐあいだ。

浜手からだと社叢の繁りぐあいが、なおのことよくわかる。タブノキの高木層をヤブツバキが押し上げるかたち。さらに下からヤツデやシダ類が亜高木層を押し上げ、台地のエネルギーが噴出して、モコモコと緑の溶岩を盛り上げた。

因幡の白兎伝説にはいろいろな解釈があるが、ふつうよくいわれるように、異国人が白い波にのってやってきたことを伝えているとすると、海上から未知の国土をながめた人々は、暖地の旺盛な生命力を目のあたりにして小躍りしたのではあるまいか。

ピーと笛が鳴って綱引き開始。リズムをつくるため、最初ちょっぴり大人が手助けをするが、あとは子供たちだけ。足元は砂なので、ふんばると足が砂に沈んでいく。緑の色つやのいい菖蒲の束をもった人が、応援の旗のように打ち振っている。

おチビさんは綱を引くというよりも綱にしがみついている感じ。小学生の高学年組ともなると真剣で、顔をしかめ、全身でふんばっている。リーダーの掛け声からすると、勝負に勝つことよりも綱をにぎり、綱と一体になることが眼目とみえる。勝ちにこだわると、むしろ負けになるけはいだ。綱引きが終わると、つぎは相撲場づくり。子供たちが綱をもって丸い円をえがいていく。綱が長いので、けっこう大きな円ができた。

チビはチビ同士、男女の区別なし。行司役が声をかけ、四つに組んだあとは互いに押し合う。引いてはダメ、ワザをかけてもダメ。綱引きと同じで勝負より力くらべのスタイルである。いつのころからか、そのような約束が定まったのではなかろうか。

総じて女の子が強い。お下げ髪を相手の肩につけ、グイグイと押していく。ズボンがずって、お尻の割れ目がのぞいている。まわりで十人ばかりの大人たちがながめている。うす曇りの空の下、海風がソヨソヨ吹いて、竹につけた紙飾りが四方に流れ、海は一面の白銀色。因幡の浜辺のたのしい絵本のような風景である。

伝説の白兎はワニをだまし、その背を足場にして海渡りをした。もうひと跳びのところでワニにさとられ、皮を剝かれて赤はだか。そこにオホクニヌシノミコトが来かかり、真水で洗って「蒲《がま》の穂綿」で癒すすべを伝授した——。

たしかに何やら暗示的な歌である。綱引きの伝わる地域は、おおかた「白兎《はくと》海岸」とよばれる海沿いで、海流にのっていろんな人々がやってきただろう。

「密航者に注意」

廃屋の壁に警察の大看板がとりつけられていた。不審な船を見かけたら、直ちに通報されたいというのである。現在なお海渡りの伝統が生きているらしい。

綱引きの「神社側・お寺側」は、もしかすると内地組と外来組をそのように分けたのかもしれない。そして異なった秩序の人たちとモメごとが生じたとき、手近な方法による解決策を考えたのだろうか。よそ者が同化して、その手の解決法が用ずみになってからは、「勝負」を「菖蒲」にかけて、子供の健やかな成長を願う行事に振り替えたのか。

岩美町には何人もの高僧がいた。一人は通幻《つうげん》禅師といって、曹洞宗通幻派を開いた人。身ごもっていた母が急死し、埋められたのち、土中から誕生したという不思議な話が、残された塚とともに語り伝えられている。仙英禅師は幕末の人で早くから開国思想を説き、井伊直弼に大きな影響を与えたという。海を見下ろす小高いところに、立派な顕彰の碑が建てられていた。浜手の綱引きや相撲は、そのような知恵者が相談役になるなかから生まれ、行事化されていったのかもしれない。

ＪＲ岩美駅の近くに町立病院がある。五つ星ホテルのように大きな美しい建物で、フロア、受付、内科、外科、救急用などが有機的に結ばれ、見舞いの人のためのデイルームもそなえている。

「緊急の場合は遠慮なく一報ください」

迷惑をかけてはいけないと思いがちな人に、電話番号を大きく刷りこんだチラシまで用意してある。人口一万四千たらずの町であって、その行政の姿勢がうかがえるのだ。

「平成の大合併」の合唱のなかで、岩美町は合併の道をとらず独自の町づくりをつづけてきた。その一つが県下でも有数の町立病院である。よほど熱意と知恵を兼ねた人がことにあたったらしく、検査、入院、アフターケアのシステムがほれぼれするほどよくできている。自転車通学の高校生が、病院に通じる小道のベンチでおしゃべりをしていた。病院前がおシャレなエリアであることをよく知っている。

少し山間に入ったところに岩井温泉がある。やわらかなお湯とともに「湯かむり」の奇習で知られている。白い鉢巻をして湯に入り、ひしゃくで頭に湯をぶっかけるのだ。どうして温泉にそんな習わしができたのか不明だが、頭というのはヘンなこと、悪いことを考え出す温床だから、それをしずめるための方法とするとナットクがいく。

ひと廻りして大羽尾神社にもどってきた。人みな帰っていって、境内はしんかんとしている。太い綱が二分して参道の石畳に寝かせてあった。初々しい緑をもった二つの生き物が寄りそっているかのようだ。一方がほんの少し曲がっていて、やさしく身をくねらせたようである。神社とお寺の樹木に架けるのは大人たちの分担であって、そのときがくるまで参道に横たえておくのだろう。

海風の通る道があるらしく、社叢の一部がゆるやかな波のように揺れていた。「山笑う」は新緑をいうが、ここでは文字どおりの笑いである。無事綱引きが終了、見守っていた樹々たちが満足の笑みを浮かべている。

馬のお使い　島根県隠岐

隠岐《おき》は出雲の北方約四十キロ、日本海に浮かぶ島々である。たしかに隠岐とよばれるが、「隠岐」という名の島はない。出雲に近いところの主だった島は、知夫里《ちぶり》島、西ノ島、中ノ島、これを称して島前《どうぜん》という。その右上のボールのような円形をした大きな島が島後《どうご》、総称して隠岐である。

祭りのリストをながめているのは楽しいものだが、とりわけ隠岐はそうだ。隠岐一郡にあって、町々にきっと由緒深い祭礼がある。

西郷町池田　蓮華会舞
西郷町原田　だんじり舞風流
西郷町下西　御霊会風流

五箇村長尾田　百年祭風流
西ノ島浦郷　庭の舞附神の相撲
…………

ほんの一部だが、地区ごとにそれぞれの風土と結びついた独自の祭礼のあることがみてとれる。ふつうは神楽、田楽、獅子舞などとあるところに、隠岐ではなぜか、しばしば「風流」の字が添えられている。古来の慣わしに従ったまでだろうが、いかにも風流なことだ。それだけ古式がそこなわれずに伝わっているのではあるまいか。

遠い昔から人が住んできた。大和朝廷の時代には、「隠岐国」として国造が置かれていた。西郷町に隠岐《おき》家といううちがあって、隠岐国造の末裔といわれている。三代や五代で旧家を名のるなどおこがましい。隠岐家の先祖代々は百をもって数えなくてはならない。

戦後すぐのころ、作家の火野葦平が隠岐の旅を書いているが、隠岐家を訪ね、家に伝わる駅鈴《えきれい》を見せてもらったという。上代にあって官吏が公用で都へ往来するとき、人馬を徴用するためのパスポートのようなもの。甲音《かんおん》と乙音《おつおん》の二つあって、隠岐家に伝わるものが、わが国に現存する唯一というから旧家の底力というものだろう。火野葦平が訪れたときは、隠居したばかりの品のいい「老人」が箱から取り出して鳴らしてくれた。

目かたは二百匁前後、八つの稜をもつ小さな鈴で、赤い紐がついており、静かに振ると、甲音はやや高く、乙音はやや低く、ともに、「涼しく澄んだ音」をひびかせた。しみるような余韻の美しい音色であって、それを聞いていると、「古《いにしえ》の旅路ののどかさ」が浮かびあがるような気がしたそうだ。

数ある祭礼のなかでも、島の人々にとっては「ごれえ」が、とびきりのお祭りだ。正確にいうと「玉若酢《たまわかす》命《みこと》神社御霊会」で、島の中心地の西郷町で毎年六月に催される。名門億岐家が歴代の宮司をつとめていて、そのことからも祭儀の格式がみてとれる。

ふつう御霊会は怨霊をなぐさめて鎮めるものだが、この「ごれえ」はややちがっている。玉若酢命神社は隠岐国総社であって、その『総社儀礼式』には「往古は島前、島後より四十八疋の神馬にて祭礼御座候」といったふうにしるされている。俗に「馬入れ」といって、隠岐国内の神々が馬に乗ってやってくる。「四十八疋の神馬」は象徴の数かもしれないが、永らく島前、島後あげてのお祭りだったにちがいない。『儀礼式』によると、ある年、島前よりの人馬が「悪風に逢い破船仕り」、以来、島後の「東西八疋の人馬」をもってするとある。

神社は町からバスで十分あまり西かたの下西《しもにし》というところ。下西のほかに西郷町内には十一の地区があって、計十二の地区が輪番で八頭の馬の世話をしている。昔は神子《かみこ》が馬に乗ってやってきたが、現在は神馬の背に御幣《ごへい》を立て、これが神々の代理をつとめる。

玉若酢命神社は延喜式神名帳にもしるされている古社で、社前がゆるやかな台地になっている。

かつて国府の置かれていた跡だそうだが、そこに「八百杉《やおすぎ》」とよばれる巨木がそびえている。推定樹齢が二千年をこえるというから、駅鈴が涼しい音色をひびかせているころ、すでに勇壮にそびえ、枝をしげらせていたわけだ。

隠岐には馬が似合っている。もともと古い火山島であってアルカリ性の岩脈からなり、そこを一面の草が覆っている。起伏の多い地形は農業に向かない。以前は「牧畑《まきはた》」が行なわれていた。山の斜面を区分けし耕作と放牧をくり返す。隠岐では麦・放牧・豆・粟の四区制だったというが、四年間で一巡する仕組で、そんなふうに痩せ地を利用してきた。

牧畑がすたれてから大半が放牧地になった。隠岐の闘牛は有名だが、見たところは牛よりも馬が多い。首に名札をつけたのが、のんびりと草を食べている。そこから姿かたちのいいのが選抜されて神馬になるのだろう。人が選ぶとなると、おおよそ同じ規準になるらしく、額に白いのをちらせてカッコいいのが、赤い衣装と白い御幣をつけて居並んでいた。競馬用ではないので脚は太め、また短めだが、自然育ちにつきものの猛々しさ、美しさがそなわっている。

馬付《うまつき》といって地区の若い衆が世話をする。一頭につき六人で、一人は標識の旗持ち役。これがまたカッコいいのだ。白装束に黒の紋付、足は黒い脚絆に白足袋、きりりとワラジを締め上げている。頭には威勢のいい鉢巻。グループで勢揃いしてカメラに収まっていると、馬も気になるらしく、首をふりふりトコトコとやってきて、うしろからのぞきこんだ。

祭礼の始まりが「馬入り」。いかにもうまい言い方である。太鼓がドンと鳴って、神門の外から御幣をなびかせて馬が走りこむ。勢いよく馳せ入るほど神の威光にかなうというもので、馬付は鞭を入れ、尻を押し、くつわを取って向きを変え、猛り立った馬にしがみついて駆けこんでくる。

若いときに馬付をしたおとうさんは血が騒ぐらしく、わきから何かしら叫びながら、いっしょになって走っている。ポロシャツにズボン、ランニングシューズといったいで立ち、お腹が少し出っぱりぎみでカッコよくないが、その熱意たるや、鼻息荒い馬以上のものがある。勢いあまってすっころんだ人に、見物衆から楽しいヤジがとんだ。

馬入りは祭りのプロローグというもので、八度にわたる人馬一体のスペクタクルが無事終了。先払いに導かれて宮びと、楽師、鉾や榊を捧げる人、みこしかつぎ、旗持ち、馬と馬付が列を整えて御旗所に向かった。ここから古式どおりの御田植式になる。宮司がみこしに拝礼して、祝詞を奏上。御田植には杉葉枝を用いるが、これも「苗負馬」とよばれる一頭が束になったのを運んできた。

つづく幼い者たちの寸劇が愉快である。翁《おきな》と媼《おうな》の面をつけたのが、セリフのやりとりをする。翁が口切りで、高々によばわるしぐさ。

「今日は日もよし天気もよし、神の御田を植えんと存ず。媼、早乙女《さおとめ》千人ばかりの用意いたせ」

応じて媼はさらに景気がいい。

「千人のことはおかっしゃい。二千人ばかり用意いたした」

「おお、それはでかした、でかした」

つづいて翁と媼が田を耕す仕ぐさ。太鼓がドン、ドン、ドンと鳴って、苗を植える所作。そのあ

フレンチドック
特製
特製
特製

と馬の背の御幣を取って、玉垣のまわりを練り歩く。

旧国府跡と隣り合っているとおり、玉若酢命神社の周辺はとりわけ古くから開けたところで、岩地の多い島にあってわずかにここには田がひろがっている。神々を招請する儀式と五穀豊穣を祈る儀式とが結びついて、人と馬との祭礼を生み出したのだろう。島後のあちこちに「神子田《みこた》」「千早《ちはや》田」といった地名が残っている。その収穫で神子の費用をまかなったのではなかろうか。歴史的には隠岐は、「遠流《おんる》の地」と定められ、江戸の終わりまで小野篁《たかむら》や後鳥羽上皇をはじめとする、数多くの人が心ならずも流人として送られてきた。罪の軽重によって島前、島後に振り分けられたというが、島後の御霊会はそんな人々のためのなぐさめと鎮めの役目を兼ねていたかもしれない。

宮司の億岐家に宝物館がつくられていて、駅鈴と倉印《そういん》が展示されていた。駅鈴は大化の改新ころのものではなく、少しあとの時代の作らしいが、それにしても千二百年ちかくも前に使われていた。

倉印は隠岐の国の正式の倉であることを証する印。現在でいえば官僚のバッジとハンコにあたるが、上代の公用品はシャレ飾りをもち、ともに典雅な篆《てん》書体の文字が刻まれていた。

どちらも重要文化財であって、火野葦平のころのように、手に取って音を聞くわけにいかない。陶製のコピーを記念にいただいた。稜をもった八角で、背と腹に「駅」と「鈴」の二文字、フサつきの赤い紐がついている。すべて本物そっくりだが、さっそく紐を握ってみたところ、コロコロと鈍い土音がひびいた。外に出ると老杉の枝葉に風が吹き抜け、「はゆま」とよばれた駅馬の首の鈴のような涼しい音を立てていた。

大国祭り

高知県伊野

高知市の西隣りに「いの」という町がある。以前は伊野町だった。北隣りの吾北村《ごほくそん》、さらにその北の本川村《ほんがわむら》と一つになり、新町名はひらがなの「いの町」になった。

旧伊野町は「土佐和紙」の町として知られていた。紙漉きの終わった原紙が仲買人の手で集められ、伊野の問屋へ届けられる。仁淀川沿いのゆるやかな坂を「問屋坂」といったのは、紙問屋が軒を並べていたからだ。ここで仕分けされ、商品化されたのが東京や大阪の大手問屋筋へ送られた。

問屋坂を下った先に椙本《すぎもと》神社が控えている。いかにも紙の町の守り神であって、「いの大国さま」として古くから親しまれてきた。祭神の大国主命《おおくにぬしのみこと》が、大きな袋を肩にかけて大黒さまと結びつき、福の神の役廻り。旧暦一月の春祭りには、ササの小枝に小さな福俵をつるしたお守りがくばられ、福を求める善男善女でごった返す。

これに対して秋祭りは古式ゆたかなプログラムがきちんと守られていて、八角形のお神輿が登場する。全国に数ある神輿のなかでも、きわめて特異な一つだろう。しかもずいぶん古い。鎌倉時代の弘長三年（一二六三）奉献の銘文があって、八〇〇年近い歴史をもち、何度か修復されたが元の形を忠実にのこしている。重文神輿の指定を受けているのは全国で計二十八基あるそうだが、二十七までが四角形のなかで八角神輿は椙本神社だけ。

神社の歴史は、さらにもっと古い、社伝によると創建は延暦十二年（七九三）とのこと。ただし寛文六年（一六六六）に仁淀川が氾濫して古記録が流失してしまい、たしかなところはわからない。言い伝えによると、大和の国三輪神社の神像を奉じて吉野川を遡り、まず伊予国東川、そののち仁淀川河畔のカジヤ谷というところに神を祀った。その後、元慶年間（八八〇年代）に今のところへ移された。昭和五十七年（一九八二）、現在地鎮座千百年祭を祝ったのだから、この神社の由緒深いことがわかるだろう。

ふだんは静かな町である。JR伊野駅のすぐ前が国道33号線。左にすすむと仁淀川の堤防にぶつかる。少しかみ手の新しい建物が「紙の博物館」。これ一つがひときわめだつのは、まわりに古い町並みがひろがっているからだ。黒い瓦に白壁。重厚な壁板と軒の木組み、格子戸。

国道から一つ奥まった通りが「いの大国さま」の門前町にあたる。その商店街は、かつては賑わったにちがいない。どことなくそんなふぜいが感じとれるが、現実は津々浦々で見かけるのと同じシャッター街であって、人影のない通りに空家がチラホラまじっている。宮大工の手になるような様式美をもつ民家の軒下に、はぎとられた表札のあとだけが白っぽくナマナマしい。住人がいなくなっても、自らの存在にいささかのゆるぎもみせないといったふうに威厳をおびて、端然と通りを見つめている。

「夢や希望をかなえたい!! そんなあなたを応援します!!」

「中退共の退職金でモーっと元気な会社！ 安全！ 有利！ 簡単！」

商工会の掲示板に、いろんなポスターが掲げてある。どれも！マークをどっさりつけて応援と激励につとめているのだが、日本経済の構造が町の声を聞いてくれない。

「神&紙の街」

こちらのポスターでは福々しい大黒さまがVサインをかかげてほほえんでいる。電柱ごとに、コイのぼりにまたがった大黒さまの看板。政治にたよれないのなら、神さまにおたのみするしかないのである。

椙本神社の「椙」の字はあまり見なれないが、漢字の「杉」に対して日本人がつくった国字の一つだ。木へんに日を二つかさね、「さかんにのびる木」の意味で作字した。たしかに杉は少しでもお日さまに近づきたいというふうに、ていていと空にのびている。

参道わきに大杉がそびえている。手前に釈迢空の歌碑。

いのの神この川ぐまに

よりたまひし日をかたらへば
　人のひさしさ

隣り合って虚子の句碑。

　紙を漉く女もかざす珊瑚かな

氏神さまともなると、えてして土地の俳句や短歌結社がやたらに句碑や歌碑を立てるものだが、椙本神社は右の二つだけ。ともに当地の大切な要素を詠みこんでいる。釈迢空こと折口信夫は民俗学の調査をおびてやってきたのだろう。いのの神が「川ぐま」にあることの意味をきちんとうたっている。

高浜虚子は紙漉工場を訪れて「紙すきの女もかざす珊瑚哉」の句を詠んだ。のちに句碑にあるように改めた。ここにいう「珊瑚」は紙漉き道具の一つではなかろうか。木の皮をトロかしてのち、あの玄妙な和紙を生み出す。その手に海の宝が握られていても不思議はない。

椙本神社はよく手入れがされ、落ち着いた雰囲気をもつ、とてもいい神社である。特色のある狛犬が拝殿の前に二体ずつ、前後に二対。新旧のちがいはあっても顔かたちがそっくりなのは、同じ石工の手になるのか、それとも親子二代にわたったせいなのか。寄進者の一人の「音竹屋伊三郎」は石垣に刻まれている「百姓　伊三郎」と同一人物らしい。石垣にはまた池丸屋、三輪屋、加田屋、

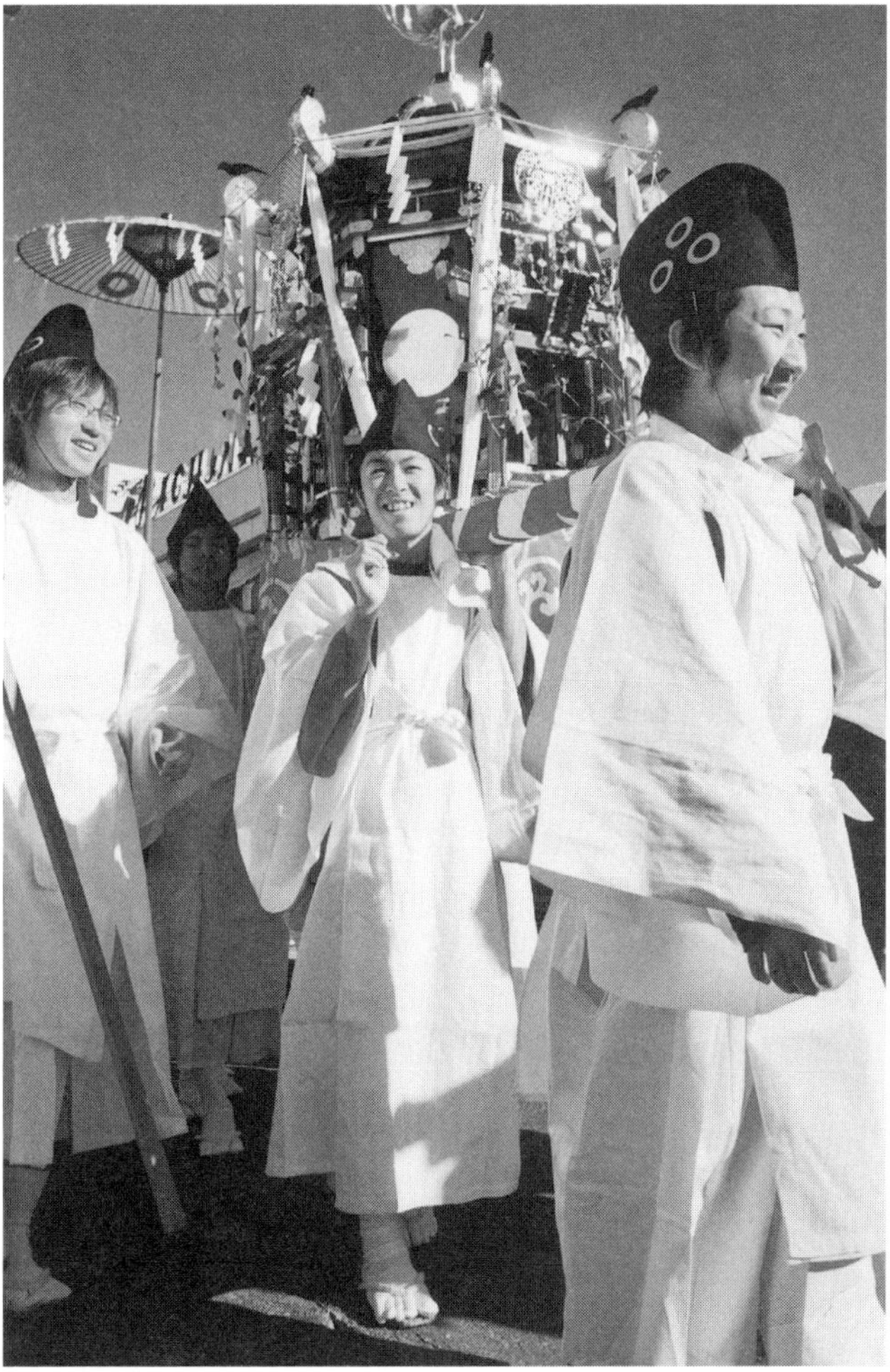

松屋……。いずれも紙問屋関係ではあるまいか。なかに「御用紙漉徳太郎」がまじっている。

木漏れ日が辺りにあざやかな小紋状の模様を描いていた。狛犬の一対に寄りそっておがたまの木、小さな池のわきになぎのき、なんてん、えのき、もちのき、さらにさかきと杉。境内の植生にも神の座の姿が一貫して守ってある。

「ちょっとトイレを――」

矢印についていくと、ピカピカに磨かれた洗面所に行きついた。わが体験でいうと寺社をみるにあたって、これが一番のキメ手である。見かけは立派でもトイレが汚いところは、見かけだおしと思えばいい。きっと、伊野町の大国さまは、しっかりした宮司一家に受け継がれているのだろう。

町の人から「御神水」をいただくようにいわれていた。それを思い出して奥の池のそばにまわると、石の上の注ぎ口から澄んだ水が細いカーブを描いている。背後の山にちなみ「大国山真清水」といって、保健所の検査も受け、飲み水に適している。両手で受けてたらふくいただいたあげく、ペットボトルを一杯にした。

なんだか大儲けした気分で出てくると、売店に男女三人、せっせと手仕事はお祭りの準備らしい。赤い小さな鯛のブローチをあしらったのが、「一年安鯛《あんたい》」。わがおぼつかない人生のお守りにいただいた。

通称は「大国祭り」だが、正確には秋十一月の大祭で、十六日の「お葉毛立」の行事が始まり。

頭屋の庭に孟宗竹二本を立てて神の降臨を仰ぐ。

二十二日の大祭前夜が宵祭り。前年、当年、来年の三人の頭屋と氏子総代、世話人が参列して、御祓《おはらい》、祝詞《のりと》奏上、玉串を捧げ、また稚児舞が奉納される。こういった次第はお定まりだが、「片木しょうが、片木田芋の拝食」が珍しい。その日の朝、昨年の頭屋が薄味のしょうがと田芋を届けてくる。それを薄切りにして、カワラケにのせ、神前にそなえてから参列者一同でいただく。天候不順で米が実らなくても、しょうがや芋はとれる。古式のプログラムは生きのびる知恵を伝えたものにちがいない。

明けて翌日、「おなばれ」出発は一時半。先導役、こども神輿、猿田彦、獅子馬、大太鼓、挟箱、旗、弓、木銃、金幣、太刀箱、神職、頭屋、総代……とつづき、そのあとに神輿がつく、仁淀川のほとりにしつらえられたお旅所へ出向き、神霊を受けてもどってくる。

白丁を着た若者の神役、少年の獅子太鼓、少女の舞姫たち。伝統のある祭りが生み出したものだろう、のんびりとした行列のようでいて、特有の華やぎと静けさをおび、いかにも「神幸行事」のみやびやかさをそなえている。ふだんはいたずら坊主やおてんば娘たちも、祭礼の晴れ着にお化粧をされて、さながら神の子にそっくり。

重文神輿は保存用とされ、昭和五十二年（一九七七）に精巧な模作が完成した。現在お目見えしているのはコピーのほうだが、これまた優美で独特の華やぎを発散する。

椙本神社の神輿が七百年余を使われて、なお古式をよくとどめてきたのは、あきらかに行事のスタイルと関係している。各地におなじみの暴れ神輿や喧嘩神輿ではないのだ。ゆるゆるとした行列のなかにまじり、神役の肩に担がれていく。八角頭の上の鳳凰も、やさしい川風に羽ばたいていればいい。当社特有のみやびやかさが、神輿をそこなうことなく伝えてきた。

紙の博物館に、吉井源太の功績をまとめたコーナーがあって、「製紙改良技術家」と添えられている。文政九年（一八二六）、高知県吾川郡伊野村の生まれ。生家は伊野村御用紙漉、幼いころから紙業に親しみ、のちに大型簀桁をはじめ、新しい紙漉き用具を発明して、紙の生産を飛躍的に増大させた。

単なる技術屋ではなかったのだろう。家内産業が主であった業界に、製紙会社をおこして、大量の印刷用紙を受注する体制をこしらえた。土佐紙が大きくのびたのは紙幣として使われたからである。丈夫で、水にぬれてもビクともしない。改良土佐紙の特性は紙幣にピッタリだった。

とりわけ戦後、百円紙幣が暮らしの単位だったころ、土佐和紙は暮らしに欠かせない商品だった。それだけに紙幣が硬貨に切り代わったのが大きな痛手だった。

百円紙幣廃止の波に
反対！　反対！
蹶起の声は土佐の山里におこり
四国山脈にこだました

（近藤慎二「三椏の花」）

土佐紙の原料はコウゾとミツマタ（三椏）である。山で取り入れたのを煮て、皮をはがし、流れにさらし、さらに干す。土佐の山里の大切な産業だった。一家をあげて仕事につく。干した木皮をたばねるのは幼い者の役まわり、皮をはぐのは川原の小屋で、手がちぎれるような寒い冬にもつづけ、これは女たちが受けもった。

そのあとの紙漉き作業は気が遠くなるほどの忍耐と熟練を要する。漉き上がった紙が裁断されたあと、日付と漉き手の名前つきで選別場にまわされたのは、それだけ技術がモノをいったからだ。土佐人板垣退助の肖像をもった百円紙幣の退場とともに、土佐紙業は急速に衰えていく。いの町紙の博物館は土佐和紙伝統産業会館を兼ねていて、いまや地場産業というよりも伝統を引き継ぐという役目が強いだろう。

旧伊野町の北部に成山《なるやま》という地区があって、新之丞という者が紙漉きの術を始めたといわれている。それはたちまち山間の村々にひろまった。山深いぶん、良質のコウゾやミツマタに恵まれている。仁淀川の支流は水が石灰質を含んでいて、さらすのに打ってつけ。

新しく「いの町」になった本川村と吾北村は、かつては土佐和紙の原料の供給地だった。仲買人は村々の家をまわって干した木皮を集荷した。「平成の大合併」は政治的な思惑がらみのケースが多かったが、いの町の場合、紙の里が親子ともども一つになったといえるのだ。

仁淀川は美しい川である。水の澄みぐあい、川原の広さ、堤や背後の山々との調和、どれをとっても日本一といっていい。その上流部は標高二千メートルにちかい瓶《かめ》ヶ森の南麓にあたり、旧名で大川村、本川村、池川村、吾川村とつらなっていた。いずれも名前に「川」をいただき、いかに川が生活の基盤であったかをうかがわせる。そして瓶ヶ森は吉野川の源流であって、東に向かうと阿波、南に下ると仁淀川にそそいで伊野に至る。

問屋坂には今なお重厚な瓦屋根、黒い土壁の旧問屋が軒をつらねている。すぐわきの堤をこえると、眼前にひろびろとした川原がひらけてきた。草むらに古木が枝をのばし、天然の小亭というものだ。川風がここちいい。川と空の雄大なひろがりに心が吸われていく。

キャラメルをなめながらボンヤリと考えた。椙本神社の口伝によると、神像は大和から阿波に渡り、吉野川を遡って源流近くで南に転じた。そして仁淀川河畔に行きついた。それはそっくりコウゾやミツマタが優美な紙に生まれかわる道筋ともかさなっている。偶然なのか、それともひそかに意味深い神意を伝えているのか。

ミツマタは山の斜面に生えて、春一番に黄色の花をつける。遠くからだと金粉をまいたように見える。土佐の春は仁淀川の清流も、いたるところで金の模様を映していることだろう。

V

和布刈神事

福岡県門司

関門海峡をはさみ二つの半島が頰を寄せ合うようにのびている。九州側の先端が和布刈《めかり》岬で、すぐ前が早鞆瀬戸《はやとものせと》。これをはさむ本州側が壇ノ浦。源平の最後の決戦が演じられたところだ。

「バスは三十分かかって狭い海岸通りを走り、海峡へ少し突き出た岬で客を降ろした。岬は関門海峡の九州側の突端である」

松本清張の推理小説『時間の習俗』の出だしのところ。客はぞろぞろ歩いて鳥居をくぐっていく。ミゾレでも降りそうな寒い晩であった。境内には数ヵ所、篝火《かがりび》がたかれ、群衆がいくつも黒い輪を描いていた。

「海峡は狭い。夜目にも潮の流れの速いことがわかった。海というよりも大きな河と錯覚しそうだった」

いかにも松本清張特有のテンポのいい書き出しである。最初の章名が「和布刈《めかり》神事」。旧暦正月に突端の和布刈神社で行なわれる古くからの行事であって、小説では二月七日がその年の元旦にあたった。前夜に始まり夜明けちかくまでつづく。くわしく経過が語られているのは、その必要があったからだ。同じ夜に神奈川県北端の相模湖畔で起きた殺人事件と関係しており、容疑者は和布刈神事を見物してカメラに収めていた。はたして同じ男が、はるか東の相模湖畔で殺人を犯すことができるのか?

あざやかな着眼である。一方では上代より始まるという神事が古式そのままに行なわれている。「和布刈」の名のとおり、神官が渚に下りて若布を刈りとり、神前にそなえる。海峡に面していて、潮の流れは速いが、旧暦元旦のころは干潮で岩礁が現われ、若布刈りができるのだ。

他方では同じ日の夕刻、ワケありげな男女が湖畔の宿に入った。食事のあと散歩に出たきり、もどってこない。警察がのり出して、やがて男の死体を発見。女の行方は杳として知れない。捜査本部が容疑者をあぶり出したところ、その男には確固としたアリバイがある。殺人現場から数百キロ離れた岬の突端で、ゆかしい神事に立ち会っていた——。

松本清張は九州・福岡県の企救郡板櫃村(現・北九州市小倉北区)の生まれである。幼いころ対岸の下関に移ったが、少年時に小倉にもどり、高等小学校を出たのち、さまざまな職を転々とした。三十をこえてやっと生活の安定をみて、念願の小説を書き始める。半島突端の神社で行なわれる祭礼に、人一倍くわしかった。

『時間の習俗』は『点と線』、『ゼロの焦点』につづくものだが、先の二作ほどには読まれていない。アリバイとアリバイ崩しに終始していて、しかもどちらにも多少のムリがあるせいかもしれない。

だが、古社で行なわれる謎めいた儀式が、これほどみごとに殺人事件と結びつけられた例はないだろう。深い闇と篝火、足下にざわめく潮騒。どれもどこか殺人の情念とかさなり合っている。トリックに少々ムリがあっても最後まで読ませる長篇になったのは、冒頭に語られている闇と炎と海の祭礼が、強烈な記憶として読者にやきついているせいではなかろうか。

「和布刈」は岬を含む一帯の地名であって、今では水族館やプールや遊園地のある観光地だが、昔は地名のとおり、若布をとり、辺り一面干しているような家々が並んでいたのではあるまいか。地名の意味についても、考証好きの松本清張が古書をひいて、くわしく語っている。

「和布《め》は陽気初発し万物萌出《もえいず》るの名なり」

めでたい海産物であって、「延蔓《えんまん》絶えざる所の藻《もぐさ》」というもの。祠官が海辺で刈るというのは、

「阿曇《あずみ》磯良が海中に入りて、潮涸瓊《しおひるに》、潮満瓊《しおみつに》の法を、気長足姫尊《きながたらしひめのみこと》に授けし遺風による」という。

和布刈神社の神は潮の干満をつかさどるといわれ、海の守り神とされてきた。

たしかにいい位置にある。海を見下ろす高台にあって眺望がいい。社殿のすぐ下の石垣に波が打ち寄せ、引き潮になると岩場が海面すれすれにあらわれる。表面に生えた若布が潮の流れに応じて、いっせいになびいているのが見える。

門司港駅から臨時バスが出ていて、岬まで運んでいく。夕刻まだ早いというのに社務所にも本殿にも灯があかあかとともっていた。和布刈りは真夜中すぎであって、これに先立ち、神主が祝詞《のりと》をあげて神楽を奏する。

正式には「横代神楽《よこしろかぐら》」というらしい。いくつもプログラムがあって、烏帽子、狩衣《かりぎぬ》の神官が鈴を打ち振りながら踊るのが米撒《こめまき》の舞い。そのあと鈴と扇子の四人組が四方の豊饒を乞いねがう。笛と太鼓がモノトーンな音色を流しつづける。なにしろ半島の突端なので、おりおり海風が渦を巻くように吹き上げてくる。竹と縄につけられた白い切り紙が、ちぎれそうにおどっている。

のんびりと見物というわけにはいかない。毛糸の帽子、厚手のヤッケ、首元はマフラーのぐるぐる巻き、厚手のズボン、着ぶくれしたのがひしめいている。さらに背中にリュック、胸元にカメラ。顔一面にマスクをした人もいる。要領のいい人は焚火の前に陣どり、尻を火であぶっている。

白い紙に「天《あめ》の岩戸開《いわとびら》き」とある。天地創造をつかさどるのは天児屋根の命、天鈿女の命、田力男の命。それぞれ独特の詠み方があるようだが、夜の明かりではルビが読みとれない。

真紅の顔、黒く太い眉、ドングリ目玉、大きな獅子鼻の下に牙のような白い歯。とにかくお面がすばらしい。さらにある者は白い衣に緑の羽織、赤い花模様で、腰をしぼった袴。踊り手が変わると、お面といで立ちの色が一変して、鬼のような怒り顔、ザンバラ髪あるいは白面の夜叉がカッと目を剝き、口を開き、血のような朱色をのぞかせている。

社殿は五柱をもち、その一つが豊玉姫命。荒らぶる神々とちがって、これはもの静かに扇子をひ

らいて踊り、ついで笹を握って大木につけられた神殿に捧げごとをする。頭に宝冠をのせ、それがカラコロと澄んだ音をひびかせていた。

干潮は真夜中すぎ。社殿の明かり、社務所の明かり、境内の灯が順に消えていった。一面の闇の中で、篝火のまわりだけが仄かに明るい。神楽が変わらず奏されている。

和布刈が神事の約束であって、惟神《かんながら》の闇夜のなかで行なわれる。古来この神事を見ると神罰が下るとされ、対岸の壇ノ浦でも人家は戸を閉め、沖を通る船は灯を消した。

白い上っ張りを着た世話役が、竹を細く割って束ね、三メートルばかりの太い棒にしたのをかかえてきた。焚火に突き出すと炎がメラメラと燃えうつり、竹が弾けて火花がとんだ。

これを烏帽子に狩衣の禰宜《ねぎ》が受けとり、胸元にかかえ、石段を下りはじめた。世話役の懐中電灯がおぼろげに足元を追っていく。神官は狩衣の裾をからげ、両足を剥き出しにしている。海中に入るからで、鎌をもつ人、桶を抱えた人がつづいたはずだが、闇につつまれて何も見えない。竹束だけが赤い炎を上げて磯へと下っていく。何千もの見物人が息を呑むようにして見つめていた。

干潮時の岩礁は膝ぐらいの深さらしい。足が痺れて冷たさを感じないそうだ。むしろ見ている者の目が凍りつく。

脛《はぎ》出して和布刈の寒さ知る夜哉　　蓼太

松本清張から拝借した古句の一つ。当今のカメラマンは神罰などモノともしない。たえまなくフラッシュが閃いて、「潮垂《しおた》れの衣かかげぬめかり禰宜《ねぎ》」（蛍雪）の姿まで写しとる。

刈りとったあと、若布を土器《かわらけ》に盛って五柱に供え、残った分は桶のまま献供する。これに神酒一対、カツオ節などを添える。

「青海《あおみ》の原に住む者は、鰭《はた》の広物、鰭の狭物《さもの》、奥《おき》つ海菜《もは》、辺《へ》つ海菜に至るまでに、横山の如く置き足《たら》わしたてまつるうずの幣帛《みてくら》を、平らけく聞《きこ》しめして……」

捧げ物は祝詞のそれぞれに応じている。若布は「辺つ海菜」にあたるのだろう。

『時間の習俗』は昭和三十六年（一九六一）から翌年にかけて、日本交通公社から出ていた月刊誌「旅」に連載された。くり返し国鉄や私鉄の時刻表が言及され、それがアリバイづくりとアリバイ崩しに使われているのは、雑誌へのサービスを兼ねていたのかもしれない。

「和布刈神事を見て帰る人びとは、例外なく顔が紫色になっていた。一晩中、潮をまじえた玄界の寒風にさらされていたからである」

そこからこぼれ出た――と思われる――一人の男が、朝八時ごろ、小倉駅近くの旅館に入っていくのが、小説の実質的な始まりだった。

「ぼくは、東京の峰岡だが」

客はおだやかな声で言った。

「たしか、電報を打ってるはずだがね」

部屋を予約するとき、当時は電報が使われた。宿の女が客を案内したあと、すぐに「火鉢に十能《じゅうのう》で火を運んできた」。

「十能」といっても、もはやわかる人は少数派になったのではあるまいか。これが冬の暖房だった。

アリバイ崩しにあたり、警部補は考えた。容疑者のカメラには、たしかに神事が写っているが、はたしてそれは現場で撮ったのか。アリバイづくりにあたり、映画館のニュース映画をカメラに収めたのかもしれないだろう――いかにもそのころ、お目あての映画の前に、現在のテレビニュースにあたるものがダイジェストされて流されていた。

「福岡から鹿児島本線に沿って約三十分ばかり行くと、水城《みずき》という駅がある」

『日本書紀』に「筑紫ニ大堤ヲ築《ツ》キテ水ヲ貯ヘシム。名ヅケテ水城トイフ」とあるところ。その堤の竹やぶに、一つの死体が埋められていた。第二の殺人である。二十四、五の男と思われ、「頭髪はいわゆる慎太郎刈り」で、散髪してまもないといった状態だった。

石原慎太郎が『太陽の季節』によって芥川賞を受賞したのが昭和三十一年(一九五六)である。やがて映画になり、作者の髪型をなぞった頭髪が「慎太郎刈り」の名で流行した。

電報にかわるケータイとインターネット、火鉢と十能にかわる全館暖房、慎太郎刈りにかわる長髪や茶髪やクリクリ剃り上げ。それでも夜の潮風にさらされた顔が紫色じみているのは小説と同じ。

いや、もう一つ、ちがっていた。ゾロゾロとバス停に向かう人の波にあって、ささやいたり、呼びかけたり、声を交わし合ったり。そこに中国語、韓国語、英語がまじっている。べつにフシギはないだろう。和布刈神社のヒコホホデミノミコトやアズミノイソラノミコトなどと名づけられた五柱の先祖をさぐっていくと、玄界灘の対岸の半島や大陸に行きつくかもしれないのだ。

ついでながら伊勢神宮の年間行事のうちで、とりわけ重要とされる「御贄《おにえ》」の儀式には、米や酒のほかに多くの海産物があてられる。塩、カツオ節、乾魚、海菜《あまな》。和布刈と同じく海神への捧げ物が多いのは、遠い先祖が海を渡ってきたことのあかしではあるまいか？

翌朝、関門トンネルをくぐって壇ノ浦に出た。少し東寄りの長府の沖に、朝もやのなか島影が二つ見えた。満珠《まんじゅ》島、干珠《かんじゅ》島である。和布刈神社のご神体といわれる満珠、干珠にちなむもの。その前方を巨大な鉄の箱のようなタンカーがゆっくりと通っていく。

たしか『壇ノ浦㊰合戦記』といったと思うが、ヘンな本を読んだことがある。源平合戦のつくりになった江戸時代の好色本で、そのためマルに夜がはさまっている。頼山陽の作ともいうが、たぶんそうではないだろう。義経が女を引き寄せる。すると女は、「嫋々として、廷尉の膝に依る」といったスタイル。ヒマをもてあましていた江戸の教養人が、筆のすさびにモノしたしろものではなかろうか。古戦場を前にして、なぜか遠い昔に読んだ漢文体のポルノ小説を思い出していた。

とたんに大きなクシャミが立てつづけに四つ。旧暦元旦の夜闇の夢を、きれいさっぱり吐き出したぐあいである。

夜神楽

宮崎県西米良

行政的には宮崎県児湯郡《こゆぐん》西米良村《にしめらそん》である。西で熊本県と接し、北は「ひえつき節」で有名な椎葉《しいば》村。西北にあたるところが「五木《いつき》の子守唄」で知られた五木村。また五箇の荘も近い。そんな地名からも、かつて「秘境」とか「僻村」とよばれていたことがわかるだろう。

西米良村があるからには東米良村もあった。さらに旧三財《さんざい》村を合わせ、古くは「米良《めら》の荘（庄）」あるいは米良山といって、一つのまとまった地域をつくっていた。東米良村と三財村が西都市に合併した。西米良村ひとつが「米良」の名を伝えている。

石堂山一五四七メートル、天包山《あまつつみやま》一一八九メートル、市房山一七二一メートル、高塚山一二九〇メートル……。これに一〇〇〇メートル前後の山がえんえんとかさなり合い、谷が深い。こういったところには必ず落武者伝説があるもので、米良山には南北朝時代に後醍醐天皇の皇子、懐良《かねなが》親王や、親王を奉じて奮戦した宮方菊池氏が逃れてきたという。江戸時代に当地を領した米良家は菊池氏の末裔と称していた。

そのせいか幕府から譜代並みの扱いを受け、五年に一度は参勤交代をする格式を与えられていた。ただし米がとれないので石高は無高あるいは三〇石ともいった。

米良街道は現在の国道219号線で、肥後人吉《ひとよし》に通じている。米良家は人吉藩主相良家と交流を強めたためか、江戸の記録には日向国ではなく肥後国米良としるされている。

鹿児島県の西郷家は同じ菊池氏の流れをくむそうで、その縁で米良家と結びつけたらしい。西南戦争の際、敗れた西郷軍は人吉盆地を抜けて逃れ、西米良の天包山を最後の拠点とした。山深い里が最後の激戦地として歴史に名をとどめているのは、そのせいである。

現在は宮崎駅前からの直通バスが一番早い。九州自動車道を経由して、二時間あまり。ほんのひと眠りする間に、西米良の中心地村所《むらしょ》に着いている。

もっとも、これはクルマ時代になってからのコースで、鉄道中心のころは国鉄妻《つま》線というのが走っていた。終点が杉安。名前からもわかるが、木材の集散地だった。人々はここでバスに乗り換えて村所へ向かった。旧のコースは、木材や炭が主産業だった米良の姿を忠実に伝えていた。

昭和三十八年（一九六三）、杉安と西米良のあいだに広大な一ツ瀬ダムが完成。旧道は急峻な山のあいだの谷を縫っていたが、それは湖底に沈み、人造湖のふちを走るアスファルト道路ができた。発電用のダムが暗示するとおり、以後エネルギー革命が急速に進んで石炭・木炭が電力に切りかえられていく。米良地方は秘境を脱する一方で急激な暮らしの変化にさらされた。

一ッ瀬ダムをあとにして村域に入ったところに、大きな絵地図が掲げられていた。村役場のあるのが村所エリア。ほかに小川エリア、竹原エリア、上米良エリア、八重エリアというふうに地図がまとめてある。あいだをつなぐ道路は民話街道、殿様街道、花街道、フィッシング街道、カリコボーズ街道といった名づけがされている。

殿様街道が小川エリアにあるのは、ここに米良氏の館があったからである。江戸のころは、こちらが米良の中心だったのだろう。米良神社も大字小川にあって、例大祭は十二月十五日、ただし近年は十五日に近い土曜日に移され、夜神楽三十三番が古式どおりに奉納される。

米良氏の館が小川に落ち着くまでは、東米良の銀鏡《しろみ》、またひところは村所へ移された。館があったところは、「囲《かこい》」という地名が残っていて、一族の菩提寺と神社があった。ほかに米良家の分家のあった尾八重、また上米良にも神社があって、十五日前後にそれぞれ例大祭がいとなまれ、夜神楽が奉納される。このころ米良一帯ではいっせいに、神楽面をつけた異様な舞い手がおどり出るわけだ。

「第七回にしめら　民話語りと神楽の夕べ」

大きな看板がとりつけられてあった。夜神楽に合わせ、民話語りの夕べが催されている。旧米良家の館は土地の人々には「おしろ」とよばれていたのだろう。そこが城址公園になり、民話館がつくられた。山深い里は、さまざまなおはなしをはぐくんできた。

看板をながめていて気がついたが、白いペンキのあとがあって、年度と回数をあらわす数字だけ白く塗りつぶした上に新しく数字が書き入れてある。つまり立て看板を使い捨てにせず、毎年同じのを利用している。十五日に近い土曜日の日付は暦によって年ごとにちがってくるし、夜っぴて行なわれる夜神楽は翌日の日付で、これも連動するが、しかし、あとは同じなのだから、しかるべき部分を直せばよろしい。

立て看板は道案内を兼ねていて、行く道筋に何点かといき合ったが、どれも四ヵ所訂正方式が使ってある。人々のしっかりした暮らしの姿勢がうかがえるのだ。

米良神社は楽しい伝説をもっている。なんでも天孫降臨の際、ニニギノミコトが美女を見そめ、父オオヤマズミノミコトに妻として欲しいと申し出たところ、父はイワナガヒメとコノハナサクヤヒメの姉妹を呈示した。妹は美しいが姉は醜い、求婚者は姉を断った。イワナガヒメは櫃の底にあった鏡で自分の醜さを知り、家を出て一ツ瀬川沿いに小川の里まで来て淵に身を投げた。里人があわれんで一宇を建てたのが神社のはじまり。

そのため米良神社にはオオヤマズミノミコトとイワナガヒメノミコトが祭神として祀られている。イワナガヒメは隠れ神であって、人を忌み、本殿のある神山は神社ゆかりの者しか入れず、もとより女人禁制。神宝として姫の毛髪が伝わっていたが、元禄年間の洪水で山が崩れ、川が氾濫し、社が大水に浮かんだ。水が引いたとき、それがとどまっていたところに新しく社を建てた。これが現

在の社殿だという。

かつては大祭に合わせて、いろんな習わしがあったそうだ。神楽に使われるお面は集落が一つずつあずかっている。お面が前日に神社に向かうのが「めんさま」。出発前に各集落で酒宴が催され、浄めてから箱に収め、のぼり旗とともに送り出した。

市乃宮、宿神《しゅくじん》、手力男命《たぢからおのみこと》、若男大明神《わこう》、戸破《とは》、六社稲荷、七社稲荷……。市乃宮は米良神社の王神であって、そのほかの面が集落に安置されている。民俗学では「めんさま」を、神々が寄り集まるというのではなかろうか。

神楽に先立ち、男性四人による舞いがある。白の上衣、白袴、白足袋、白ずくめの装束に朱のたすきをかけ、まっ黒な脇差し、手に銀の鈴、頭には赤・緑・黄色の紙片でつくった花飾り。仄暗い明かりの下で、息を呑むほどあざやかないでたちである。

扇の舞い、鈴の舞い、刀の舞い、あるいは鈴と刀による舞い。ハッタとにらみつけ、刀を抜いてかざしたりする。邪鬼や悪疫、災いなどを払う儀式にあたるのだろう。銀の鈴には頭の花飾りと同じ色合いの布がついていて、こちらはヒラヒラとやさしげにひるがえる。

丸太で舞殿がしつらえてあって、紅白の幕、竹、色とりどりの幣が天井から下がっている。まわりに笛と太鼓方、世話役。

古面は濃い土色で、目を剝き、口を引きあけ、歯がのぞいていて、どれといわずすさまじい。衣裳と小道具が面ごとにきまっており、扇や鈴、刀、棒についた花飾りが重要な働きをする。その動作、踊りからして邪悪を払って、天の恵みを乞い願うのだろう。手力は眉の太いドングリ眼で、白い布でほっかむり、白装束に、まっ赤な甚兵衛。どことなく昔の村の長老を思わせる。平伏した参拝者にお払いをしているところなど、長老が若い者に意見をしているぐあいだ。

祭神のイワナガヒメノミコトは「市乃宮様」ともよばれ、これを代理するらしいお面は能面の女とそっくり、白いほおっかむりに、まっ赤な衣をつけ、手に白い紙の幣をもって踊る。そのしぐさからも、ゆたかな実りを祈念してのものにちがいない。

以前は舞い手が披露され、紙につつんだ「ハナ」が降ってきたというから、かなり芸能がかって演じられたのかもしれない。当今はごく事務的で、寄付と氏名を書いた紙が貼り出してある。

夜神楽がいつのころにはじまり、どのようにしていまの形に定まったのか、くわしいことはわからない。古面の立派さ、衣裳の豪華さからして、米良氏が後盾になり、土地の大切な行事として営まれてきたと思われる。当地では「ベンザシの家」とよばれているが、立派な門柱の立つ家のことで、祭祀の中心になってきた。家のつくりも武家風で、米良領主とかかわりが深かったのではあるまいか。

集落にベンザシの家が二軒あるところもあって、そこでは台所の位置を一方は川上に、もう一方は川下に配置したという。川下に台所のある家が上位で、物忌みでどちらかが祭りに参加できないようなとき、代理役をつとめた。夜神楽のスタイルとプログラムは、そんな祭祀組織がととのうなかで洗練されてきたのだろう。

米良の荘は山深いところに孤立した村のようだが、実はそうではなかったはずだ。明治三十五年(一九〇二)の「米良山領域図」というのがあるが、当時の西米良、東米良一円に、網の目のような道が通じている。

「処処岩腹ヲ鑿テ道ヲ通ス、危機多シ、牛馬通行難シ……誤テ足ヲ失ヘハ直ニ潤底ニ陥ル、行人ヲシテ心胆寒カラシムル」

村史にはそんなふうに語られているが、足で移動するぶんには、十分に用を足した。小川と銀鏡のあいだの山並みが西と東に村を二分していても、目平越、棚倉峠などで往き来できる。東米良の五郎越の道は南郷村(現・美郷町)を経て日向の港へ通じている。参勤交代にあたり、米良氏は往路は人吉から八代《やつしろ》へ出た。復路は日向から五郎越で帰ってきた。復路は「塩の道」ともよばれ、日向灘の海産物がここを通って山国にやってきた。

米はとれなくても焼畑農耕が発達していた。狩猟も盛んだった。茶、漆、シイタケ、菜種、タバコ、ニンジン、ユズ、さらに鹿、カモシカ、熊の皮、ミツマタやコウゾなど紙の原料。

山村であれ木が商品になったのはあんがい遅く、明治末年から大正期になってからだという。大阪の材木商人が下見にきて、巨木が林立しているのに目を丸くしたが、いかんせん運送に費用がかかる。一ツ瀬川の川流しが整備され、集積地の杉安までのコースがひらけた。盛んなころは材木が四キロもの列をつくって間断なく下っていった。杉安からは筏をつくり河口の福島港まで一日で流した。港には大阪商船の船が待っていた。

当地はまた日向炭の産地だった。米良山中で焼いたのを人吉や杉安に運んだ。ひところは毎日三十台もの馬車が上り下りしていた。一台に四十俵を積んだというから日々一二〇〇俵の炭を産出していたことになる。山深いぶん、豊かな山の幸に恵まれていた。米良の華やかな夜神楽を支える経済的基盤があったわけだ。

民話館では年輩者だけでなく、小学生や中学生が語りを披露する。民話語りは「カリコボーズの語り部フェスタ」ともいって、幼い者たちが土地言葉を巧みに使って話をする。天包山の裏手を廻る道はカリコボーズ街道と名づけられている。カリコボーズとは何であるか？

一席弁じたらしい頰を上気させた少年にたずねると、逆に問い返された。

「おじさん、ホントに知らないの？」

宮崎駿のアニメ「となりのトトロ」に出てくる精霊で、勢子、狩子とも書くらしい。川の神、山の神の役まわり。

おじさんはホントに知らなかった。

城址公園の向かいのドッシリした山が天包山で、西郷軍が立てこもったところ。時代にズレたおじさんは敗軍の将のように山を見上げた。聖域の神山は原生林そのままにモコモコと樹相が盛り上がり、いかにも山の神の住まうところにふさわしいたたずまいだった。

獅子退治　熊本県八代

江戸のころ、大きな藩には支藩があった。理由はさまざまだが、国を襲封する際、知行を分けてつくった。津軽の黒石は津軽藩から分知して創藩されたもの。富山は加賀の支藩だった。本家に対する分家であって、たいていは一万石程度だったが、加賀百万石の支藩ともなると、富山は十万石を擁していた。

熊本県八代《やつしろ》はキャッチコピーに「キャッスル・シティ」を使っている。「お城下八代」であって、天守閣こそないが、たしかに立派な石垣や濠が残っている。

一国一城で八代国の城のはずだが、実はそうではない。八代は熊本の支藩であって、加藤清正の熊本城築城ののち、加藤正方が築いた。加藤家の改易後、細川氏の熊本入封にあたり、細川忠興が八代城代になった。戦乱を生き抜いた大物ながら、このとき七十歳、すでに隠居中で、細川三斎と号していた。和歌、書画に通じ、茶の湯は千利休門下七哲の一人。

大きな藩の支藩をあずかるにはピッタリのタイプだった。政治に口出しせず、物産をおこして脇から本家を支える。世間から退いていても幕府にはニラミがきく。一国一城令が出て支藩に城はないはずだが、大物城代の関ヶ原の軍功によって特別許可をかちとった。

日本の祭礼をみていくとき、「元支藩」というのが一つの手がかりになるだろう。そこではきまって規模が大きく、華やかで、いまなお元のかたちをよくとどめている。どうしてそうなのか、いくつか体験するうちにわかってきた。

伝統的な祭礼の多くが江戸以前に始まっている。太平の世がつづくなか、ものの道理として祭りが拡大し、プログラムがふえ、より華麗になっていった。その一方、江戸全期を通じて何度も倹約令が出ている。音曲をつつしみ、バカ騒ぎはすることなかれ。中央政府の意を受けて地方でも規制をかけた。めだったことをすると叱責をくらう。幕府の隠密が見張っている。

この点、支藩は本藩より規制がゆるいし、それにお目こぼしの理由があった。もともと支藩は「納戸方《なんどがた》」として台所を支える役まわりで、ワリをくった意識がある。たまには盛大に騒がせるほうが、不満のエネルギーがたまらなくていいのである。

八代の妙見祭は細川忠興の音頭取りで復活した。趣味人で知恵者の三斎が、どこまで深慮遠謀を働かせたのかはわからないとしても、八代城にいた十四年間にみずから妙見宮の復興につとめ、新しく祭礼のかたちをととのえた。神幸《みゆき》行列のスタイルだけでなく、そのための諸道具や装束に至るまで寄付し、神輿をつくらせ、天井にみずから龍の絵を描いたという。そこまで力こぶを入れたのは首尾よく大国を維持していくうえで、祭りの役割をよく知っていたからではなかろうか。

妙見宮はふだんは八代神社とよばれているが、祭礼は昔ながらの「妙見祭」だ。町内ごとに意匠をこらした神輿が八台。「亀蛇」といって亀と蛇の合体したのが引き出される。獅子と奴《やっこ》の先ぶれ、子供組の「木馬《きんめ》」行列、ひところはとだえていたが鉄砲隊も復活して、三十八の出し物に約千六百人が大行列をくりひろげる。さらに獅子舞と神馬奉納。おそろしく盛り沢山で華やかだ。

秋祭りであって、江戸のころは旧暦十月、明治以後は新暦十一月。近年、日取りが二十二、二十三日となったのは休日に合わせてのこと。海に近い塩屋八幡宮と市中の妙見宮とは六キロばかり離れている。一日目が「お下り」で、二日目が「お上り」。前夜祭を「御夜《ごや》」という。

その前夜にだけ、風変わりなのがお目見えする。「唐子《からこ》と象」といって、つくり物の白象の背に、中国人の髪型、いで立ちの少年があぐらを組んですわっている。

笠鉾の飾りとして江戸のころにつくられた亀蛇も展示されていて、二十人がかりで引っぱるような巨大なもの。正式には「きだ」だが、町の人は「ガメ」と呼ぶ。甲羅から黒い蛇紋の首がのび、耳をピンと立てている。笠鉾にはそれぞれ名がついていて、古代中国の皇帝に仕えた少年「菊慈童」、あるいは「西王母」といって、西の果て崑崙山に住む仙人だとか。

あれこれ中国のイメージが強いのは、妙見の神様が亀蛇にのって大陸から海をわたり、八代の港

に上陸されたと伝わるからだ。

　行列には順序があって、神幸奉行のあとに槍、籠、甲冑武者、神官とつづく。笠鉾では「菊慈童」が一番で、しんがりが「迦陵頻伽《かりょうびんが》」。極楽にすむといわれる美しい鳴声の鳥であって、この世が極楽でありたいという願いをあらわすとか。行列のまん中あたりを「火王《ひのおう》水王《みずのおう》風王《かぜのおう》」がつとめている。どのような理由で順序がきまったのかわからないが、妙見の祭神は北極星と北斗七星とされ、亀蛇に乗って海を渡ったとなっているから。日月星辰の考え方があってのことかもしれない。

　八代市中の川には、あちこちに石橋がかかっている。おおかたが江戸期に架せられたもので、「メガネ橋」とよばれ、石組みのアーチが美しい。また古くから海寄りに土地づくりがされてきた。文政四年（一八二一）の干拓は用水延長十八キロ、橋五十六、樋門五十三に及ぶ大規模なものだった。

　もしかすると北極星を磁石にして、蛇頭の船首をもつ船に打ち乗り、特殊な技術をもった人々がやってきたのかもしれない。「やしろ」の名は『古事記』にすでに出てきて、一説によると八は「沢山」、代は「田」を意味している。球磨川の河口にひらけ、ひろびろと田のひろがるところ。ゆたかな土地の噂が大陸にもつたわっていたのではあるまいか。

　そんな想像をしたくなるのは、神輿の飾りものや怪異な亀蛇のほかにも中国の意匠がつぎつぎとお目見えするからだ。八代神社から塩屋八幡宮へ向かうのが「お下り」で、妙見祭に日をおかず八幡さまの大祭が引きつづく。神幸行列の先頭にいた獅子が派手な舞いを披露するのは「お下り」のあとで、顔こそおなじみのダンゴ鼻だが、演じ手はまっ赤な唐人服に身をつつみ、これまたまっ赤な獅子の体にもぐりこんでいる。

この獅子にかまれると赤子は無病息災、そんな言い伝えがあって、獅子の通る道には赤ん坊を抱いた人々が待ちかまえていた。やにわに巨大な口がパカリと開いて、赤子の頭を呑みこもうとする。ワッと泣き出す赤ちゃんとツノのある獅子頭とが、往来で不思議な寸劇を演じていた。

鉦や太鼓のお囃子方は、大人は白服、子供は赤服、ともに中国スタイルで、皿のような帽子を顎ひもでとめている。獅子退治を演じる少年は額に水色のハチマキをして、中国のカンザシのようなものを頭にのせている。眠っている獅子を多色の糸を巻きつけた糸だまでもって挑発し、ムックリと起き上がった獅子をおびき寄せながら、白砂を丸く一巡してから所作よろしく退治する。

民俗学者の解説によると、しばしば強大で恐ろしいものが獅子に託してあって、その克服を少年による獅子退治があらわしているらしい。球磨川は九州きっての大河であって、水の恵みをもたらすとともに、しばしば氾濫して下流の町や村を苦しめた。そして八代はまさしく球磨川の河口の上に発展した。

ここにもまた石工を中心とする技術者集団がかかわっているのかもしれない。堰をつくり樋門で導き、暴れ川を制御する。知恵でもってひきまわして、そのあげくに剣でグサリ。さらに八代は肥後手打・盛高刃物を産してきた。小倉から八代に移るにあたり、細川忠興が腕のいい刃物打ちを引きつれてきたという。妙見祭のプログラムをととのえるとき、三斎公はちゃっかりと、八代産刃物の宣伝を獅子退治におりこんだのかもしれない。

祭りを演じる方は何かと忙しいが、見物人はただ突っ立っているだけ。頭はヒマになると、よしないことを考える。したり顔して祭礼起源を考察しながら、善男善女の人波にもまれていた。

八代を土地の人は「やっちろ」と発音する。正確には「やっ」のあとの「ちろ」が喉に通す感じではっきりしない。「やしろ」でないことはたしかである。同じ肥後弁でも熊本よりやわらいだ話し方で、こころもちのんびりしている。少し間が抜けた感じがしないでもない。

「また来年きなっせ」

行列を見終わって帰りかけた人に知人が声をかけている。県都と称する都市が政治・経済・文化など、何ごとにもリキミがちなのに対して、支藩の藩都だったところは、政ごとは本家におまかせして、こちらはもっぱら祭りごと。三斎公発案に順次、新奇のたのしみを加えていった。

妙見宮の近くに「武蔵の塚」があると聞いたので寄ってみた。玉垣に囲まれた五輪の塔のうしろに石碑が据えられていて、「新免武蔵の塚」とある。寛政九年（一七九七）の建立。

宮本武蔵は晩年、肥後熊本の細川忠利に仕えた。その就職の世話をしたのが八代城代松井興長《おきなが》だった。興長はもともと細川忠興の家老として豊前小倉にいた。有名な武蔵と小次郎の巌流島の決闘は、この小倉でのこと。そして試合の立会い人をつとめたのが家老松井興長である。忠興没後、松井氏が八代城代となり、明治まで十代つづいた。

八代市立博物館に宮本武蔵が熊本から出した手紙が残されている。漢字を読み下すと、只今少々の用で熊本に逗留中だが、いちどお目にかかりたいもの——。昔の立会い人が城代になっていると知って、就職の口ききをたのんだ。ひと月ばかりで武蔵の仕官が実現した。武蔵の死後、弟子たちは八代に引き取られた。その弟子筋が「武蔵の碑」を建てたという。

妙見祭は松井氏代々の「請祭り」として庇護されてきたというが、決闘立会いにはじまり、就職の世話、弟子の引き取り等々、城代さまもまたきっちりと支藩のつとめを果たし、かたがた祭礼に熱を上げていたようである。

大宝砂打ち　長崎県玉之浦

九州の西端、対馬の南に五島列島が弓状につらなっている。平戸と長崎を結ぶ線をカタカナの「ハ」の右辺とすると五島のつらなりは左辺にあたり、海をはさんで巨大な「ハ」の字ができる。「五島」は主だった島を総称したまでで、島は総数一四二にのぼる。このうち一一〇あまりは、無人島だそうだ。といって人がまるで住んでいないというのではなく、島のかなりが畑や牧場になっていて、昼間は近くの島から人がやってきて夕方に帰っていく島もあれば、荷物や資材置場に使われている島もある。かつて何家族かいたが、過疎のあおりで無人島になったところもある。

どの島も複雑なリアス式海岸が発達している。もともと火山性で、隆起と沈下をくり返し、波に浸食されて出来上がった。中央部の奈留島以北を上《かみ》五島、以南を下《しも》五島といったり、本土に面した東側を表五島、西側を裏五島といったりする。

表日本、裏日本というのに似た区分のようで、さして意味はないのだろうが、微妙なちがいがあるらしい。たとえば上五島は「ハ」の字の地勢からして平戸や佐世保に近く、フェリーや「ジェットフォイル」とよばれる高速船が平戸、佐世保と結んでいる。下五島は発着がいずれも長崎である。また集落の分布でいうと、全体の四分の三が表五島にある。

そういったことを長崎空港からの飛行機のなかで聞いた。もっと聞きたかったが、飛行時間わずか三十分、ベルトをしめて飛び立ったとおもうと、はやくも下五島・表五島の中心である福江島の福江空港に着いてしまった。フェリーだと長崎港から三時間二十五分、途中で何倍か学習できたのに惜しいことをした。

にわか勉強で知ったところだが、江戸時代の五島列島は五島藩一万二千六百石、五島氏を藩主とするレッキとした一国で、福江は城下町として栄えていた。福江武家屋敷通りふるさと館、武家屋敷通り、福江城（石田城）跡……。

「第三十代藩主盛成公が福江城（石田城）を築くにあたり、城の北東から吹き寄せる大波を防ぎ、築城工事を容易にするために築かせたものといわれています」

「常灯鼻《じょうとうばな》」といって福江港ターミナルと目と鼻のところに、きれいな正方形に石を積んだ防塁があって、上に木が繁っている。防波堤兼灯台はつくられてから百五十年以上の今もきちんと役目を果たしている。

五島市商工観光課発行の案内書は一〇八ページもの立派なもので、よほど土地の人たちが知恵をしぼってつくったのだろう。写真、地図、アクセスが的確な上に説明が簡にして要を得ている。すぐにも城下町福江をまわってみたかったが、それはあとのたのしみにしてバスにとび乗った。福江島は先だってまで福江市のほか富江町、玉之浦町、岐宿《きしく》町、三井楽町から成り立っていたが、平成の大合併で北の奈留島をあわせ五島市が誕生した。下五島が一つの市になった。

ついでながら上五島では五つの町が合わさって「新上五島町」ができた。これに加わらなかった島の一つは海の向こうの佐世保市と合併。二つの島が旧来のままに残った。合併騒ぎのあおりで奇妙な行政区分が誕生した。

旧福江市の西隣り、旧玉之浦町の大宝《だいほう》といういめでたい名前の地区に「砂打ち」という珍しい祭りが伝わっている。御神幸に何人もの「砂鬼」がつきそい、道々に砂をまきちらし、人を見かけると砂をあびせる。西欧には「砂男」の伝説があるが、玉之浦の砂鬼はどこからきたのだろう？

めでたい地名は大宝元年（七〇一）の創建になる大宝寺にちなんでいる。もともとは道融という渡来の中国僧のひらいた寺だったが、大同元年（八〇六）、僧空海（弘法大師）が唐から帰国の途中、当地に立ち寄り、この寺を最初の道場として布教を始め、のちに「西の高野山」といわれる大寺になった。

日本全国につたわる弘法伝説の一つのようだが、伝説ではない。玉之浦の北隣り町、旧三井楽町の北端の岬を柏崎というが、約三百年つづいた遣隋・遣唐使制度において、第十四次遣唐使船から五島経由が正式のコースとなり、三井楽が日本最後の寄港地になった。空海は第十六次遣唐船（八〇四年）で唐に渡った留学生の一人である。柏崎は当時、「みみらくの崎」とよばれていたようだが、空海が「辞本涯」の一文を寄せている。「日本のさいはてよ、さらば」の意味。北海道の宗谷岬や鹿児島の南端などには「日本のさいはて」といった標識が立てられていて、訪れた人が感慨を落書きしたりしているが、僧空海は元祖さいはて組ということになる。

二年間の厳しい修行を終えて、同じコースで祖国にもどってきた。三井楽に上陸するやいなや真言宗の布教にとりかかり、近くの集落で寺を見つけると、さっそく自宗の道場にしたあたり、のちの大オーガナイザーの面目が躍如としている。

浜手の民宿の主人に道順をおそわって、まずは弘法大師に敬意を表した。門前に「西高野山」と彫りこんだ大きな石が建てられていて、山門と白壁。ここまでは寺におなじみだが、白壁はほんのちょっぴりで、すぐに黒っぽい石積みの豪壮な塀がとってかわる。溶岩塊を積み上げ、上に「こぼれ石」という丸石をのせたスタイルで、五島列島特有の石垣だそうだ。たしかに火山質の土地であって、溶岩塊ならいくらでもあり、わざわざ乏しい土をこねるまでもないのである。

「ずなうちは裏手だナ」

民宿の主人は「ずなうち」と言った。大宝寺の境内の裏手に言代主《ことしろぬし》神社が祀られていて、大宝砂打ちはこの神社の秋祭りの行事である。せっかくだからのぞいてみたところ、社務所に紅白の引き幕がめぐらしてあって、羽織、ハッピの人が宵宮の支度をしていた。木箱の蓋があいていて、獅子頭や太鼓が並べてある。ほかに赤鬼、白鬼の大きなお面。祭りの準備に立ち会うのはたのしいもので、しきたりどおり坦々と進むなかにも、ひそかな高揚と緊張感がただよっている。

大宝地区は小さな入江に臨んでいて、昔は漁が主体だったが、近年はビニール栽培の農業が主になってきた。

「シュリョーフクノーだねェ」

民宿のおやじは難しい言い方をした。行政用語で「主漁副農」と分類されている地区のようだ。船名をいただく民宿は主漁副宿というわけで、その夜は副宿の主人と主漁の魚料理で、どっさり地酒をいただいた。

さて翌朝、村回りは十時と聞いていたが、待ちきれず出迎えに出かけたところ、大宝寺の石垣の前に異様なグループがたむろしていた。頭にワラを編んだかぶりものをのせ、厚手の寝巻きのような着物にワラ草履。着物はワラ縄でしばり、裾が短いので素足がニューと出ている。手と足にススのような黒いスジが垂れている。そして手に竹の籠、そんな砂鬼が計八名。

ワラしべのせいで顔は見えないが、話し声からすると若い人たちで、一人はワラしべの耳元にケータイをあてがっていた。

羽織袴の長老がやってきて、かぶりものを正したり、砂の打ち方をコーチしていた。一同記念撮影。これも当節はケータイですませられる。こちらから見えないが、かぶっている方はワラしべのすきまからちゃんと見える。いつごろ、どのように生まれたのか不明だが、うまい小道具を考えたものである。

赤鬼、白鬼、ノボリ役、白装束、白足袋の神主——こんな順でゆっくりと行列が動き出した。神主のうしろが珍妙である。和服の女性が両手を差し上げ、頭に木桶と竹ザルをのせている。そのうしろはツギのあたった着物をワラ縄で結んでクワをかついだ人。そのつぎは天秤の両端に稲束を差したのを荷っている。そのうしろは一メートルちかい大魚を竹ざおに縄で吊るし、前後二人でかついでいく。そのうしろに羽織袴の少年と少女たち、それに笛方がのんびりしたメロディーを吹き鳴らしながらつづいていた。

赤鬼、白鬼はたえず手にした紙よりで辺りを払うしぐさ。赤と紺のノボリが神の降臨する依代《よりしろ》にあたるのだろう。行列の左右を砂鬼がつき従って、石垣、民家、畑めがけて砂をまく。日ごろの遊び仲間を見つけると、やにわに走り寄って、竹カゴごと頭に砂をふりかけた。逃げるジーパンをワラ男が追っかける。行列はべつにとめるでもなく、粛々と進んでいく。

浜手の倉庫の並びは人っこひとりいない。防波堤の上に白い水平線がのび、そこ、ここにモッコリ岩が出ている。トマ瀬、ノウ瀬、二子瀬などの名がついている岩礁である。視野に入る島々は、おおかたが無人島のようで、人を寄せつけない自然は荒々しく、ものさびしい。行列に一役買っている道具や収穫物からして、漁と農の豊穣を祈願するものだろう。砂は悪霊を払う聖水にあたる。

西欧につたわる伝説では、夜がふけても眠らない子供に砂男がやってきて、目の中に砂を投げ入れる。悪魔の手下といった役まわり。そうやって恐がらせて子供をベッドにつかせたが、裏五島の砂鬼は逆であって、悪の到来を差しとめ、追っ払う。

要所に砂の補給係がいて、首にタオルを巻いた人がクワで竹かごに入れていく。行列の終わりは砂鬼が多少のハメを外してもいいことになっているのだろう。見物の人を追っかけまわして砂を投げつける。ザンバラのワラしべの下の胸元がはだけて、Tシャツにそめつけたアイドルの顔がのぞいていた。

土地の人のいう「ずなうち」とともに「言代主」といった神社名も珍しい。いつのころどのようなきっかけから始まったのか、くわしいことは何もわからない。

玉之浦の東隣りの福江市崎山地区の白浜神社には、「ヘトマト」とよばれる行事が伝わっている、小正月に行なわれるもので、奉納相撲に始まり、新婚の女性二人による酒樽の上の羽根つき。つぎは体に「ヘグラ」とよばれるススを塗りつけた若者が、ワラ玉を奪い合う「玉せせり」。青年団と消防団による綱引き、しめくくりは三メートルものワラ草履を若者がかついで奉納するのだが、途中に見物の娘をつかまえ、大草履にのせて胴上げをする。一連の行事の総称がヘトマト。何を語源にするのか、これもたしかなことはわからない。

五島列島は遣唐使だけでなく倭寇が出入りしたしキリスト教宣教師たちがやってきた。西高野山と並び立って天主堂があり、中国人の建てた明人堂とよばれる廟もある。

幕府が禁じても五島の領主は中国との通商を中止しなかった。ワリのいい海外ビジネスが藩の財政を支えていた。

さまざまな文化が通り過ぎていくなかで民俗行事が育っていったのだろう。厳粛である一方でユーモラスな様式をもっているのは、よその行事を参考にして自分たちに合うものを取りこんでいったせいではあるまいか。砂打ちとヘトマトでは、ともにワラとススが大切な要素になっている。若者がトリックスターの役まわりで、それを長老が見守っている。それにしても女性が頭に木桶や竹ザルをのせていくのは奇抜である。まっ黒な着物に、まっ赤な腰ひも、胸から腰に巻きつけた帯は金糸で大胆なデザインが縫いとってあった。頭上は日常おなじみの品、担ぎ手は華麗な晴れ着、ホレボレするほどあざやかな演出がこらされていた。

祭りが果てたあと、氏子、世話役には社務所で慰労会があるのだろう。ゾロゾロと石段を上がっていく。砂鬼はお役がごめんで、めいめい竹カゴを手に角で立ち話。ひとりが腕時計を見るなり、あわてて去っていった。

のこりの七人は別れるにしのびないふぜいで突っ立っていた。大役をすませて緊張がとけたのか、かぶりもののワラしべもダラリと垂れかげんである。若い母親が赤ん坊を抱いてやってきた。砂鬼は子育てにも力があるのか、母親にたのまれて砂鬼がつぎつぎと赤ちゃんに手を差し出した。異様な姿だが幼児には絵本の人物のように見えたのか、キャッキャッと声を上げて握手をしている。

「じゃあナ」

砂鬼が一人、二人と去っていった。最後のふたりづれは角で別れしなに竹カゴの残り砂を、そっと相手の頭にふりかけた。そして軽く手を上げて左右に別れ、姿がいちどに見えなくなった。

著者略歴

（いけうち・おさむ）

1940年，兵庫県姫路市生まれ，ドイツ文学者，エッセイスト．1966～96年，神戸大，都立大，東大でドイツ語，ドイツ文学の教師．その後は文筆業．「池内紀の仕事場」（全8巻，みすず書房）収録以外の主な著書，『ウィーン・都市の詩学』（1973年・美術出版社・ちくま文庫），『諷刺の文学』（1978年・白水社・亀井勝一郎賞），『海山のあいだ』（1994年・マガジンハウス・角川文庫・講談社エッセイ賞），『ぼくのドイツ文学講義』（1996年・岩波書店），『ゲーテさん　こんばんは』（2001年・集英社・桑原武夫学芸賞）など．主な訳書は，カネッティ『眩暈』（1972年・法政大学出版局），ロート『聖なる酔っぱらいの伝説』（1989年・白水社），ゲーテ『ファウスト』（1999年・集英社・毎日出版文化賞），『カフカ小説全集』（全6巻・2000／2002年・白水社・日本翻訳文化賞）など．

池内 紀

祭りの季節

カット・池内紀／写真・池内郁

2010年 3 月 19 日　印刷
2010年 4 月 1 日　発行

発行所 株式会社 みすず書房
〒113-0033 東京都文京区本郷5丁目32-21
電話 03-3814-0131(営業) 03-3815-9181(編集)
http://www.msz.co.jp

本文印刷所 萩原印刷
扉・カバー印刷所 栗田印刷
製本所 青木製本所

ISBN 978-4-622-07522-6
［まつりのきせつ］

池内紀の仕事場

全8巻

1	世紀末の肖像	2940
2	〈ユダヤ人〉という存在	2940
3	カフカを読む	2940
4	自由人の暮らし方	2940
5	文学の見本帖	2940
6	架空の旅行記	2940
7	名人たちの世界	2940
8	世間をわたる姿勢	2940

（消費税5%込）

あだ名の人生	池内紀	2730
無口な友人	池内紀	2310
見知らぬオトカム 辻まことの肖像	池内紀	2940
風神帖 エッセー集成 1	池澤夏樹	2625
雷神帖 エッセー集成 2	池澤夏樹	2625
読書癖 1-4	池澤夏樹	各 2100
谷中、花と墓地	E. G. サイデンステッカー 山口徹三編	2520
随時見学可	大竹昭子	2310

（消費税 5%込）

みすず書房